안이숙
휴먼스토리

요단

안이숙 휴먼스토리

제1판 1쇄 발행 2004년 8월 10일
제1판 7쇄 발행 2025년 3월 10일

저　　자	안이숙
발 행 인	김용성
기획·편집	박찬익
제　　작	정준용
보　　급	이대성

펴 낸 곳	요단출판사
등　　록	1973. 8. 23. 제13-10호
주　　소	07238 서울특별시 영등포구 국회대로 76길 10
기　　획	(02)2643-9155
구　　입	(02)2643-7290 Fax (02)2643-1877

ⓒ 2004. 안이숙 all right reserved.

값 15,000원
ISBN 978-89-350-0851-3 03230

신 저작권법에 의하여 한국 내에서 보호 받는 저작물이므로
무단 전재와 무단 복제를 금합니다.

안이숙
휴먼스토리

목차 |

안이숙 휴먼 스토리 발간에 부쳐 _ 7

1. 당신은 죽어요, 그런데 안 죽어요
　　당신은 죽어요, 그런데 안 죽어요_ 11　　꿈을 깨세요_ 14　　미스터 L. 당신
　　은 죽어요_ 16　　돌아오지 않는 친구_ 23

2. 믿음으로 극복하세요
　　옥동자_ 31　　암병이 떠나갔어요!_ 42　　의논하세요_ 55　　월급봉투_ 68
　　숯불 사랑_ 76　　오래된 연정_ 90

3. 사명에 전력하세요
　　형부, 그는 어디에 있을까?_ 103　　뱅쿠버와 태평양 지진_ 112　　만물의 사
　　명과 내 사명_ 130　　그 날의 간증_ 138　　개인주의와 인정주의_ 150

4. 그럴 수도 있잖아요
 　불안병 환자_ 159　　증오_ 177　　미움을 사랑으로_ 198　　남편이 변했어요_ 223

5. 가슴아픈 사랑
 　마리나_ 231　　죠지 죠_ 247　　집사님! 당신은 믿음이 있어요?_ 269

6. 속지 마세요
 　단골도둑_ 285　　송사하렵니까?_ 293　　편지사건_ 300　　말을 보태고 늘려요_ 306

7. 사랑을 만듭시다
 　만남의 기적_ 313　　정말 재미있는 이야기?_ 322　　미스 캐롤_ 336

안이숙 휴먼 스토리 발간에 부쳐

1989년도에 우리는 안이숙 사모의 「당신은 죽어요, 그런데 안 죽어요」 초판을 출판하였습니다. 전세계 기독교인들에게 큰 감동을 주었던 「죽으면 죽으리라」란 책이 차츰 사람들에게서 잊혀져 갈 즈음이었습니다.

처음 우리가 그의 육필 원고를 접했을 때는 30~40년대 맞춤법에 세로로 갈겨쓴 글들이 좀 어색한 감도 없지 않았습니다. 그러나 그 내용을 찬찬히 읽어가면서 저자의 삶 가운데 나타난 강한 믿음의 기적에 우리는 큰 감동을 받았습니다. 그리고 기대감을 가지고 출판을 결정하였습니다.

그 기대감은 몇 배로 충족되었습니다. 많은 독자들로 하여금 치유와 회개의 역사를 가져오면서 계속 판을 거듭하는 베스트셀러가 된 것입니다. 하나님은 주님을 사랑하는 한 사람을 이렇게 축복하셨습니다. 그리고 그 축복을 우리가 함께 나누었습니다. 안이숙 사모에 대한 새로운 바람이 불었고, 「당신은 죽어요, 그런데 안 죽어요」 이전에 출판되었던 책들이 다시 함께 읽혀지게 되었습니다.

안이숙 사모는 한국에 와 대전에 머물면서 국내집회도 많이 다니셨습니다. 그리고 많은 그리스도인들이 그분을 통해 신앙의 한 모델을 만나는 행운을 갖게 되었습니다. 서서히 신앙에 다시 눈을 뜨고, 주님을 사랑하는 것과 진리를 고수하는 것, 주님의 진리를 위하여 악과 싸우며 죽음을 극복하는 아름답고 숭고한 믿음에 대한 열정과 부흥이 일기 시작하였습니다.

그분의 삶과 그분의 저서를 통해 이 땅의 그리스도인들은, 참된 믿음은 반드시 대가가 따르고, 죽음을 불사하는 투쟁이 필요하며, 주님을 위해 싸울 때 승리가 있음을 확신케 되었습니다.

그 이후「그럴 수도 있지」,「신정」등의 새로운 책을 또 출판하였습니다. 이 책들도 많은 그리스도인들에게 읽혀졌습니다. 많은 교회들에서 교회 직분자들을 세울 때 필독서로 선정해 읽게 하기도 했습니다.

금번에 주님의 부르심을 받고 하늘나라에 계신 안이숙 사모의 글을 다시 묶었습니다.「당신은 죽어요, 그런데 안 죽어요」,「그럴 수도 있지」에서 독자들에게 큰 은혜를 끼친 이야기들을 선별한 것입니다.

믿음의 헌신도와 주님을 사랑하는 열정이 많이 식어진 감이 없지 않은 작금에 이 책이 우리의 믿음을 다시 뜨겁게 달구는 계기가 되기를 기대합니다.

2004년 7월 20일
발행인 이상대

1. 당신은 죽어요, 그런데 안 죽어요

당신은 죽어요, 그런데 안 죽어요

나의 저서에 관심 있는 독자들에게 가끔 이런 질문을 받곤 한다.
"왜 책마다 죽음이라는 단어가 꼭 들어가나요?"
「죽으면 죽으리라」, 「죽으면 살리라」, 「당신은 죽어요, 그런데 안 죽어요」 등등 나의 여러 책들을 두고 하는 말이다.
"무슨 의도가 있는 건가요?"
이 질문에 대답하는 것이 내겐 기쁜 일이다.

'죽음'이라는 단어는 나로 하여금 정다움과 환희를 느끼게 한다. 반드시, 기어코 오고야 말 그 진짜 죽음! 그것이 내 앞에 있다는 것이 나를 바로 살게 하는 원동력이 되는 것이다. 매순간순간 나를 받들어주고, 밀어주고, 용기와 지혜를 주기 때문이다. 곤고한 인생길에서 죽음을 알고, 죽음이 가져올 그 뒤의 실상을 생각하지 않으면 어디서 힘을 얻으며, 어떻게 지혜를 얻겠는가?

순간순간 죽음이 다가오고, 그 죽음이 내게 가져다줄 놀랍고 황홀한 실재 세계를 생각하고 기다리니, 힘이 솟고, 기쁨과 소망이 넘치며, 열심 있는 믿음이 생기고, 먹고 마시는 것이 즐겁고, 마음이 평안한 것 아닐까?

아! 죽음은 내 앞에 멀리 보이는 화려한 문이다. 열리면 들어가는 영원한 문인 것이다. 그 문이 열릴 때 나는 들어갈 것이다. 내 본향 집에 들어가 그분을 보게 될 것이다.

눈으로 보진 못했지만 사랑하고 순종하며 따랐던 그분! 나는 그분 앞에 서게 될 것이다. 그분의 얼굴을 마주대할 때 얼마나 그 감격이 크겠는가? 엎드려 그분 앞에 경배드릴 때, 나는 할 말을 잃은 채 엉엉 울기만 할 것이다.

자애로우신 그분이 '잘 왔다!' 하실 때, 내 기분이 어떠할까? 그분이 나를 일으키시고, 내가 눈을 들어 그분을 우러러보며 "제가 왔습니다!" 하고 경배할 때 얼마나 감격스럽고 가슴 벅차겠는가!

내 일생을 이끄신 성령님께 무한 감사할 뿐이다. 아! 그리고 나와 함께 핍박 가운데 있다가 먼저 순교하신 분들을 뵐 때 얼마나 반갑겠는가? 순교로 먼저 가신 내 어머니! 승리자인 그와의 환희의 만남! 기대에 가슴이 부푼다.

밤이 없고 바다가 없는 그 곳! 불신이나 패역이나 미움, 싸움, 질병이나 고통이 없는 그 곳! 애탐이 없는 곳! 시간이 없는 곳이니 영원하고 영원한 나라!

아무도 나를 데려갈 수 없고, 죽음만이 나를 보내줄 수 있는 곳. 흙에서 온 육체가 흙으로 되돌아갈 때, 사슬 같은 삶에서 풀려나 자애로우신 내 아버지께 쏜살같이 날아 올라갈 것이니 어찌 죽음이 내게 중요하지 않겠는가!

아! 나는 죽어요, 할렐루야! 언젠가 당신도 죽어요. 그러나 기뻐하세요, 기다리세요. 죽음은 우리에게 고향의 문을 활짝 열어줄 테니까요. 죽어도 죽지 않는 그 곳에 죽음이 우리를 데려갈 것이니까요. 그래서 나는 죽기를 좋아하고 잘 죽어요. 내가 죽을 때마다 예수님이 내게서 살아나고, 범사에 승리가 이루어져요. 죽음은 내 신앙도 살리고 또 나를 영원한 본향으로 이끌어가요. 죽음은 고향의 향기이지요.

꿈을 깨세요

당신은 죽어요. 늙지 않았으니 늙기까지는 안 죽는다구 마세요. 늙지 않아도 죽는 거라구요. 무병하고 튼튼하고 건강해도 죽는 걸요. 다른 이는 사고로 죽어도 나는 운이 좋아 아무 일 없다고 안심하지 마세요. 당신을 이 세상에 보내신 분이 이제 '오라!' 하면 가는 거예요. 안 갈 수 있는 사람은 하나도 없어요. 다 가야 합니다. 다 죽는 거예요.

그런데 죽질 않아요. 죽는 것은 육체뿐이고 당신 영혼은 살아 남는단 말이에요. 그러므로 죽은 육체 가운데서 빠져 나온 당신 영혼이 갈 곳을 찾아야 해요. 어디로 가나요? 그걸 아는 사람은 하나도 없어요. 어리거나 늙거나 모두 죽어요. 잘 살아도 못 살아도 죽어요. 건강해도 아파도 다 죽는다구요. 그러므로 육체 안에 잠시 머물고 있는 동안 가장 급하고 중요한 것, 육체에서 나와 가야 할 곳을 준비해야 해요. 정신 바짝 차리세요. 육체를 위한 세상에서 잘 되고 잘 살고 하는 것들은 외면하세요. 흙으로 돌아가 썩어 없어질 육체가 잘 될 것은 아무것도 없어요.

영원히 죽지 않고 살아야 할 곳이 있기에 성경이 있고, 교회가 있고, 순교의 역사가 있는 거예요. 우리를 '오라' 하시는 분은 친절하게도 우리가 영원히 있을 집을 준비하시고 '오라, 오라, 누구나 다 오라' 고 말씀하세요. 그 음성을 듣고 그분에게 가서 영원한 집을 준비하세요.

하나님을 대적하는 인간들! 어디로 갈 것인가요? 세상에서 죄를 즐기며 그 속에서 사귄 친구들, 즉 마귀가 와서 데려가지 않겠어요? 죽으면 끝이라고 말했지요? 그러나 육체가 죽어 흙으로 돌아가는 것일 뿐, 당신은 죽지 않아요.

죽는 것은 육체에요. 당신의 영혼은 안 죽어요. 죽지 못해요. 그러니까 준비하셔야 해요. 육체에서 언제 빠져 나올지 모르니까요. 기어이 맞닥뜨릴 문제 그것은 가장 심각한 거예요. 누가 뭐라든지, 어떠한 환경에서든지 당신은 죽어요. 정말! 죽는다니까요. 그런데 안 죽어요. 못 죽어요. 영원히.

미스터 L, 당신은 죽어요

미국 중남부에 위치한 도시 교회에서 집회를 인도할 때의 일이다. 그 교회는 교회 주변에 살고 있는 한국인들이 예배드릴 수 있도록 한국인 반을 마련해 주었고, 선교에 관심이 많은 미국 부인들이 한국인들에게 성경을 가르치고 있었다. 그런데 한국인이 별로 많지 않았기 때문에 아이들과 부인 몇 사람, 그리고 영어를 조금 할 줄 아는 젊은 부인들이 성경공부에 참석하는 정도였다.

집회 둘째 날에 그곳에서 공부하던 L이라는 한국 부인이 점심대접을 하겠다고 나를 초청했다. 그래서 L 부인과 몇 사람의 미국인 선생님과 반원들이 나와 함께 가기로 했다.

그런데 심각한 표정으로 차에 오르던 L 부인이 내게 간절한 부탁이 있다고 하면서 미국인들에게 양해를 구한 후 내 곁으로 왔다.

"선생님, 꼭 좀 도와주셔야겠어요. 점심대접 해놓고 엉뚱한 소리 한다고 하실지 모르지만 너무 좋은 기회다 싶어 염치를 무릅쓰고 간청하는 거예요."

이 말에 나는 은근히 겁이 났다. 이런 경우 가끔 안수기도로 중병을 고쳐달라는 부탁을 받기 때문이다. 나는 신유의 은사가 전혀 없고, 또 그러한 기도를 할 만한 자격이 없기 때문에 누가 호들갑스럽게 부탁을 하려고 하면 덜컥 겁부터 난다.

"여사님, 아니 선생님! 뭐라고 불러 드려야 할지 모르겠네요. 미국인들은 김 부인이라고 하는데, 저는 어떻게 부를까요?"

"아무래도 좋아요. 미국인들은 대개 김 부인으로 부르지만 저는 호칭이 많습니다. 어떤 분들은 사모님, 어떤 분들은 선생님, 여사님, 선교사님이라고 부른답니다. 심지어 집사님, 권사님, 장로님, 목사님이라고 부르기도 한답니다. 그 외에도 안 선생님, 안 박사님, 아주머니, 어머님 등등 아주 많아요. 다들 자기들이 부르고 싶은 대로 불러주니까 재미있어요. 그러니 마음대로 부르세요."

이렇게 말하며 그녀에게 미소를 짓자 그녀가 내게 친밀감을 가진 것 같았다.

"선생님! 선생님이 제일 부르기에 좋아요."

"네, 좋아요. 말씀하세요."

"저희 가족은 여기에 온 지 칠 년이 되어가요. 제 남편은 장로 아들이고 기독교 학교를 계속 다녔어요. 그리고 열심히 신앙생활도 했고요. 그런데 미국에 와서는…. 더 잘 살기 위해 이곳으로 이민 왔는데…."

L 부인은 말을 채 끝맺지도 못하고 울먹이기 시작했다.

순간 나는 마음이 놓였다.

"아이쿠, 나는 또 중환자가 있어서 안수기도를 해달라고 하는 줄 알고 겁먹었잖아요."

L 부인은 곧 기분을 돌이키고 명랑해졌다.

"선생님은 안수기도를 안 하세요?"

"안 하는 게 아니라 못하지요. 제겐 그런 은사가 없으니까요."

우리는 같이 웃었다. 그리고 L 부인이 이야기를 계속했다.

"제 남편은 미국에서 신학공부를 하고 목사가 되겠다고 결심했었는데 지금은 너무나 달라졌어요."

"그래요?"

"돈 버는 것이 이렇게 재미있는 줄 몰랐다고 하면서 돈만 알고 돈이면 다 되는 것으로 알아요. 제게는 주일이니 교회니 하는 말조차 꺼내지 못하게 한답니다."

그녀는 또 울먹였다.

"그 식당을 인수하고 난 후부터 너무나 달라졌어요."

"아, 식당을 경영하시는군요."

"네. 그래서 지금 저희 식당으로 모시는 겁니다."

"교회니 주일이니 없다는 분이 나를 대접하는데 좋아하겠어요?"

"그래서 남편에게는 선생님이 오신다는 말은 하지 않고 교회에서 훌륭하고 유명한 분들이 식사하러 오신다고만 했어요."

"그럼, 우리 일행이 다 훌륭하고 유명한 분들로 행세를 해야겠네요?"

"꼭 제 남편에게 좋은 충고를 해주셨으면 해요. 교회에 잘 다니고 신앙생활을 잘 할 때는 호인이었어요. 그런데 지금은 그 때 그 사람이 아니에요. 자기가 제일 잘난 사람같이 행동을 해요. 그럴 땐 오만 정이 다 떨어져요. 그래서 어떤 때는 '아이들을 데리고 멀리 가버렸으면' 하고 생각해요. 그렇게 착하던 사람이 얼마나 거만하고 사나워졌는지 말도 못할 정도에요."

눈물이 고여 흘러내리는 부인의 얼굴을 보면서 나는 심각해졌다. 그러는 사이 식당에 도착했다. 일행이 차에서 내렸다. 식당은 그리 크지 않았지만 아늑했다. 카운터에서 한 동양인이 식사를 마치고 나가는 손님들에게 인사를 하고 있었다. L 부인의 남편인 듯싶었다. 나는 그의 행동을 주시하면서 준비된 자리에 앉았다. L 부인은 음식을 준비하느라 주방에 가고 없었다. 음식을 기다리는 동안 일행들은 이것저것 내게 묻기도 하고, 교회와 성도들에 대한 얘기로 내가 무료하지 않도록 애를 썼다.

이윽고 L 부인이 주방에서 나왔다. 그녀가 카운터로 가더니 남편에게 무어라고 소곤거렸다. 남편은 힐끗 우리를 쳐다보더니 다시 자신의 일에 열중했다. L 부인이 종업원들과 함께 음식을 가지고 왔다. 그녀가 음식을 식탁에 놓으면서 내게 귓속말을 하였다.

"선생님, 제 남편에게 우리 나라의 국보가 오셔서 미국인들이 저렇게 귀하게 모시고 오셨다고 했어요."

그 말에 나는 폭소를 터뜨릴 뻔했다.

"L 부인, 그 말에 대한 책임은 누가 지는 거죠? 나중에 당신의 남편이 이 사실을 알고 '뭐 저런 예수쟁이 할머니를 가지고 그래, 에이 참!' 하고 말하면 어떻게 하죠?"

"선생님, 저는 사실대로 말했어요. 또 그렇게 말해야 남편의 교만이 꺾여 선생님의 말씀을 들을 것 아니겠어요?"

"아무튼 일이 이렇게 되었으니 책임을 지고 국보처럼 행동해야겠네요."

나도 각오를 새롭게 다졌다. 미국인 친구들이 풍성한 대접에 매우 좋아하며 음식을 먹는 동안 나는 속으로 기도했다. '돈의 종이 되어서 교만해진 당신의 잃은 양을 위해 내게 지혜와 힘을 달라고.'

식사가 끝날 무렵, L 씨가 우리에게로 왔다. 그리고 주인답게 영어로 인사를 했다.

"안녕하셔요!"

내가 한국말로 인사를 받았다. L 씨는 미소 띤 얼굴로 나의 말을 받았다.
"미국 사람만 대하다 보니 한국말이 서투르게 되었습니다."
L 씨는 곧 한국말로 바꾸었다.
"바쁘시지요?"
"마음이 바쁜 만큼 그렇게 바쁜 것은 아니에요. 보시는 바와 같이."
L 씨는 카운터 쪽을 계속 주시하면서 대답을 했다. 나는 분주하게 일하는 그의 잘 생긴 얼굴을 보았다. 그와 눈이 마주쳤다.
"맛있게 잘 먹었습니다. 그런데 양이 너무 많아서 이렇게 많이 남겼네요."
"제 아내가 꽤 정성을 들였는데, 정말 괜찮았습니까?"
그는 우리 일행의 찬사를 들으며 만족한 듯 미소를 지었다. 나는 L 부인의 부탁도 있고 해서 어떻게 그에게 말을 시작할까 기회만 보고 있었다. 그는 자신이 주인인 것을 굉장히 자랑스럽게 여기는 것 같았다.
"보시다시피 일이 일인 만큼 주일을 지키기가 힘들어요. 주일이 되면 사람들이 더 많이 찾거든요. 그래서 아침부터 밤 늦게까지 매여 있지요."
변명인 듯 자랑인 듯 그의 말에는 힘이 있었다.
"더욱이 이 장소가 제 것이 되려면 이십 년은 족히 이렇게 뛰어야 하니 상상을 좀 해보세요."
그는 자신이 얼마나 애쓰고 있는가를 얘기했다.
"지금은 이 식당이 제 목표이지만 이것 하나만 가지고야 성공했다고 할 수 있겠습니까? 적어도 이 만한 식당이 서너 개쯤 있어야 성공했다고 할 수 있지요. 그래서 마음이 분주하답니다. 사람들은 공상이 아니냐고 하겠지만 저는 푸른 꿈을 펼치면서 이 일이 성취되기까지 열심히 뛰기로 결심을 했습니다."

 그의 얼굴엔 자신감이 가득했다. 나는 그의 사랑스러운 얼굴을 지켜보며 그의 자랑을 들어주었다. L 부인은 우리가 자유롭게 이야기할 수 있도록 카운터에 가서 앉았다. 일행들도 먼저 일어났고, 결국 L 씨와 나만 남게 되었다.

 L 부인은 간절한 심정으로 우리를 주의깊게 바라보았다. 그녀의 간절함이 나로 하여금 호텔에 돌아가지 못하게 했던 것이다.

 L 씨는 내가 공손하게 그의 말을 들어주니 신이 난 것 같았다. 사업에 대한 그의 포부는 굉장했다. 그는 말재간도 있었다. 그의 말을 듣는 것이 싫지 않았다. 나는 평상시 젊은이들의 포부에 대해 듣는 것을 흥미있어했다.

 그의 말을 들으면서 나는, 그가 사업, 돈, 명예, 탐심에 사로잡혀 있음을 느꼈다. 그래서 그의 말이 끝날 때쯤 이렇게 말했다.

 "그런데 신앙문제는 어떠신가요?"

 단도직입적인 나의 말에 그가 알 수 없는 웃음을 지었다.

 "지금 신앙이 어쩌구 저쩌구 할 처지입니까? 현실이 너무 버겁다 보니 어찌할 방도가 없군요."

 솔직한 말인 것 같았다. 나는 나지막한 목소리에 힘을 주어 그를 불렀다.

 "미스터 L, 당신은 죽어요."

 그가 갑자기 한 대 얻어맞은 사람처럼 눈을 크게 떴다. 나는 부드럽지만 단호한 눈길로 그를 쳐다보았다.

 "우리는 다 죽어요. 누구나 말예요."

 그가 멈칫 했다. 이 때다 싶어 나는 하던 말을 계속 했다.

 "이 세상에서 가장 훌륭한 사람은 반드시 죽음이 온다는 것을 인정하고,

죽음이 자신을 부르기 전에 하나님께서 원하시는 일을 힘껏 하는 사람입니다. 사업이나 돈이나 명예는 내 것 같지만 내 것이 아닙니다. 죽음만이 내 것이지요. 죽음은 아무것도 가지고 가지 못하게 합니다. 그러나 더 크고 더 많은 것을 따라오게 하는 죽음이 있지요. 그것은 하나님의 일을 하는 거예요. 성경 여러 곳에 그러한 내용이 기록되어 있어요."

나는 그를 유심히 바라보며 속이 시원해짐을 느꼈다. 그는 매우 혼란스러워 보였다. 멍하니 앉아 있는 게 할 말을 잃어버린 것 같았다. 더 말이 필요치 않을 것 같아 나는 자리에서 일어났다. 그 때 카운터에 앉아 우리의 대화에 귀를 기울이고 있던 L 부인이 달려왔다.

"가시려구요? 제가 모셔다 드릴게요."

L 부인이 나를 밖으로 인도했다. L 씨도 뒤따라 나왔다. 나는 문을 나서자마자 L 씨의 손을 잡고 말했다.

"L 형제, 당신은 죽어요. 그러나 죽지 못해요."

그가 또 한번 깜짝 놀랐다.

"육신은 언젠가 죽지만 영혼은 죽지 못해요. 영원히 말이에요. 영혼은 천국이든 지옥이든 자신이 준비한 대로 가서 영영 죽지 않죠. 사업이 아무리 바빠도 이 말은 잊지 마세요."

멍한 그의 표정을 뒤로 한 채 우리는 헤어졌다.

돌아오지 않는 친구

우리 교회는 둥근 원형으로 건축되었다. 김 목사님의 전공인 토목을 건축에 응용한 것이다. 낮에는 자연광을 이용하려고 천정을 높게 하고 스테인레스 유리로 장식했기 때문에 분위기가 사뭇 독특했다.

나는 밝고 높은 천정을 가끔 올려다본다. 그럴 때마다 천정 끝에서 일을 하던 Y 씨가 연상되어 마음이 서글퍼진다.

교회건축 당시 그는 회사의 대표 감독자로 인부들과 함께 일을 하였다. 나는 건축이 진행되는 동안 그 과정을 확인하기 위해 가끔 현장을 찾곤 했다. 여기저기 떨어져 있는 못들을 줍기도 하고 흩어져 있는 자재를 정리하기도 했다. 열심히 일하는 인부들이 고맙게 생각되어 그들이 다치거나 떨어지는 불상사가 일어나지 않도록 기도했다.

하루는 천정에서 페인트칠을 하는 사람이 내려다보며 인사를 했다.

"사모님, 안녕하세요?"

한국말로 인사를 하는 이가 있어서 나는 깜짝 놀랐다.

"어머나, 누구신지? 한국 분이시군요. 처음인 것 같은데요?"

"저는 Y.Y.J.입니다."

햇볕에 눈이 부셔 얼굴이 보이질 않았다.

"이곳이 너무 높아 잘 안 보이시는 모양인데 저는 사모님이 잘 보입니다.

사모님, 삼십 분만 있으면 쉬는 시간입니다. 조금만 기다리세요."

그는 말을 마치기가 무섭게 분주히 일을 했다. 나는 30분 동안 여기저기 교회 주변에 널려 있는 못을 주워서 큰 상자에 담았다. 상자가 거의 차도록 많은 못을 주웠다. '얼마나 많은 못을 사용하기에 떨어지는 양이 이렇게 많을까?' 하고 생각했다.

30분쯤 지나 Y가 사다리를 타고 내려왔다.

"아이쿠, 누구신가. 참으로 오랜만이군요."

"사모님, 죄송합니다. 오랫동안 소식도 없이 교회 출석도 못하고 인사도 없었습니다."

"그런데 어떻게 교회 공사장에 오셔서 일을 하게 되었지요?"

"네, 저는 페인트 회사에서 일을 하는데 오늘 여기에 와서 일하던 사람이 사고가 나서 못 오게 되었대요. 그래서 제가 대신 왔어요. 우리 회사에서 맡은 일이라 약속한 기간에 끝내야 하니까요."

"잘 오셨어요. 그런데 그 동안 어떻게 지내셨어요? 물론 직장생활 잘 하시고 건강하시지요? 가족들도 다 안녕하시고요?"

"그럼요. 그런데 사모님 뵐 면목이 없습니다."

그가 이렇게 말하는 것은, 그가 아주 어렸을 때 우리가 그에게 도움을 주었고, 그 때 약속한 말이 있었기 때문이다.

나는 그를 사랑스럽게 쳐다보았다.

"미스터 Y, 이 교회당이 완성되면 그 때부터 또 열심히 나와서 신앙생활 잘 하면 됩니다. 애써서 이렇게 돕고 있는데, 수고가 너무 많은 걸요."

그의 얼굴은 안도의 표정으로 변했다.

"사모님, 그러나 저는 교회에 못 나와요. 한국 호남지방에 지사장으로 나가게 되었거든요."

그가 나의 얼굴을 조심스럽게 쳐다보며 말을 이었다.

"우리 회사에서 지사장이면 굉장한 자리입니다. 그 동안 돈은 좀 벌었지만 그래도 젊었을 때 더 벌어야 하지 않겠어요? 이제 제 소원이 다 이루어지게 됩니다."

나는 자랑스러워하는 그의 얼굴을 지켜보며 그의 말을 계속 들어야 했다.

"한국사람들은 생각이 좀 모자란 것 같아요. 미국, 이 돈 많은 나라에서 부지런히 뛰기만 하면 돈을 잡는데 말이죠. 역시 미국은 미국이더군요."

나는 웅변가처럼 열변을 토하는 그에게 할 말이 없었다.

"제가 한국에 가서 지사장으로 삼 년만 뛰면, 이런 빌딩보다 더 큰 것도 살 수 있어요. 사모님, 이 교회당이 백만 불 든다지요? 이런 건물 몇 개라도 살 수 있고말고요."

그는 희망에 찬 눈빛으로 하늘을 바라보았지만 나는 슬퍼졌다. 마음이 아파왔다. 그의 영적 상태를 들여다보는 것 같았기 때문이다. 더 이상 가만히 있을 수만은 없었다.

"미스터 Y, 우리는 다 죽는다는 것을 믿어요?"

"아, 물론이지요. 그러나 젊었을 때 돈을 번다는 것은 죽는 일보다 더 중요하지 않습니까?"

"다 벌어놓고 죽으면 누구 것이 되지요?"

"그런 것이야 생각할 필요가 없지요. 젊었을 때, 우선 돈을 벌어서 남부럽지 않게 만들어 놓은 후에 생각해도 늦지 않아요. 사모님, 저는 저렇게 높은 데 올라가서 일할 필요가 없는 지위에 있습니다. 그러나 이 한 달만 지내고 다음 달에 한국에 가서 지사장이 된다고 생각하면 높은 데 올라가서 일하는 것이 도리어 쉽고 기쁩니다."

내가 알기로 Y는 30세가 훨씬 넘었고 조심성이 많은 사람이었다. 그런데 이렇게 말하는 그를 보고 혹시 내가 잘못 판단한 것이 아닌가 하는 생각이 들었다.

"한국에 삼 년 있다가 돌아오신다고요?"

"물론이지요. 한국처럼 땅 덩어리가 좁고 말썽 많고 정치가 엉망인 나라가 세상에 어딨습니까? 돈을 버는 목적이 아니라면 삼 년 이상 살 수 있는 나라가 아닙니다."

"아, 그러면 삼 년 동안 돈을 잔뜩 벌어서 다시 오신다는 말씀이군요."

"이를 테면 그렇죠. 그 때 돌아와서 목사님도 찾아뵙고 또 이 교회에 출석할지도 모르죠."

"미스터 Y, 나는 언제나 누구든지 다시 만날 수 없을 것이라는 생각을 가지고 대화를 해요. 왜냐하면 내가 언제든지 죽을 수 있는 나이가 되었으니까요."

그가 손을 가로저으며 말했다.

"천만에요. 사모님이야말로 앞으로 더 큰일을 많이 하시고 목사님을 끝까지 도우셔야지요. 그런 일은 절대로 없을 겁니다."

"알았어요. 아무튼 저는 사람들을 만날 때, '이 사람과 이게 마지막일지 모르니 바른 길을 일러주자'는 생각을 늘 합니다."

그는 또 강력하게 부인하며 긴 설명을 덧붙였다. 나도 하고픈 말을 이어나갔다.

"미스터 Y, 가장 지혜 있는 사람은 '지금 당장 죽어도 나는 준비되어 있다'고 고백하는 사람입니다. 죽음을 등에 진 사람이 그 사실을 모르고 제멋

대로 산다면 후회와 사망을 가져올 뿐입니다. 성경은 분명히 말하고 있어요. '우리가 세상에 나온 날은 분명히 알고 있어도 죽는 날을 아는 사람은 천하에 아무도 없다' 고 말입니다. 또한 이런 말씀도 있어요. '내가 곳간을 넓히고 곡식을 많이 쌓아놓았으니 이제는 잘 먹고 잘 살자' 했는데, 그날 밤에 그가 죽어버렸어요. 곳간을 넓히고 곡식을 쌓는 데만 정신을 쏟았지, 죽는 일은 생각도 안 했는데 그에게 죽음이 찾아온 것이죠."

그가 얼굴이 붉어지면서 황급히 말을 끊었다.

"사모님, 삼 년 후에 꼭 와서 교회봉사를 하겠습니다."

마지못해 던지는 말 같았다. 나는 할 말을 다 했기 때문에 그를 붙들지 않았다. 그 후로 Y를 다시 보지 못했다.

그리고 몇 달 후, 나는 한국신문을 보면서 깜짝 놀랐다. 호남지방에 대홍수가 나 수많은 집과 전답이 떠내려가고 많은 사람이 실종되었다는 기사였다. 나는 거기서 미국 교민이라고 명시된 Y의 이름을 보고 충격을 받았다. 미국 지사가 무너지려는 것을 막다가 급류에 휩쓸려갔다는 짧은 기사가 함께 실려 있었다.

"이럴 수가!"

그의 이야기를 듣던 것이 엊그제 같은데, 그 자랑스러워하던 눈빛과 표정이 눈에 선한데, 이 세상 사람이 아니라는 사실이 믿어지지 않았다. 그의 돈과 명예, 꿈과 생명이 홍수와 같이 떠내려간 것이다. 갑자기 등골이 서늘해지면서 애잔함이 명치를 눌렀다. 나는 기도를 하면서 하나님의 엄위하심을 깨닫게 되었다. 하나님은 돈과 명예를 행해 달려가는 그에게 이미 사랑을 보여주셨다. 여러 가지 경고도 보내셨다.

Y가 근무했던 회사의 일꾼이 사고로 못 나오게 된 일, Y의 말대로 그가

그런 고된 일을 할 사람이 아닌데 지사장이 된다는 기쁨에 자신도 모르게 달려들어 교회건축을 하게 된 일, 집회 인도로 거의 집에 있을 날이 없는 내가 그 날 교회에서 그를 만나 '당신은 죽어요' 라고 말하게 된 상황 모두가 하나님의 경고 메시지였다.

 Y가 총각이었을 때는 교회에 제법 잘 출석하고, 때로는 봉사도 잘 하였다. 그는 건실한 청년이었다. 결혼식도 우리 교회에서 김 목사님 주례로 했다. 가정을 이루면 신앙생활에 전력하리라 믿고 기대했었는데 한두 번 빠지다 나중에는 아예 나오지 않았다. 심방도 해보았으나 마음이 교회에서 멀리 떠나 있었다.

 이러한 그를 하나님은 버리지 않으시고 경고해 주신 것이다. 그러나 일이 그렇게 되리라고는 아무도 몰랐다. 그는 홍수에 떠내려가면서 무엇을 보았을까? 자신을 삼키고 있는 무서운 물만 보았을까? 자신의 영적 상태를 보았을까? 그 때라도 "주님, 도와주소서! 나를 구원해 주소서"라고 했으면 얼마나 주님께서 기뻐하셨을까? 비록 그의 육체는 홍수에 삼킴을 당했다 하더라도 그 영혼은 구원받을 수 있지 않았을까?

 나는 그가 죽는 순간에 주님을 기억했기를 간절히 바랐다. 그러면서 조금 위안을 삼을 수 있었다. 두 달 전 그를 만났을 때, 그의 자랑과 포부에 찬사를 보내고 맞장구를 쳤더라면, 오늘 신문을 보면서 얼마나 심한 가책과 하나님께 죄송함을 가졌을까? 그러나 그에게 "미스터 Y, 당신은 죽어요. 인생은 다 그런 것 같아요"라고 한 말은 내가 한 것이 아니라 하나님께서 나를 통해 하신 것이다.

 언젠가 이 세상을 떠나 천국에 올라가 그를 만나면 얼마나 안심이 되고 반가울까? 그러나 그를 만나지 못한다면 얼마나 마음 아프고 안타까울까?

2. 믿음으로 극복하세요

옥동자

 집회를 가면 거의 대부분 호텔이나 모텔을 숙소로 이용하지만, 가끔 성도의 집에 머무는 때도 있다.
 한번은 공항에 마중 나온 한 젊은 자매가 유달리 반가워하며 좋아서 못 견디겠다는 듯이 기뻐했다. 그래서 그 자매의 집으로 가게 되었다. 신흥 주택단지에 들어선 그녀의 집은 깨끗하고 아름답게 꾸며져 있었다.
 내가 유숙할 방 또한 깨끗하게 잘 꾸며져 있는 것이 마음써서 준비한 흔적이 엿보였다.
 그녀는 서른이 넘은 주부였는데도, 앳되 보이고 예뻐서 마치 대학을 갓 나온 아가씨 같았다. 유달리 생기발랄한 모습이 그녀를 더욱 젊어 보이게 하는 것 같았다.
 "선생님! 지금 저는 너무 좋아서 구름을 타고 공중을 떠다니는 것 같아요. 선생님을 제 집에 모시다니 꿈만 같아요. 이 꿈이 깨어질까봐 사실 두렵기도 하구요. 선생님, 불편한 점이 있으시면 무엇이든 말씀해 주세요. 선생님을 편하게 모시고 싶거든요. 아침식사는 매일 제가 해드릴 거예요. 무엇을 잡수실지 다 알거든요. 제가 다 알아냈어요."
 무엇이 그리 기쁜지 연신 웃어대는 그녀의 얼굴을 바라보고 있자니 딱히 할 말이 없었다. 그저 사랑스럽기만 했다. 그녀는 또 나를 위해 특별히 준비한 건강식이며, 화장품 등을 사러 다니면서 있었던 일들을 얘기해 주며 즐거워했다.

"아이고, 고마워! 참 고마워요. 나 같은 노인을 위해서 그렇게까지 애쓰다니 너무 고마워요."

"선생님, 말씀 낮추세요. 제 이름은 패티에요. '패티야, 이랬냐, 저랬냐' 하세요. 저를 딸처럼 생각해 주세요. 선생님!"

그녀가 진정으로 그렇게 원하고 있음을 느꼈다. 그런데 그녀가 왜 이렇게 나 같은 노인을 환대하는지 이유가 있을 것 같았다. 그 날 저녁은 그렇게 헤어지고 아침이 되어 식탁에 나갔다. 젊고 멋진 패티의 남편과 패티가 과일 주스를 준비해 놓고 보리빵으로 토스트를 만들고 있었다. 잘 생긴 미국 남자는 보기만 해도 믿음직스러웠다. 더욱이 패티의 예쁜 얼굴과 행동이 아름답게 조화가 되어서, 상쾌한 아침을 연출하고 있었다.

"제 남편 브루스에요."

"하이! 브루스!"

"지난 밤 제가 너무 늦게 들어와서 인사도 못 드렸습니다. 제 집에 와 주셔서 너무 감사합니다. 부인을 저희 집에 모시게 된 것을 영광스럽게 생각합니다."

그는 한국식으로 고개를 숙이며 인사한 후 내가 내민 손을 공손히 잡고 악수했다.

"브루스! 한국식 인사를 아주 잘 배우셨네요."

"아내가 시켜서 연습을 한 것입니다. 잘 되었습니까?"

우리는 유쾌한 기분으로 아침식사를 했다. 그리고 나서 브루스는 일찍 직장에 나가고 패티와 나만 집에 남았다. 내가 방에 들어가서 저녁부터 시작되는 집회를 위해 설교준비와 기도를 하고 있는데 패티가 노크를 한 뒤 들어왔다. 그런데 그 얼굴 표정이 좀 달라져 있었다.

"표정이 왜 그래요. 패티! 무슨 일 있어요?"

"선생님! 굉장히 큰 부탁이 있어요."

"뭔데?"

"정말 심각한 문제가 있어요."

그녀가 조용히 내 옆으로 와 앉았다.

"패티, 뭔지 말해 봐요. 내게 큰 힘은 없지만, 함께 기도하면 되니까 차근차근 말해 봐요."

"바로 그거예요. 선생님! 기도해 달라는 거예요. 선생님 기도를 받으려고 이렇게 마음이 부풀어 오른 거예요."

갑자기 그녀의 말에 겁이 났다. '옳지! 바로 이거였구나. 내게 무슨 큰 능력이나 있는 줄 알고 기도를 받으려고 이렇게 온갖 정성을 들였구나!' 나는 조용히 패티의 손을 잡았다. 그리고 그녀의 얼굴을 사랑스럽게 보면서 말했다.

"패티! 잘못 알았어. 나는 패티가 기대하는 그런 사람이 아니야. 나는 패티와 똑같은 사람인데, 패티는 젊고 예쁘고 사랑스러운 대신에, 나는 못났고 늙었으며 힘도 기억력도 떨어지는 노인일 뿐이야. 사실 나는 은혜를 받은 사람이지만, 방언도 한 번 못해 보았고, 병 고치는 능력도 없고, 앞날을 내다보는 그런 희귀한 은사도 없어요."

"그런 말씀 하지 마세요. 선생님! 선생님은 방언은 못 하셔도, 영어도 잘 하시고, 일본어도 잘 하시고, 스페인어, 중국어 다 잘 하신다는데 그것이 방언이지 뭡니까? 제가 말하고 싶은 건 그게 아니에요. 선생님!"

"그럼 뭔데?"

"저를 위해 기도해 달라는 거예요."

"무슨 특별한 기도제목이 있는 거야, 패티? 그런데 내 말 잘 들어요. 나는 병자를 위해 기도한 적이 많은데, 있는 힘을 다해 기도해도 병이 나은 사람이 한 사람도 없었어요. 눈물 흘리며 간절히 기도했는데도 낫지 않더라구요. 패티! 난 신유의 은사를 받지 못한 무능한 종이에요."

"선생님, 저는 아무 병도 없으니까 염려하실 것 없어요."

"그럼 뭐야?"

"선생님, 제 남편은 독자에요. 그런데 우리가 결혼한 지 십 년이 넘는데도 애가 없어요. 시부모님이 저를 무척 아껴주시고 사랑해 주시지만 '아직 소식이 없느냐? 고 임신소식을 물어 올 때면 난감하기 이를 데 없어요. 연로하신 그분들뿐만 아니라 제 남편도 무척이나 아이를 기다리는데 주님이 제 기도를 들어주시지 않는 것 같아 선생님께 기도부탁을 청하는 거예요. 선생님이 기도해 주시면 제가 아이를 가질 수 있을 것 같아요. 그래서 제 집에 선생님을 초대할 수 있게 해 달라고 기도했는데, 기도응답을 받은 거예요."

아이를 낳도록 기도해 달라는 그녀의 말을 듣고 나는 더 겁이 났다. 나는 재빨리 주님이 지혜 주실 것을 속으로 기도했다. 이것은 나의 오랜 습관이다. 급할 때는 급한 대로 '주님, 지혜를 주소서'라고 빨리 기도하는 것이다.

패티는 내게 희망을 버리지 않고 매어 달렸다.

"선생님, 저는 선생님이 제 집에 오신 것을 계기로 좋은 일이 생길 것으로 기대하고 있어요."

'아, 이거 큰일인데, 이런 딱한 사정을 어떻게 하지.'

"패티, 내 말 좀 들어봐요. 나는 무능한 종이야. 나 같은 노인이 기도한다고 해서 금세 아기를 갖게 되는 게 아니란 말이야?"

"그렇지만 선생님! 제가 선생님이 우리 교회에서 집회하게 해달라고 기도했더니 결국 오셨잖아요. 또 선생님이 우리 집에 머무르게 해달라고 기도한 것도 응답되었구요. 그러니 선생님이 '아들을 주소서' 하고 기도하면 하나님이 들어주실 텐데 왜 안 된다고만 하시는 거예요?"

"옳지! 알았어요. 알았어. 내가 기도하면 아이가 생길 거라는 패티의 그 믿음을 보시고 하나님께서 아이를 주실 거라는 말이죠?"

"네? 제 믿음이라고요?"

"그래. 내 믿음이 아니라 패티의 믿음, 즉 '안 선생님이 기도하면 아기를 주실 것이다' 하는 패티의 믿음 말이야. 그러니까 무슨 뜻이냐 하면 '하나님이 내게 아이를 주신다' 하는 패티의 믿음에 '패티의 기도를 들어주소서' 하는 나의 중보기도가 더해져서 아들을 낳는다는 거야. 그러니까 패티의 믿음을 돕는 일이라 할까? 어쨌든 아들을 낳는다는 믿음은 패티의 것이지 내 것이 아니라는 거야. 나는 그저 '하나님! 패티의 기도 좀 들어주세요' 하고 힘을 더할 뿐이지. 알았어?"

"하여튼 기도만 해주세요. 저는 안 선생님이 기도해 주시면 아들을 낳는다는 확신으로 계속 기도를 해왔으니까요."

"그래. 바로 그거야. 패티의 믿음 말이야. 나도 그걸 위해선 기도할 수 있어. 아기가 생기면 그건 반드시 패티의 믿음 때문에 생긴 거지, 내 기도로 생긴 게 아니야. 알았지?"

"아무래도 상관없으니 기도만 해주세요. 그러면 된다고 믿으니까요."

"그래. 그 믿음 때문에 내가 기도하겠어."

우리는 둘이서 손을 잡고 간절한 마음으로 기도했다. 그러나 기도하기 전에 너무 설명하는 데 힘을 빼서인지 뜨거운 기도는 하지 못했다. 단지 패티의 열렬하고 진지한 믿음에 감동된 내 느낌을 그대로 하나님께 전달하면서 기도했다.

"주님이 아시는 바와 같이 저는 큰 그릇도 못 되고 큰 은사도 받지 못했습니다. 그러나 제가 기도해 주면 아들을 낳을 것이라고 믿는 패티의 간절한 믿음을 보시고 그녀의 기도를 들어주옵소서. 그래서 그녀가 믿음으로 얻은 아들을 안고 하나님을 찬송하고 기뻐하며 온 가족이 다 하나님을 높이며 살도록 도와주소서. 무엇이나 주시겠다고 약속하신 예수님의 이름으로 기도합니다."

그녀는 이 기도를 참으로 만족해했다. 그리고 매일 내 방에 찾아와서 똑같은 기도를 했다.

그 후 일 년이 지났다.

남아메리카 순회 집회를 마치고 집으로 돌아오니 전화가 걸려왔다. 브루스와 패티가 로스앤젤레스 호텔에서 전화를 한 것이다.

"안 선생님! 텍사스에서 온 브루스와 패티에요. 저희를 기억하세요?"

"그럼, 기억하지. 내가 어떻게 예쁜 패티를 잊을 수 있겠어. 그런데 웬일이야?"

"선생님! 선생님께 제 아들을 보여드리려고 왔어요."

"뭐라고? 정말?"

믿을 수 없는 일이었다. 나는 당장 그들이 묵고 있는 호텔로 달려갔다.

부부는 통통한 아들을 들었다 놓았다 하며 좋아서 어쩔 줄 몰라했다.

십 년이나 기다린 아이, 더욱이 옥동자!

아기는 너무도 아름다웠다. 희고 잘 생긴 갓난아기는 마치 천국에서 보내온 귀한 선물 같았다. 나는 황홀하게 아기와 그 부부를 바라보았다.

"보세요. 선생님! 제가 말한 대로 되지 않았어요? 선생님이 기도해 주셔서 아들을 낳았잖아요!"

"패티, 그렇게 말하지 말아요."

패티가 아기의 어깨 너머로 슬쩍 나를 보더니 다시 말했다.

"선생님은 겸손하시기 때문에 선생님의 기도가 무능하다고 하셨지만, 선생님 기도는 너무도 권능이 있어서 십 년이나 애를 못 낳던 제가 이렇게 아들을 낳았어요. 그래서 선생님께 보여드리려고 만사를 제쳐두고 여기까지 온 거예요. 그런데 선생님께서 남미 순회집회를 가셨다고 해서 이렇게 기다린 거구요."

"아니, 이렇게 비싼 호텔에서 얼마나 기다렸어요?"

"아, 며칠 안 돼요. 염려 마세요. 하나님께서 이렇게 예쁜 아들을 주셨는데 아까울 게 뭐 있겠어요. 빚을 내서라도 꼭 와서 선생님께 보여드리고 싶었어요. 제 남편도 아기를 자기가 보호해야 한다면서 기어이 휴가를 얻어 가지고 따라나선 겁니다. 선생님! 너무 감사해요."

"이것 봐, 패티! 왜 내게 감사하다는 거야? 아들을 주신 분은 하나님이시니 하나님께만 감사하면 돼. 또 아들을 준다는 믿음은 패티의 믿음이었잖아!"

"선생님이 뭐라 하셔도 선생님 기도로 태어난 아들이 틀림없으니까요. 물론 하나님께 감사해서 헌금도 드리고 잔치도 했어요. 하지만 선생님께도 아기를 보여드려야 한다는 일념으로 여기까지 온 것 아니겠어요?"

나는 그처럼 예쁘고 귀여운 아기를 처음 보듯 황홀하게 바라보았다. 그 부부는 이 아이 때문에 얼굴이 더 환해지고 아름다워진 것 같았다. 우리는 머리를 숙이고 하나님께 감사와 감격의 기도를 드렸다. 그리고 아기는 브루스가 돌보게 하고 패티와 많은 이야기를 나누었다.

그녀는 그 동안의 결혼생활에 대해 이야기했다. 결혼 초기에는 텍사스 상류층 집안의 외아들인 브루스가 한국 부인을 얻은 것에 대한 가족들의 불만으로 많은 고통이 뒤따랐다고 했다. 그러나 패티가 인내하며 기도 가운데 시부모에게 정성을 다한 결과, 지금은 마치 친딸처럼 패티를 사랑해 주시고 자랑까지 하신다는 것이었다.

그런데 문제가 된 것은 아이가 없는 것이었다. 더욱이 브루스가 외아들인 만큼 많은 손들을 낳아 번창한 가정을 이루길 가족 모두가 원했기 때문에 패티에게 더욱 부담이 컸던 것이다. 해를 거듭할수록 패티는 불안과 초조 가운데 지내게 되었고, 급기야는 브루스가 새 장가를 들지는 않을까 염려하기도 했다고 한다.

그런데 「죽으면 죽으리라」(기독교문사 간)는 내 책을 읽으면서 내게 기도를 받으면 아들을 주실 것이라는 희망이 갑자기 솟구쳤다고 한다. 그래서 내게 여러 번 전화를 걸어 가까워지려고 했다는 것이다.

그 때 마침 교회에서 나를 강사로 초청한다는 말이 있어 나를 초청할 수 있도록 열심히 기도하였고, 자기 집에 내가 유숙할 수 있도록 미리 준비를 했다는 것이다. 그녀의 기도가 하나하나 응답된 것이다.

"그래서 저는 선생님을 보는 순간부터 너무 기쁘고 좋아서 공중에 떠 있는 기분이었어요. 그리고 이런 아들을 주셨으니 어떻게 집에 앉아서 고맙다고 할 수 있겠어요. 우리 시부모님들도 기도해 주신 선생님께 아기를 보여드리러 간다고 하니까 모두 잘하는 일이라며 칭찬해 주셨어요. 선생님! 너무 감사해요."

"패티, 정말 나는 아무것도 한 것이 없다니까. 다 패티의 믿음 때문이야. 그러니 내게 고맙다고 말하지 말아요. 왜 자기 믿음으로 된 일을 아무 상관도 없는 내게 돌리려고 해요. 내가 아닌 것을 자꾸 그렇다고 하면 나는 싫어요. 더욱이 기도응답에 관한 일인 만큼 나는 더 정직하고 올바르게 행동해야 한다고 생각해요. 이 아이를 내 믿음 때문에 하나님이 주셨다고 믿고 말한다면 내 입장이 아주 곤란해져요."

"하지만 저는 안 선생님이 기도해 주셔서 아들을 낳았다고 교회에 이미 떠들썩하게 광고를 했고, 또 교인들도 다 그렇게 알고 있는데요."

"패티! 패티의 기도가 응답된 걸 가지고 그렇게 말하면 어떻게 해요. 난 그런 능력을 달라고 구한 적도 없고 그런 경험도 없어요. 신앙인은 정직해야 해요. 그렇지 않으면 비참하고 불행한 거라구요. 내 오랜 연륜으로 보아 패티가 분명히 교회에 큰 거짓말을 한 것 같아요. 그것은 신자들로 하여금 하나님을 오해하게 하는 일이고, 패티 자신의 믿음 가운데 역사하시는 하나님의 능력을 부인하는 것이 되기 때문에 패티의 신앙생활에도 도움이 되지 않아요. 그러니까 집에 돌아가면 당장 교회 앞에 패티가 잘못 말한 거라고 사과하고, 하나님이 연약한 패티의 믿음의 간구를 들으시고 응답해 주신 거라고 말하세요. 그러지 않으면 성령님이 싫어하신다구요. 이런 일이 있으면 마귀가 좋아라 손뼉을 치면서 음모를 꾸밀 수도 있으니까 정직해야 하는 거예요. 알았어요?"

패티의 표정이 어둡게 변했다.

"왜 그러는 거지? 패티! 패티의 믿음이 하나님께 상달되었다는 사실이 그렇게도 안 좋은 거야?"

"잘 모르겠어요. 이해가 되질 않아요."

"뭐가 이해가 안 된다는 거지?"

"저는 십 년 동안 기도했어도 아기를 못 낳았는데, 선생님이 오셔서 세 번 기도해 주시니까 아기를 갖게 된 것 아닙니까?"

"패티! 내가 뭐라고 기도했었지? 나는 '이 집에 아들을 주시옵소서'라고 기도하지 않았어. 생명은 창조주 하나님의 권한인데 내가 이래라 저래라 할 수 없기 때문이지. 나는 이치에 맞지 않는 기도를 할 수가 없어요. 나는 분명히 '하나님, 패티가 큰 믿음이 있어서 하나님이 아들 주실 것을 확고히 믿는데, 그 믿음을 보시고 그 기도를 꼭 들어주세요'라고 기도했어. 패티의 믿음의 기도에 대한 것이었지. 알겠어?"

또다시 그녀의 얼굴이 굳어졌다. 아기를 안고 있던 브루스가 우리의 표정이 어두워지는 것을 보더니 그 역시 심각해졌다. 난감하기 이를 데 없었다.

아기가 울고 보채는 바람에 분위기가 더욱 썰렁해졌다. 나는 사실 이렇게까지 되리라고는 생각도 못했다. 평소에 패티가 상냥하고 고분고분 말을 잘 들었기 때문에 내가 어지간히 설명하면 모든 일이 잘 되리라고 생각했던 것이다.

자기의 믿음의 기도가 응답된 것을 알고 나면 믿음이 더 크게 자라서 그녀에게 힘이 되겠지 하고 생각했기 때문이다. 그런데 패티가 자기 믿음을, 더욱이 주님이 주신 믿음의 귀한 선물을 나의 권능으로 전가하는 것 같아 정말 답답하기만 했다. 그런 그녀를 위로할 만한 뾰족한 방법이 없었다.

그렇게 패티와 나는 기쁨과 감사보다는 뭔가 서운한 듯한 불편한 감정을 남긴 채 헤어졌다. 집으로 돌아오면서 골똘히 생각했다.

'왜 착하고 예쁜 패티는 자신의 믿음을 확인할 수 있는 기회를 보지 못하는 것일까? 오히려 다른 사람의 믿음, 다른 사람의 기도로 선물을 차지했다는 것을 더 좋은 것으로 알고 있는 걸까? 그만치 욕심이 없다는 걸까? 순수하다는 걸까? 이런 큰 보배가 자기 것이라고 가르쳐주는 데도 인정하기를 싫어하고 오히려 실망하니 말이다. 혹시 그런 감정을 겸손으로 생각하는 것일까? 그렇지 않으면 어떤 의미에서 자기 자신을 속이는 것이 습관처럼 된 것일까? 인간은 매일매일 속으며 산다고 한다. 속고 속이는 것이 습관이 된 것일까? 정직은 만사를 얻는 것이고, 속임은 만사를 잃는 것인데, 이것이 습관이 되고 생활이 되어버리면 영원한 평안이 어디서 올 수 있을까?

나는 그들을 사랑하기에 울고만 싶었다. 집에 가서 실컷 울어보자! 하나님 앞에 앉아서!

암병이 떠나갔어요!

　나는 어려서부터 교회건축을 하면서 하나님의 기적을 체험한 사람들의 이야기를 많이 들었다. 나 역시 이러한 경험이 있기에 교회건축을 생각하면 남다른 감격과 기쁨에 젖는다. 주님의 교회이기에 상상을 초월한 하나님의 도우심이 뒷받침되는 것이다.

　우리는 본래 국내선교부에서 마련해 준 조그마한 교회건물에서 예배를 드렸는데, 한국인 2세와 유학생들이 많이 출석하여 영어예배를 드리게 되면서부터 자연히 미국인들의 수가 늘어나 미국인 교회처럼 되어버리고 말았다.

　그런데 이민의 문이 활짝 열려 한국인들의 이민이 많아지면서 아무래도 한국인들의 교회가 되어야 한다는 생각이 들었다. 그래서 영어를 잘하는 젊은 부목사를 모셔다가 미국인과 한글을 모르는 한국인 2세를 맡기고, 우리는 한국 이민자들을 찾아다니며 교회로 이끌었다. 그래서 유학생들은 한국어부에 남았고, 150명이 넘는 미국인들은 부목사가 맡아서 모든 예배와 프로그램을 진행하였다. 영어부에 출석하는 미국인 신자들 중에는 희생적으로 봉사하며 신앙생활을 잘 하는 신실한 분들이 몇 분 있었다.

　그런데 이런 분들에게 조금씩 섭섭한 마음이 생기기 시작했다. 우리 부부가 이민 오는 한국인들에게만 관심을 쏟고 자기들은 소홀히 여긴다는 것이었다. 한국인들만 찾아다니고, 한국인들만을 위해 잔치를 베풀고, 교회의 전반적인 일들을 감당하는 미국인들은 있으나마나한 사람들로 취급한다고 불평을 하는 것이었다. 김 목사님은 이러한 불평의 소리를 듣고 그들을 위로하기는커녕 도리어 책망하였다.

"여러분이 정말 예수님을 믿는 사람들이오? 이제 당신들의 신앙이 어린아이 신앙이 아닐 텐데, 어쩌면 그렇게 젖 먹는 아이처럼 불평을 하는 거요. 이제 당신들은 가난과 고통중에 있는 사람들을 찾아 도와주고 구원사업을 이루어야 할 위치인데 그게 무슨 어린애 같은 소린가요? 지금 한국에서 이민 오는 사람들은 돈도 없고 무엇보다도 의사소통이 되질 않아 집과 직장문제로 절망 가운데 빠져 있습니다. 그런 그들을 우리가 적극적으로 도와주면 그들이 희망을 갖지 않겠소. 그런데 그들을 돕는 우리에게 불평을 늘어놓으니 이것이 신앙인의 모습이란 말이오? 오히려 당신들이 성숙한 신자라면 나를 도와야 하지 않겠소.

여러분이 나서서 그들에게 차량을 제공하고 집이나 직장을 알선하고 쇼핑을 도와준다면 나도 일손을 덜고 시간을 낼 수가 있소. 그러면 여러분과 교제도 나눌 수 있고 성경공부도 할 수 있지 않겠소. 생각해 보세요. 내 말이 옳은가 틀린가. 나는 여러분이 성숙한 신앙을 가졌다고 생각했는데 이제 보니 그런 것 같지 않아 실망이오. 예수 믿는 우리가 먼저 다른 사람에게 복음을 사랑으로 드러낼 때 죄인들이 주님 앞에 돌아오는 역사가 있는 것입니다. 그래야만 참 복음이 되는 거예요."

이 말에 영어부 일동은 감동을 받았다. 그러나 그 후로 또다시 '김 목사님은 자기들을 사랑하지 않는다. 그의 사랑은 이제 떠났다. 김 목사님은 변했다'라는 섭섭함의 말들을 늘어놓았다. 이치로 생각할 땐 김 목사님의 말이

지당한 말이었지만 김 목사님의 사랑이 자신들을 떠났다는 느낌을 지울 수가 없었던 모양이다.

그래서 그들은 부목사님을 모시고 모두 나가버렸다. 버젓하게 교회가 하나 더 생긴 것이다. 우리는 애써 양육한 훌륭한 교인들을 하루 아침에 모두 잃어버렸다. 남은 사람은 유학생 몇 사람과 이민 가족 몇 사람뿐이었다. 조그마한 교회가 가득 차서 왁자지껄하다가 갑자기 조용해지니 마음이 얼마나 서글픈지 잠이 오지 않았다. 아픈 가슴을 달래며 눈물로 기도할 뿐이었다. 그나마 위로가 되었던 것은 그들이 아예 교회에 발길을 끊은 것이 아니라 다른 교회를 세우고, 그들 나름대로 신앙생활을 해 나간다는 것이었다. 우리 마음이 아픈 것처럼 그들 마음도 편할 리가 없을 것이라 생각하니 더욱 가슴이 아렸다.

세월이 흐르니 우리의 남은 식구들도 접이식 개별의자 200석이 거의 찰 정도로 성장하게 되었다. 그러다 보니 새 성전을 지어야 한다는 소리가 나오기 시작했다.

더 큰 교회건물이 필요하지만 돈이 어디 있어 새 성전을 짓겠는가? 교인들 대부분이 가난한 유학생들과 어려운 이민자들이니 말이다. 대책이 없는 건축회의가 진행되었다. 유학생들과 이민자들은 서로 얼굴만 살필 뿐 아무 말도 없었다. 그 때 한 학생이 벌떡 일어섰다.

"지금까지 우리는 목사님 가정을 통해서 하나님의 사랑을 받기만 해 왔으니 이 기회에 한번 사람이 되어봅시다. 학생이다 보니 많은 돈은 없지만 장학금을 받는 데서 조금씩 떼어 매달 이십 불씩은 하나님께 드릴 수 있을 것입니다. 저 역시 이천 불을 약정하고 매달 이십 불씩 건축헌금을 드릴 테니 김 목사님께서 은행에 적립하시고 보증을 세우면 이천 불은 빌릴 수 있을 것입니다. 이런 식으로 하면 대출을 받아 건축을 할 수 있으리라고 믿습니다."

그의 진지하고 열성 있는 발언에 학생들이 저마다 이천 불, 천 불씩 헌금을 약정하게 되어 건축회의가 큰 감격과 흥분으로 뜨거워졌다.

유학생들이 한국 음식이 먹고 싶다고 전화를 해 오면 그 길로 데려와 음식을 해 먹이고 위로해 준 김 목사님의 공이 수포로 돌아가지 않은 듯했다. 유학생들 마음 가운데 김 목사님에 대한 깊은 신뢰가 자라가고 있었으니 말이다. 또한 부인회에서도 어떻게 할 것인가 의논을 하며 열띤 대화를 하던 중에 결단을 내렸다.

"부인회는 우리 교회에서 어머니와 같은 역할을 하는 기관입니다. 학생들이 저렇게 장학금을 절약하여 2천불 씩이나 드리는 형편이니 우리 부인회는 적어도 5만 불은 바쳐야 되지 않을까요?"

"어머나, 5만 불씩이나요? 그 돈이 다 어디서 납니까?"

어수선한 분위기를 회장이 진정시키며 자기 생각을 힘있고 진지하게 말했다.

"물론 우리들은 그 날 벌어 그 날 먹고 사는 이민자들입니다. 그렇지만 생각해 보세요. 죽으면 개도 물어뜯지 않을 이 육신을 위해 새벽부터 늦은 밤까지 힘을 다해 벌어봐야 그 날 먹고 사는 정도이지만, 하나님의 성전을 짓기 위해 좀더 죽을 힘을 다한다면 얼마나 보람있고 자랑스럽겠어요. 우리가 넉넉해서 할 수 있다면 누구나 다 하는 일이겠지만, 할 수 없는 가운데서 믿음으로 하는 일이므로 하나님께서도 정말 귀하게 여기실 것이라 생각됩니다."

"그야 그렇지만 도대체 어떻게 5만 불을 마련한다는 건가요?"

"우선 김치를 만들어서 팔아야 할 것 같습니다. 어느 집이나 김치가 없으면 못 사는데 모두 바쁘기 때문에 김치 만들 시간이 없지 않습니까? 그러니까 김치와 깍두기를 담가서 팔고, 된장과 고추장도 만들어 팔고, 또 빈대떡과 떡도 만들어 팔면 이익이 생길 것입니다."

"그리고 옷장사도 남습니다. 여러분 공장에서 만들고 있는 옷을 집에서 만들어 파는 거예요. 또 공장에서 싸게 사다 비싸게 되파는 일도 돈이 될 것입니다. 그 외에도 무엇이든 돈이 될 만한 일을 찾아 해봅시다."

이렇게 해서 부인회의 5만 불 건축헌금 작정이 결정되었다.

김 목사님은 거의 10만 불이 되는 약조금을 가지고 은행에 가서 20만 불의 돈을 얻느라고 진땀을 흘리며 바쁘게 뛰어다녔다. 은행에서 대출을 받은 후에는 건축회사를 찾아가 건축예산을 알아보았는데, 우리가 계획하는 500여 좌석의 교회를 지으려면 적어도 50만 불이 든다는 것이었다. 그래서 국내선교부에 가서 김 목사님이 의논을 한 결과, 국내선교부에서 20만 불을 지원해 주겠다고 해 그 즉시 교회 대지 구입에 나섰다.

부인회에서는 약정한 5만 불을 만들어야 했기 때문에 피와 땀을 짜내는 수고를 했다. 하루 종일 공장에 가서 일하고 집에 돌아와서도 옷을 짓느라고 밤잠도 못 자는 등 최선을 다해 일했다.

부인회 회장은 딸 둘과 아들 셋을 키우느라고 남편과 함께 쉴 새 없이 뛰어다녀야 했다. 그러던 차에 잦은 소화불량에 위까지 점점 아파오기 시작해 병원에 진료를 받으러 갔다. 진료 후, 의사가 그녀를 내보내고 남편을 불렀다. 그런데 한참 후 진료실에서 나온 남편의 얼굴에 수심이 가득하였다.

"뭐라고 해요? 뭐라고 했길래 당신 얼굴에 그렇게 수심이 가득해요?"
"아니야, 괜찮아. 소화불량이 심해서 약을 처방해 주었는데 이것만 먹으면 나을 거라고 했어요."

그러나 신경이 예민한 부인의 눈에는 뭔가 석연치 않은 구석이 있었다. 그렇게 그 날은 일도 못 가고 날이 어두웠다. 일찍이 자리에 들어 쉬기로 했는데, 남편이 편지를 쓰고 있었다. 얼마 전 미군부대에 입대해 한국에 있는 미군부대에 파견된 큰 아들에게 쓰고 있는 것이었다. 그가 편지를 쓰고 나서도 좀처럼 잠을 이루지 못하고 있는 것을 아내는 알아챘다.

정원사로 일하는 그는 아침 일찍이 나서야 하는데, 밤 늦게까지 잠을 이루지 못한 까닭에 그만 늦잠을 자고 말았다. 아침에 그가 허둥지둥 일어나 급히 직장으로 달려가는 바람에 지난 밤에 아들에게 쓴 편지를 갖고 가는 것을 깜박 잊어버렸다.

부인은 몸이 아파 일터에 나가지 못하고 집에 남아 있어야 했다. 그래서 지난 밤 남편이 편지 쓰던 것을 생각해 내고 그 편지를 찾아 뜯어보았다. 편지의 내용은 이러했다.

> "사랑하는 아들아, 미국인들 가운데서 힘들고 어려운 일도 많겠지만 늘 믿음을 지키며 살아야 한다. 우리가 언젠가 죽으면 하나님 앞에 서기 때문이란다. 사람이 죽는 건 삶의 이치란다. 그러니 앞으로 무슨 일이 있든지 또 어떠한 소식이 가든지 너는 신앙인으로 살아야 한다. 우리가 다 예수님 안에 있으면 죽어도 예수님 앞에 모여서 영원히 기쁘게 사는 거니까."

그녀는 가슴이 턱 내려앉았다.
"내가 죽을 병에 걸렸구나! 암인가? 그래 위암인가보다. 나는 위암으로 죽는다. 아니 이럴 수가! 죽으면 예수님 앞에 설 텐데. 주님이 내게 '너는 무엇을 하다가 왔느냐?' 고 묻는다면, 뭐라고 대답할 것인가? '네, 아이 다섯 기르느라고 꼭두새벽부터 늦은 밤까지 공장에서 일만 하다 왔습니다.' 이 말밖에 할 말이 없을 텐데, 이 말을 들으시면 예수님이 얼마나 섭섭해하실까? 40여 년을 살면서 죽도록 내 일만 하고 주님의 일은 하나도 한 것 없이 주님 앞에 서면 얼마나 부끄럽고 비참하며 후회막심할 것인가? 되돌아오지도 못하고 그 후회의 아픔을 영원히 지니고 어떻게 영생을 살아갈 것인가?'

그녀는 떨리는 마음을 감출 수 없었다. 순간 공포가 밀려왔다.

'죽는다. 나는 이제 곧 죽는다.'

그녀는 죽기 전에 무엇을 해야 할지 단번에 깨달았다.

'주님 위해 할 일을 하는 것이다.'

사실 그녀는 음식을 제대로 먹어본 지가 오래되었다. 무엇이든 먹기만 하면 가슴이 꽉 막히고 소화제나 약도 효과가 없었다. 물만 먹어도 가슴에 걸려 물도 제대로 마실 수 없었다.

그렇지만 식구들을 살리기 위해서 그녀는 먹지도 마시지도 못하는 육체를 끌고 공장일을 계속해야 했다. 그래서 그녀의 몸은 피골이 상접하고 말소리조차 가늘고 작아져 있었다. 하지만 자기가 언제 죽을지 모른다는 공포와 예수님 앞에 섰을 때를 생각하면 가만히 앉아서 약만 먹고 쉴 수는 없었다.

그녀는 이튿날 새벽 남편이 일을 떠난 후, 차를 몰고 청과시장으로 달려가 무와 배추와 양념감을 잔뜩 사 가지고 곧장 교회로 갔다. 그녀는 힘이 없어 무와 배추를 한 개씩 차에서 내려놓고 물로 씻어 김치를 만들기 시작했다.

이 시간은 김 목사님이 새벽기도에 참석한 교인들을 각각 집에 데려다주고 다시 교회로 돌아와 설교준비를 하며 공부하는 시간이었다.

그런데 우리 교회는 여러 번 도둑을 맞은 경험이 있기 때문에 김 목사님이 교회에 있을 때면 늘 몽둥이를 하나 준비해 가지고 있었다.

이 날도 김 목사님이 교회 사무실에서 공부하고 있는데 부엌에서 소리가 들려왔다. 예민해진 김 목사님은 '기어이 올 것이 왔구나' 생각하며 준비해 두었던 몽둥이를 들고 살금살금 부엌 쪽으로 다가갔다. 친교실을 지나 부엌으로 가려고 문을 여는 순간 김 목사님은 깜짝 놀랐다. 부엌 앞 친교실에 부인회 회장이 무와 배추를 쌓아놓고 쓰러져 있었기 때문이다.

"회장님, 이게 웬일이세요?"

김 목사님이 놀라 가까이 다가가자 그녀가 벌떡 일어나면서 김 목사님을 책망하듯이 완고한 태도로 말했다.

"목사님, 이 새벽에 젊은 여자만 있는데 왜 들어오시는 겁니까? 교회에 큰 소문을 내시려는 겁니까? 빨리 나가세요. 목사님이 저를 동정해 여기 들어오시면 교회가 시험에 들고 하나님의 영광을 가린다는 것을 모르세요? 빨리 나가시라는데두요. 빨리 나가세요."

얼떨결에 김 목사님은 몽둥이를 든 채 친교실에서 나왔다. 그러나 사무실에 돌아와 가슴이 떨리도록 감동을 받아 울어버리고 말았다.

"양들은 이렇게 충성하는데, 주여! 저는 참 목자입니까?"

그는 그 길로 깊은 산 속에 들어가 실컷 울며 기도한 후 집으로 돌아왔다.

회장은 그 많은 무와 배추를 혼자서 씻고 썰어서 김치를 담그고 미리 준비해 둔 김치 단지에 모두 넣어 봉한 후 친교실에 전시해 놓았다. 그리고

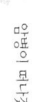

메모를 써놓았다.

"건축헌금을 위해 사 가세요. 한 병에 3불이지만 원하시는 대로 바치세요."

주일날 예배가 끝나고 친교시간 후에 사람들이 김치를 사 갔다. 한 병씩 사는 사람이 대부분이었지만, 어떤 분은 두 병, 세 병도 사 갔다.

"왜 그리 많이 가져가십니까?"

"김치만 있으면 밥 하고 식사가 되는데 많을수록 좋지 않겠소."

돈도 많이 벌지 못하는 어떤 분은 20불을 내고 사 가기도 했고, 또 어떤 얌체는 2불을 내고 두 병을 집어가는 경우도 있었다.

또 한번은 새벽기도가 끝난 뒤, 김 목사님이 사무실에 돌아오자 또 친교실에서 인기척이 들려왔다. 문을 열고 들어가 보니 역시 회장 혼자서 얼굴이 홍당무가 되어가지고 힘들게 무엇을 젓고 있었다. 고추장을 만드느라고 메주가루와 고춧가루와 찹쌀을 섞으며 젓는데, 너무 힘이 들어 한 번 밀고 당기고는 헐떡거리며 쉬는 모습이었다.

회장은 김 목사님을 보더니 지난번과 똑같이 말했다. "나가세요. 목사님! 목사님이 이렇게 들어오시면 교회에 덕이 되질 않아요."

그녀는 숨이 차서 헐떡이며 강경히 말했다. 하지만 김 목사님은 그녀에게 다가가 고추장을 젓는 도구를 빼앗았다.

"약한 분을 도와야 교회에 덕이 되지요. 왜 이렇게까지 하셔야 합니까? 회장님은 이렇게 무리하시면 안 되는 분이시잖아요."

김 목사님이 그녀 대신 고추장을 젓고 기진맥진해 집에 돌아왔다.

"여보, 내 손 좀 보시오."

목사님을 쳐다보니 눈에는 눈물이 흐르고, 손에는 물집이 잡혀 있고, 눈은 충혈이 되어 있었지만 그는 감동에 벅차 있었다.

김 목사님이 이런 일을 교회 앞에 광고도 안 했는데, 교인들이 어떻게 알았는지 시청에서 타이피스트로 일하는 부인회원 한 분이 휴가를 받아 한 달 동안 회장을 돕겠다고 나섰다. 그러자 간호사 한 분도 휴가를 얻어 한 달 동안 회장을 돕겠다고 하고, 또 가정부인 두 분도 일을 쉬고 회장을 돕기로 해 부인회에서 대대적으로 건축헌금 모금에 가담하게 되었다.

이들은 교회에 와서 떡도 만들고, 전도 부치고, 만두, 냉면, 잡채, 비빔밥, 김치와 깍두기, 된장, 고추장, 부엌에서 쓰는 손수건, 앞치마, 옷 등 만들 수 있는 것은 모두 만들어 많은 사람들에게 팔았다.

또 회장은 한국의 미군부대에서 근무하는 큰 아들에게 편지를 써서 서울 평화시장에 가서 옷들을 도매로 사 보내게 했다. 그리고 부대 우편을 통해 보내게 해서 한국 평화시장의 옷들이 교회로 흘러들어왔다.

도매값으로 2-3불에 산 것을 5-6불에 파는데도 미국 옷보다 더 아름답고 좋아서 옷이 마구 팔려나갔다. 나도 가만히 있을 수 없어 열 벌을 샀다. 주일마다 색깔이 화려한 한국제 홈드레스를 입고 모여드는 여신도들은 항상 웃음이 가득했다. 그러자 교회 근처에 사는 미국인들이 말했다.

"이 교회는 왜 그리 패션 모델 같은 사람들이 많나요? 우리 미국인들은 곁에도 갈 수 없게 말입니다."

칭찬인지, 깔보는 말인지는 알 수 없지만 그런 말들을 누누이 듣곤 했다.

어떤 분은 돈을 아끼기 위해 안 먹고 안 써 늘 배가 출출했는데, 교회 물건을 너무 많이 사 썩고 상할까봐 잘 먹으니 힘이 난다고 기뻐하기도 했다.

성전건축을 위해 애쓰는 부인회원들의 희생은 눈물이 나도록 감동적이었고, 진정한 마음에서 우러나오는 것이었다. 그렇게 부인회에서 5만 불을 헌금하기로 작정한 날로부터 2년이 지나갔다.

 어느 주일 대예배 시간이었다. 현금 5만 불이 들어 있는 누렇고 큰 봉투를 부인회 회장이 들고 강대상을 향해 걸어 나갔다. 부들부들 떠는 회장의 나약한 걸음과 긴장된 표정을 지켜보는 관중은 갑자기 엄숙한 가운데 모두 눈이 커지고 마음이 부풀어오르는 것을 느꼈다.

 봉투를 받쳐들고 앞으로 걸어 나가는 회장의 모습이 마치 예수님을 향해 나가는 모습 같았다. 강단에 서 있는 김 목사님도 감격하고 흥분되어서 회장의 발걸음만을 지켜보고 있었다. 그 누런 봉투가 김 목사님의 손에 들려졌을 때, 김 목사님은 벅찬 감격에 음성이 떨렸다.

 "주님께 약정한 5만 불을 드립니다. 한인침례교회 부인회 일동!"

 교회가 진동할 듯한 큰 박수가 터지고, 눈물을 흘리고 코 푸는 소리가 여기저기서 들려왔다. 모든 교인이 한 몸같이 움직여 일궈낸 이 헌금은 너무도 거룩하고 피눈물나는 사랑의 결정체였다. 그 날 교회에서는 부인회 주최로 큰 잔치를 베풀었다. 모든 교인들이 그야말로 잔치 기분으로 마음이 들떠 화기애애한 가운데 갖가지 맛있는 음식을 쌓아놓고 원하는 대로 먹는 것이었다. 떠들썩한 가운데 기쁘게 음식을 먹고 있을 때, 부인회 회원 한 사람이 내게 달려왔다.

 "사모님, 저 회장님좀 보세요. 물도 못 마시던 분이 저것좀 보세요. 음식을 마구 먹잖아요! 잡채를 두 번이나 가져다 입에 틀어박듯이 먹으니 큰일 아닙니까? 왜 저러지요? 큰일나려구."

 나도 놀라 그녀를 쳐다보았다. 그녀가 정신없이 먹어대고 있었다.

 "암병이 없어진 거예요."

 "뭐라구요?"

몇 사람이 동시에 나를 쳐다봤다. 주위 사람 모두 부인회 회장에게 눈이 쏠렸다. 그녀는 음식 먹는 데만 열중하고 있었다.

"아! 암병이 그녀를 떠나갔어요. 주님이 고쳐주신 겁니다."

이 말을 하고 그녀에게 가까이 다가갔다. 그리고 그녀의 아름다운 얼굴을 들여다보면서 물었다.

"어때요? 잘 잡수셨습니까?"

"사모님, 2년 동안 먹지 못한 것을 오늘 한꺼번에 다 먹은 것 같아요. 너무 맛있어요."

"기분이 괜찮아요?"

"저 암병이 나을 것 같아요. 입에 들어가는 것마다 술술 녹아 얼마든지 먹을 수 있을 것 같아 막 먹었어요."

그녀가 너무 아름다워 보였다. 그녀를 바라보는 내 눈이 부셨다.

"충성된 종아!"

예수님의 음성이 들리는 것만 같았다. 죽을 힘을 다하는 그녀를 보았기 때문이다. 그녀의 암병이 죽음을 마다하지 않은 그녀의 충성에 그만 손을 들고 떨어져 나간 것이 분명했다. 그래서 나는 그녀를 위해 기도할 때나 말할 때, '충성파!'라고 부르기로 했다.

주님을 위해 충성하는 자, 죽음을 마다하지 않는 충성에는 하나님이 감동치 아니 할 수 없는 것이고, 마귀가 달라 붙을 힘이 없는 것을 보고 증거하는 것이다.

인간은 다 죽는다. 결국에는 죽는 것이 사람의 목숨인데, 이기적으로 자기 생각만 하고, 이 세상에 두고 갈 수밖에 없는 것들을 위해 일생을 사는 사람들이라면 뭔가 큰 착각 속에 살고 있다고 볼 수밖에 없다. 자기 몸과

자기 자랑만을 위해 힘껏 살다 죽는다면, 죽어서 영원히 사는 곳에서 그야말로 가진 것 하나도 없이 후회만을 안고 영원히 끝없는 불사의 삶을 계속해야 하는 것이다.

 그 후 부인회 회장은 온 교회에 '충성파'로 인정되었고, 교회의 어려운 일이나 희생하는 일에는 그녀가 꼭 모범이 되었다.

 "충성된 종아!"

 아! 그 얼마나 놀라운 상급의 날이 그녀를 기다릴 것인가?

의논하세요

 귀자는 일제시대 때 충청남도의 한 작은 마을에서 태어났다. 그녀는 어릴 때부터 바느질이나 부엌일은 잘했지만, 공부하는 것은 좋아하지 않았다. 동네 아이들이 거의 다 학교에 다니는데 혼자 안 다닐 수도 없고, 또 부모님께서 학교에 가라고 야단을 치시며 데려다주어 할 수 없이 입학했다. 그러나 공부하는 것이 싫고 재미없어서 일 년도 채 다니지 못하고 중단하고 말았다. 귀자는 어렸을 때부터 집안일을 잘했기 때문에 동네에 소문이 자자했으며, 성숙해서는 동네의 큰 부잣집 맏며느리로 출가하게 되었다.

 그런데 어찌된 일인지 시집 가서 나이가 드는데도 몸집이 자라지 않아 어린아이처럼 보였다.

 귀자는 매우 독실한 불교 가정에서 자랐고, 시집도 대대로 불교를 신봉하는 집이었다. 그런데 귀자는 시어머니가 홀로 가족을 다스리시고 주장하는 엄한 분이어서 무척 놀랐다. 집안의 모든 결정은 시어머니에게 달려 있었다. 시어머니는 여왕처럼 군림했다.

 맏며느리가 된 귀자는 꼭두새벽부터 해질 때까지 쉴 새 없이 집안일을 해야 했다. 더욱이 그 집안은 음식이 매우 까다로웠다. 가족을 위해 하루 세 끼 준비하는 일이 너무 벅찼고 또 절차도 복잡하고 까다롭기만 했다.

 그 집안 대대로 내려오면서 해 먹는 음식들은 여간 맛을 잘 내지 않으면 안 되었다. 어쩌다 간이 맞지 않거나, 모양이나 빛깔이 틀리면 시어머니는 호령을 내리셨고 밥상을 마당에 내던지기도 했다. 그래서 놋그릇들이 찌그러지고 흉해지면 그것도 귀자더러 책임을 지고 바로잡아 놓으라고 호통을 치는 판이었다. 그런 시어머니 밑에서 귀자는 하루종일 전전긍긍하며 살 수밖에 없었다.

제사 지내는 건 기본이었으며, 절기 때마다 절을 찾아가 불공을 드려야 했다. 거기다가 아이들을 넷이나 낳아서 고생이 이만저만이 아니었다.

그러던 중 시어머니가 병환으로 자리에 누워 시름시름 앓더니 세상을 떠나셨다. 그렇게 심하던 시집살이도 한풀 꺾이고 가정 분위기는 변하여 많이 편해졌지만, 워낙 가족이 많고 아이들이 쑥쑥 커가니 일은 밤낮 고되고 힘이 들었다.

해방이 되어 일본인들이 모두 자기 나라로 쫓겨가고 세상은 달라졌다. 아이들은 자라서 대학에 보내야 하고, 또 저마다 서울로만 가려고 하는 판이었다. 그 때 남편이 간염으로 세상을 떠났으므로 아이들을 공부시키고 출세시키기 위해 귀자는 식구들과 함께 서울로 이사를 했다. 아이들이 저마다 학교에 들어가자 귀자는 아이들 공부 뒷바라지에 정신이 없었다. 때는 6·25 전이어서 많은 사람들이 이북에서 월남해 오고, 서울 장안은 무수한 인파로 북적거렸다. 이북에서 월남해 온 동포들 중에는 크리스천이 많았고, 대부분 열심히 믿는 신자들이었다. 그들이 모이는 곳마다 교회가 들어서고 주일이면 교회로 가는 사람들로 붐볐다.

귀자를 찾아오는 사람들이나 귀자가 알고 있는 사람들 중에 예수 믿는 사람이 많아지고 또 귀자에게 예수 믿으라고 강권하는 이웃이 여럿 있었다. 더욱이 불교를 믿던 친지들이 예수 믿고 변하는 것을 보면 귀자는 속에서 불이 붙는 것처럼 화가 치밀어 올라 참을 수가 없었다. 그래서 귀자는 강권하는 사람들이나 믿는 사람들에게 맞서서 화를 내고 욕을 퍼붓기도 했다.

'절개없는 것들! 염치없는 것들! 어디 잘 되나 보자! 내가 기어코 벌 받는 꼴을 보고 말 테다. 나는 절대로 안 믿을 테다. 나만은 끝까지 부처님을 섬겨서 본을 보여줄 것이다. 보자! 누가 벌 받고 누가 잘 되는지!' 하며 속으로 독을 품었다.

귀자는 이를 악물고 더 열심히 절에 다니며 불공을 드리고 충성할 것을 스스로 다짐했다. 또 예수 믿는 사람들을 업신여기고, 보기도 싫어했으며, 누가 예수 믿는 이야기를 하면 열통이 터졌다. 세상에 그럴 수가 있나! 귀자는 불교신자였다가 예수 신자가 된 사람들과는 인사도 안 하고 쳐다보지도 않았다.

한번은 그녀가 시내에 나갔다 버스를 타고 집에 돌아오는 길이었다. 버스 안에서 예수 믿는 사람들과 만날까봐 안쪽으로 깊숙이 들어가 앉았는데, 다행히 예수 믿는 사람들이 없었다. 안도의 한숨을 내쉰 뒤 속으로 그들에게 욕을 퍼부었다. 그리고 버스에서 내리려고 막 문을 나서는 순간 갑자기 크고 선명한 소리가 들려왔다. "넌 언제까지 그럴 거냐?" 하는 소리였다. 그 소리가 어디서 들려왔는지는 전혀 알 수 없었다. 귀자의 마음 속에서 들리는 소리 같기도 하고, 공중에서 들려오는 것인지, 버스 안에서 울려 퍼지는 것인지 분간할 수 없었지만 분명하고 똑똑하게 들려왔다. 귀자는 순간 깜짝 놀라서 "뭐라구요?" 하고는 가슴이 떨리고 다리에 힘이 빠져 간신히 집에 돌아왔다. 왜 그렇게 무섭고 떨리는지 알 수가 없었다. 천지가 다 자기를 죄인 취급하고 노려보는 것만 같았다.

그 날은 마침 주일이었다. 귀자는 크리스천들이 어디서 모이는지 알고 있었다. 귀자는 집에 있을 수가 없어서 밖으로 나가 자기 발로 교회를 찾아갔다. 아침예배시간은 벌써 오래 전에 지났고 저녁예배시간은 아직 일렀다. 교회 안에는 아무도 없었다. 슬며시 문을 열고 혼자 교회당 안에 들어가 엎드렸다. 웬일인지 무섭고 떨리던 마음이 사라지고 편안해졌다. 그래서 그녀는 계속 엎드려 있었다. 저녁시간이 되어 많은 사람들이 모여들었다. 찬송소리를 들으니 맘이 훤히 열리는 것 같았다. 귀자는 엎드린 채 눈도 뜨지 않고, 일어나 앉지도 않았다. 예배가 끝날 때까지 그렇게 꼼짝도 하지 않고 있었다.

  귀자는 그렇게 해서 주님을 믿는 신자가 되었다. 집에서 소중하게 모시던 불상과 거기 속한 모든 것을 전부 아궁이 속에 던져 태워 없애버렸다. 그 후 귀자는 열심히 교회에 나갔다. 새벽예배 종 소리가 나기 전에 일어나서 새벽기도와 주일예배, 수요기도회, 무슨 모임에나 빠지는 일 없이 교회에 나가고 또 열심히 전도도 하게 되었다. 교회에서는 열심으로 봉사하는 그녀에게 집사 직분에 이어 권사 직분을 맡겼다.

  아들들은 다 대학을 마치고 취직했다. 결혼도 하고 손자들도 낳아 다복한 가정이 되었다. 그런데 아들과 며느리들에게는 복음을 전하지 못하고 있었다. 귀자 자신이 미치도록 불교에 충성했다는 사실을 아들 며느리들이 다 알고 있었고, 더욱이 변절한 사람들에게 혹독하게 욕을 퍼부어 왔던 자기가 오히려 변절하고 예수 믿어 욕 먹었던 사람들과 같이 되었으니 식구들이 자신을 어떻게 생각할까 두려움이 앞섰기 때문이다.

  세상은 또 변했다. 이민 바람이 불어서 저마다 미국에 가서 잘 살아보겠다는 욕망을 가지고 떠났다. 그 당시 귀자 권사도 아들들을 따라서 이민을 왔다.

어느 날 나는 쇼핑을 갔다가 돌아와 차고에 차를 주차하고 집안으로 들어가다 잔디밭으로 지나가는 백발이 성성한 노인을 보았다. 먼 발치서 봐도 영낙없는 한국사람이었다. 나는 발길을 돌이켜 재빠르게 잔디밭으로 내려가 말을 걸었다.

"한국 할머니가 지나가시기에 뛰어왔어요. 안녕하세요?"
"아이구 누구신데 이렇게 한국말로 이 늙은이에게 인사를 하십니까?"
"저는 이 집에 사는 사람인데 좀 들어오셨다 가시지 않으시겠어요?"
"들어가도 됩니까? 이렇게 반가울 데가. 혹시 이 동네에 한국사람이 살고 있지 않을까 궁금했는데 이렇게 만나게 돼서 참 반가워요."

우리는 그렇게 만났고 또 서로 가까이에 살고 있다는 것을 확인하고는 더욱 기뻤다. 알고 보니 그녀는 권사였고, 신실한 크리스천이었다. 우리는 금세 친한 사이가 되었다.

그녀는 맛있는 국도 끓여왔고, 때론 된장찌개나 나물 무친 것도 가져와서 같이 먹었다. 또 차를 타고 같이 다니기도 하고 내가 집에 있을 때는 수시로 찾아오곤 했다.

그녀에게는 한국에 남아 있는 아들이 있었는데, 공무원으로 큰 집에 살면서 아무 부족함 없이 가족들과 단란한 생활을 하고 있었다. 그런데 어느 여름날 고기를 너무 많이 먹은 것이 급체가 되었던지 한 시간 만에 세상을 떠났다는 기별이 왔다.

귀자 권사는 너무 뜻밖의 소식에 놀라 부랴부랴 한국으로 가 그 진상을 알아보았으나 어쩔 도리가 없었다. 건강하고 행복한 가정생활을 누리던 아들이 갑자기 세상에서 사라져버렸다고 생각하니 하늘이 무너지는 충격이 아닐 수 없었다. 장례식을 마치고 돌아온 귀자 권사는 실성한 사람처럼 입을 벌리고 초점 잃은 눈으로 허공만 바라보았다. 한 마디로 귀자 권사는 살아갈 힘을 다 잃어버렸다. 신앙은 있었지만 연단받지 않은 신앙이라 그런 큰 시험이 닥쳤을 때 대항해 나갈 힘도 기력도 없었다. 그녀는 낮이면 먼산바라기가 되어 울고, 밤이면 땅이 꺼져라고 한숨만 쉬며 나날을 보냈다.

　귀자 권사의 탄식과 슬픔은 날이 갈수록 더해 침식이 말이 아닐 정도였다. 미국에 사는 아들과 며느리들이 아무리 위로해 봐도 소용이 없었다. 그래서 나는 그녀를 우리 집으로 모셔왔다. 본래 신경이 예민하고 눈치가 빠른 귀자 권사는 내가 어려워서였는지 아니면 마음 속 깊이 박혀 있는 신앙 때문인지 나와 함께 예배드리고 성경도 읽고 기도도 하기 시작했다.

　"권사님, 사람이 언젠가는 죽는다는 것을 모르셨어요?"

　"모르긴 왜 몰라요. 알지만 제 아들이 너무 젊은 나이에 죽지 않았습니까? 사모님."

　"사람이 꼭 늙어야 죽는 거라고 생각하시나요?"

　"내 아들은 이제 서른 살도 안 되었잖습니까? 그도 그렇지만 내 맘이 더 아픈 것은, 그 아이가 천국에 가지 못한 것 때문이에요. 그애한테 예수 믿으라고 몇 번 권면은 했지만 기어이 교회에 나가지 않은 것을 생각하니 구원받지 못하고 지옥에 떨어진 것만 같아 더 마음이 아픈 것입니다."

　"언제 죽더라도 예수님을 믿고 천국에 가도록 준비하라고 말씀을 하셨나요?"

　"그럼요. 그런데 한번은 내가 교회에 가면서 아들에게 '너희들도 같이 교회에 가자'고 하니까 그 애가 '네' 하고 따라나서는데, 며느리가 하는 말이 '날마다 바쁘게 일만 하다가 모처럼 하루 쉬는 날인데 쉬어야지 무슨 교회냐'는 거예요. 그래서 결국 '다음에, 다음에' 하다가 한 번도 가질 못했어요. 사모님."

"그럼 아드님은 믿을 마음이 있었네요. 권사님?"

"글쎄, 모르지요."

"믿을 마음이 있으니까 따라나서려고 했던 것 아니겠어요?"

"내게 늘 연보도도 주고 그랬는데 왜 그 때 그 아이를 억지로라도 데려가지 못했을까 생각하니…."

그녀는 말끝을 채 맺지도 못하고 설움이 복받쳤는지 울음을 터뜨리고 말았다. 너무 많이 울어 눈이 퉁퉁 부었는데도 연신 나오는 눈물을 주체할 수가 없는 것 같았다.

"권사님, 사람이 죽고 사는 일은 하나님이 정하신 거라고 믿으시지요?"

"네."

"그럼 아드님도 하나님이 정하신 대로 세상을 떠난 것이 아닐까요?"

"글쎄요."

"권사님은 하나님이 하시는 일에 대해서 사람이 잘했다, 못했다 불평할 수 있다고 생각하세요? 하나님께 '왜 그렇게 하셨습니까?' 하고 대드는 일 말이에요. 그런 일은 우리가 해서는 안 되지요?"

"네."

"생각해 보세요. 아드님은 권사님이 늘 그를 위해 기도했으니까 앓지도 않고, 입원도 안 하고 돌아가신 것 아니겠어요? 만일 아드님이 수술하고 아파서 신음하다가 돌아가셨으면 본인은 물론이고 옆에서 지켜보는 가족들한테도 더없이 큰 고통이었을 거예요."

그녀는 고개를 끄덕이며 이해하는 눈치를 보였다. 그리고 흐르는 눈물을 닦고 내 손을 붙잡으면서 한탄스럽게 내뱉었다.

"하지만 그 애가 지옥에 갔을 거라고 생각하면 가슴이 아파서 도저히 견딜 수가 없어요. 사모님!"

"자, 그것도 우리는 모른다구요. 성경에 주님을 믿기만 하면 구원을 얻는다고 했지요?"

"네."

"아드님이 예수님을 믿었는지 안 믿었는지 우리가 어떻게 판단할 수 있겠어요. 성경에 믿는 자는 다 구원을 얻는다고 했지 교회에 다녀야 한다는 말은 없잖아요? 우리가 교회에 가는 것은 교회에 가야 말씀을 배우고, 하나님과 그 나라에 대해서 잘 알게 되고, 세상에서 사는 동안 믿음의 형제자매들과 더불어 함께할 수 있기 때문이 아닙니까? 믿기만 하면 구원은 받아요. 믿는 것은 오래 믿으나 단번에 믿으나 상관이 없다고 예수님이 농장에서 일한 사람들을 비유로 분명히 말씀해 주셨잖아요. 한 시간 일한 사람이나 하루 종일 일한 사람이나 임금은 똑같이 주신다고 말이에요.

 아드님은 권사님의 권면을 들었으니까 숨이 질 때 주님을 생각하지 않았을까요? 사람들이 살아 있는 동안에는 하나님에 대해, 천국에 대해 무관심하지만 일단 죽음에 직면하면 '죽으면 어떻게 될까? 죽어서 어디로 가는 것일까?' 하고 생각할 거예요. 아드님도 아차! 죽는구나 싶었을 때, 권사님의 말을 기억하지 않았을까요? '아, 예수님!' 하고 외쳤는지 누가 알아요? 죽기 직전에 하나님을 기억하고 찾았을지도 모르잖아요? 사람은 위급할 때 하나님을 찾지 않습니까? 그러니까 아드님이 예수님을 믿고 하나님을 섬기라고 권한 어머님의 말씀을 기억했을 거라고 믿는 게 좋지 않을까요?"

"하지만 사모님, 그 애는 한 번도 주님을 위해서 일한 적이 없잖아요?"

"주님을 위해 일하면 상급이 되는 것이지 일을 해서 구원을 얻는 것은 절대로 아니지 않습니까? 십자가상의 강도를 생각해 보세요. 그는 일생을 악한 짓만 한 흉악한 죄인이었지만, 예수님께 애원했을 때 곧 구원을 약속받지 않았던가요! 그가 믿었으니까 구원은 받았지만 예수님을 위해 한 일이 없으니까 상급은 없을 것입니다. 구원은 믿음이지요. 믿기만 하면 천국에는 가는 거라구요. 상급은 없어도…."

"그랬으면 얼마나 좋겠습니까? 그 말씀을 들으니 마음이 놓이는 것 같습니다."

"그렇구 말구요. 마음을 놓으세요. 주님은 믿는 자들이 지옥 가는 사람들처럼 원망하고 불평하고 슬퍼하고 낙심하는 것을 기뻐하지 않으시니까요. 그것은 마귀가 기뻐하고 마귀에 속한 사람들이나 하는 거예요. 우리 믿는 자들이 어떠한 일이 있어도 하나님의 뜻을 생각하며 기도할 때, 하나님의 평강이 넘치는 것 아니겠어요? 울고 한숨짓고 원망하면 성령님이 근심하시고 마귀들은 춤을 추며 좋아하니까요."

"잘 알았어요. 사모님."

그 후 귀자 권사는 눈물을 거두고 우는 대신 열심으로 기도하고, 성경을 읽고 힘을 얻어 자기 집으로 돌아갔다. 귀자 권사는 연로한 고로 생활보조를 받기 때문에 나라에서 경영하는 새아파트로 이사해서 살게 되었다.

매달 초하룻날이면 정부 보조금이 나온다. 그러면 귀자 권사는 맨 먼저 십일조를 떼어 새돈으로 바꾸어 봉투에 넣고 나머지에서 얼마를 가지고 슈퍼마켓에 가서 제일 좋은 과일을 사 가지고 내게 온다. 그러고도 맘이 편치 않으면 꼭 음식을 해서 가져오곤 한다. 나는 여러 차례 그러지 말라고 권했으나 그녀의 결사적인 태도는 변하지 않았다. 그래서 나도 귀자 권사의 새 살림에 불편이 없도록 필요한 것들을 이것저것 사러 다니며 즐거워했다.

귀자 권사는 달라졌다. 얼굴에 화색이 돌고 또 얼마나 분주히 다니는지 버스표를 사 가지고 슈퍼마켓과 시장에 가는 일이 잦아졌다. 하루에 세 번씩 기도하고 금식도 자주 했다. 물론 교회 새벽기도에도 빠지는 일이 없었고 교회 모임에도 열심을 다했다. 예배시간 전에 한 시간이나 빨리 나와 기도로 준비하는 습관은 너무나 아름답기만 했다. 또 누구나 만나면 전도하는 일을 잊어버리지 않았다. 평소에는 말수도 적고 말주변도 없었다.

그러나 조용하면서도 인내심과 책임감이 강하고 눈치가 비상하게 빨라 다른 노인네들이 따라갈 수 없었다. 그래서 귀자 권사는 교회에서 누구에게나 사랑받고 존경받았다. 특별히 그녀는 나를 어린애같이 돌봐주었다. 그야말로 희생적이고 결사적이었다. 그녀가 나를 위해 기도하는 것을 듣고 나는 종종 울었다. 그녀는 내게 그렇게 헌신적이었다. 하루에 두 번 이상 꼭 나를 찾아오는데 올 때마다 손에 무엇을 들고 오는 것이 습관이 되었다. 무엇이나 좋은 것은 다 내게 가져와야 마음이 놓인다고 했다. 그런데 내가 집회를 갈 때가 많아 어떤 때에는 외국에 나가 몇 달씩 있을 때도 있었다. 그럴 때는 교회에 나가 나를 위해 기도하고 내가 돌아오기만을 고대하고 있다가 내가 돌아오면 그 동안 못 했던 봉사를 막 쏟아놓았다. 비가 오나 바람이 부나 귀자 권사는 내가 좋아하는 음식을 만들어 양손에 받쳐들고 와 내게 먹이고는 만족해했다.

"나는요, 사모님이 안 계실 땐 언제나 병이 나는데 오시고 나면 거짓말같이 다 나아버려요."

귀자 권사는 언제나 그렇게 말했다. 귀자 권사뿐 아니라 다른 여러 노인들도 언제나 그렇게 말했다.

"박 권사님은 사모님만 안 계시면 아주 늙고 병든 할머니인데 사모님만 오시면 거짓말같이 생생해지고 활기가 넘쳐서 마치 젊은 사람같이 활동을 하니 정말 기적이 아니고 뭐겠어요."

이런 귀자 권사의 정성을 대할 때면 내 어머니의 기도하시던 모습을 떠올리지 않을 수 없다. 내 어머니는 언제나 기도하신 후 그 내용을 내게 일러주셨다.

"주님, 이 아이는 절대로 부자가 되지 않게 해주소서. 먹고 쓸 만큼만 주시고 풍족하게 마옵소서. 이 애는 신경이 예민하고 몸은 약하며 감정에 치우쳐 사람을 믿기 잘해 이 세상 살아가는 데 너무 형편없는 아이가 아닙니까? 그러니 이 애를 자기 몸같이 돌봐줄 사람을 보내주시면 훌륭한 믿음의 사람이 될 것입니다. 돕는 사람을 늘 옆에 붙여주옵소서." 그것이 내 어머니의 기도제목이었다. 그래서 주님은 내 일생을 통해 나를 자기 몸같이 돌봐주는 사람을 여러 번 보내주셨다.

귀자 권사에게는 한 가지 큰 고충이 있었다. 노인이 되면 누구나 다 그렇겠지만 건망증이 심해서 간 데마다 열쇠를 놓고 왔다. 그래서 매번 열쇠를 찾으러 다니는 일로 골치를 썩었다.

한번은 아무리 돌아다녀도 열쇠를 찾지 못해 아파트에 들어갈 수 없게 되었다. 그래서 우리 집에서 자게 되었는데 문제가 생겼다. 권사님이 곰국을 끓이느라고 자기 집 가스렌지에 불을 켜놓고 왔다는 것이었다. 아파트 관리인마저 병이 나서 그만둔 터라 문을 열 수 있는 방법이 전혀 없었다.

그래서 귀자 권사가 그날 하룻동안 다녔다는 곳을 샅샅이 뒤지고 다녔지만 열쇠는 없었다.

"권사님! 나는 무엇을 잃어버리고 찾지 못하면 주님께 천사를 보내어 찾아달라고 기도하는 습관이 있는데 우리 함께 기도할까요?"

"사모님두 참, 뭘 그런 것을 가지고 주님을 번거롭게 하나요. 죄송스러워서 말예요."

"그럼 주님께 천사를 보내 찾아달라고 기도하면 된다는 것은 믿는단 말씀이죠?"

"믿기는 하지만 미안해서 못 하겠다는 거죠! 그래도 되는 겁니까? 사모님!"

"되고 말고요. 나는 뭐든지 내가 못 하는 것은 주님께 의논하고 구하는데, 그러면 꼭 들어주세요. 나는 지금까지 그렇게 살아 왔고 또 그렇게 살 거니까요."

그래서 우리는 기도했다. 그랬더니 귀자 권사가 열쇠 잃어버린 곳을 금방 생각해 내고는 뛰어가 거짓말같이 찾아왔다.

"주님께서 도와주셨는데 너무 죄송해서 어떻게 하면 좋을까요? 사모님."

"염려 마세요. 권사님! 사람의 도움을 받으면 부담이 되어 갚아야 맘이 편하지만 주님은 도우시는 아버지시기 때문에 도와주시기를 아주 기뻐하신답니다. 자꾸 도와달라고 요청하면 자꾸 도와주시니까 더 가깝고 정다운 아버지가 되는 것 아니겠어요? 그러니까 권사님도 아무리 힘써도 안 되는 일이 있을 때, "주님, 내 힘으로는 도저히 안 됩니다. 좀 도와주세요" 하고 기도하는 습관을 들이세요. 주님은 그것을 원하신다구요. 또 그렇게 기도하다 보면 어려운 일이 있을 수 없으니까요. 꼭 그렇게 해보세요."

그런 일이 있은 후, 나는 집회를 인도하러 뉴욕에 갔다. 권사님은 또다시 열쇠를 잃어버렸다. 집안에서 나가지도 않았는데 잃어버렸다. 그러니까 집안 어디에선가 잃어버린 셈이었다. 나가야 할 일이 있는데도 열쇠가 없으니 나갈 수도 없고 애가 타서 어떻게 해볼 도리가 없었다. 그러다 문득 나와 열쇠 때문에 기도하던 일을 생각해 내고는 카페트 위에 꿇어엎드려 기도하기 시작했다.

"아버지, 열쇠를 또 잃어버렸어요. 한 번만 더 찾아주세요. 한 번만 더 수고해 주세요. 제가 아무리 찾아보았지만 찾아낼 수가 없어서 그럽니다."

귀자 권사는 그렇게 기도하다가 깜박 졸았다.

"책상 서랍을 확 열어라!"

깜짝 놀란 귀자 권사는 벌떡 일어나 방안에 누가 있나 두리번거렸다. 아무도 없었다.

"서랍을 확 열어라?" 귀자 권사는 재빨리 일어나 서랍 손잡이를 잡고 확 잡아당겼다. 순간 여러 개의 열쇠가 와르르르 한꺼번에 쏟아졌다. 열쇠를 서랍에 넣고 닫을 때 굴러서 그 안으로 들어갔던 것이 확 잡아 당기는 바람에 앞으로 쏟아진 것이다. 권사는 기쁨에 넘쳤다. 열쇠를 찾은 기쁨도 크지만 주님이 자기 기도를 들어주시고 더욱이 음성으로 일러주신 것을 생각하니 어찌나 감사한지 몸이 둥실둥실 떠다니는 것 같았다.

그 이후로부터 귀자 권사는 어려운 일에 처한 사람들을 만나면 꼭 기쁨의 권면을 잊지 않는다.

"하나님께 의논해 보세요. 좋은 수가 생긴답니다. 기도로 주님께 물어보세요. 정말입니다."

귀자 권사는 기쁨을 참을 수 없다는 듯이 자신있게 하늘을 쳐다본다.

"주여!"

언제나 우리 귀자 권사의 입에서 흘러나오는 말이지만 그럴 때는 더욱 강하고 자신만만해 보인다.

월급봉투

집회 마지막 날이었다. 설교가 정점에 이르렀고, 회중의 열기도 뜨거웠고, 나의 감정도 고조되어 있었다. 갑자기 예배당 정문이 열리더니 부인 한 사람이 들어왔다. 뒤에 자리가 없었기 때문에 여러 사람의 시선을 뚫고 그녀가 앞으로 걸어 나왔다. 나는 설교를 마쳤고, 뒤이어 등단한 사회자에 의해 남은 순서가 진행되었다. 집회가 끝나자 그녀는 급하게 내게로 다가왔다.

"선생님, 죄송합니다. 다른 분들이 선생님을 먼저 뵙고 면담할 것 같아서요. 저를 잠깐 만나주실 수 있을까요? 저는 여섯 시간을 운전해서 왔습니다. 과속을 했는데도 제시간에 도착할 수 없었습니다."

그녀는 우르르 내게로 몰려오는 사람들 속에서 아주 분명하게 자기 의사를 표현했다. 그녀의 얼굴을 보니 장시간 운전을 한 피로와 함께 심각한 표정을 하고 있었다. 그래서 나는 그녀를 곧 옆방으로 인도해서 사연을 듣기로 했다.

"실례인 줄 알면서 무례한 행동을 한 것 이해해 주세요. 또 장시간 운전을 해서 돌아가야 하다보니 마음이 급해 이렇게 됐습니다."

"천만에요. 실례될 것은 없습니다. 그런데 먼 길을 혼자서 운전을 하고 돌아가야 한다니 도리어 염려가 되네요. 무슨 급한 사연이 있으시군요?"

"네, 죽을 지경이에요. 절박한 심정으로 이곳에 왔습니다."

표정과 행동으로 보아 그녀는 지식인처럼 보였는데, 특별한 사연이 있음을 느낄 수 있었다.

"말씀하세요. 제가 도움이 될지는 모르겠습니다만 좀더 오래 산 경험이 있으니 조언을 해줄 수 있을지도 모르겠습니다."

"저는 마취과 전문의입니다."

그녀가 핸드백에서 명함을 한 장 꺼내주며 말했다.

사연인즉슨, 그녀의 남편은 외동아들인데 홀어머니 손에서 어렵게 성장하였다고 한다. 그는 초등학교부터 명문대학까지 우수한 성적으로 졸업했고, 미국에서 장학금을 받으며 경제학을 전공했다. 그리고 뛰어난 실력을 인정받아 대학 교수로 채용되었고, 중요한 연구도 맡게 되었다. 그러자 남편이 서울에 계신 시어머니를 모셔오자고 했다. 그래서 만반의 준비를 하고 기쁜 마음으로 시어머니를 모셔왔다. 그런데 시어머니가 아들, 며느리의 월급 날만 되면 "얘들아, 월급봉투 안 가져오느냐?" 하고 월급을 챙기기 시작했다. 그리고 아들은 월급봉투를 어머니에게 가져다주는데, 며느리는 가져오질 않는다고 잔소리를 하기 시작했다.

"얘야, 넌 월급이 없냐? 매일 나가서 일하면서 왜 월급을 안 받아 오냐?"

그녀는 대답하기도 싫었다.

그러나 시어머니는 매일 독촉을 했다. 그렇게 고부갈등이 본격적으로 시작되면서 며느리는 시어머니가 미워지기 시작했다. 그래서 식사 때마다 시어머니가 좋아하지 않는 양식만 만들어 먹고, 시어머니 방 근처에는 가지도 않았다. 시어머니와 마주치기라도 하면 가슴이 떨리기까지 했다.

그러자 시어머니가, 외아들이 이렇게 훌륭하게 될 수 있었던 것은, 자기가 묵장사를 하여 뒷바라지를 했기 때문이라며 고생한 이야기를 하기 시작했다. 누구든 만나기만 하면 이 얘기를 반복하곤 했다. 특히 교회에서 심방을 왔다 하면 처음부터 끝까지 이 얘기를 하느라 혼자서 대화를 독차지한다.

한번은 며느리가 너무나 창피하고 화가 나서 이렇게 말했다.

"어머니! 묵장사 하신 것이 뭐 그리 자랑스러워서 만나는 사람마다 그렇게 광고를 하세요. 창피하지도 않으세요?"

"창피해? 뭐가 창피하냐? 내가 묵장사를 안 했으면 내 아들이 박사가 됐겠느냐? 박사 학위는 그냥 땅에서 주운 줄 알아!"

시어머니는 남대문 시장 바닥을 돌며 뜨거운 땡볕에 묵이 무르고 쉬어도 아까워 버리지 못했던 이야기, 엄동설한에 묵이 꽁꽁 얼어 도막을 낼 수 없어 장사를 공쳤던 이야기들을 소리소리 지르며 늘어놓곤 했다. 그래서 그녀는 시어머니만 보면 신경이 날카로워지고 가슴이 울렁거리는 속병까지 얻었다고 했다.

"부군은 뭐라고 하시던가요?"

"그는 연구에 바빠 아침 일찍 나가면 늦은 밤이 되어 돌아오고 제가 얘기를 꺼낼라 치면 '알았어' 하고 귀찮아하는 거예요. 그래서 적당한 기회에 자초지종을 얘기했더니…."

그녀가 눈물을 흘리기 시작했다.

"'어쨌든 어머니는 힘들게 나를 키우고 공부시켰소. 어머니에겐 내가 삶의 전부요. 어머닌 오직 나만을 위해 오랜 인고의 세월을 보냈소. 그런 어머니 때문에 당신이 그토록 힘들다면 나도 더 이상 어찌할 수 없소' 하고 말하지 않겠어요? 그게 무슨 뜻이겠어요? 이혼하자는 뜻 아니겠어요?"

"그럼 이혼할 마음은 없으신가요?"

그녀가 눈을 크게 뜨면서 말했다.

"선생님은 이혼을 긍정적으로 보시나요?"

"이것은 내 문제가 아니고 자매님 문제이니 자매님의 의견을 물어보는 거예요."

"어떻게 이혼을 한단 말예요? 저희 부부는 남들이 부러워할 만큼 정답고 행복했어요. 그런데 이런 일이 생긴 거예요. 전 이혼을 하느니 차라리 죽어 버리겠어요. 그가 없는 세상을 어떻게 살아간단 말예요?"

그녀는 한없이 울었다. 나도 그녀가 애처로워 눈물이 자꾸 나왔다. 그녀가 한참을 울더니 시계를 보았다. 그리고 급하게 말했다.

"저는 곧 돌아가야 해요. 선생님을 만나면 무슨 시원한 해결책이 있을 것 같아 이렇게 멀리서 달려온 거예요."

나는 그녀의 말을 들으면서 주님의 지혜를 간구했다. 더욱이 멀고 어두운 길을 운전해 돌아가서 여전히 문제를 안고 생활해야 한다는 것에 내 마음도 무거웠다.

"자매님! 자매님은 시어머님께서 왜 그렇게 묵장사 이야기를 되풀이하시는가 생각하고 기도해 본 일이 있으신가요?"

"아니요. 그런 일을 생각할 필요가 어디 있어요. 묵장사가 뭐 그리 대단한 거라고?"

"그렇게도 자매님이 싫어하는 얘기를 자꾸 반복하는 것은 어머님의 마음 속에 무슨 큰 이유가 있어 그런 것 아니겠어요?"

"이유라면 뻔하지요. 고생했다는 거지요."

"그렇겠지요."

"그럼 이해는 하지요?"

"네. 그러니까 그 동안 고생하신 것 생각해서 잘 모셔보려고 한국에서 모셔온 것 아닙니까? 그런데 월급봉투까지 가져오라고 하시니! 아무리 시어머니지만 너무 하신 것 아니에요?"

"네. 맞습니다. 그런데 그 마음엔 아직도 자신을 제대로 알아주지 않는다는 서글픔이 자리잡고 있기 때문에 월급봉투를 내놓으라고 하시는 겁니다. 자매님 생각은 어떠세요?"

"하지만 제가 번 돈인데…."

"자매님은 시어머니에게 월급봉투를 드릴 마음이 전혀 없으신가요?"

"선생님! 노인네가 뭘 압니까? 돈도 모르고, 수표도 모르고, 돈이 있어도 어디 가서 물건 살 줄도 모르는 분이에요. 영어를 압니까? 길을 압니까? 돈이 필요한 것도 아닌데 그것을 왜 달라고 하는지 모르겠어요. 그냥 며느리 들볶는 심사가 아니겠어요?"

속이 상하는지 그녀의 얼굴이 굳어졌다. 나는 그녀를 나무랄 마음은 없었다. 도리어 동정이 갔다. 그래서 이렇게 말했다.

"미국 돈도 모르고, 더욱이 수표를 어떻게 쓰는지도 모르고, 돈 쓸 장소도 모르고, 영어를 듣지도 말하지도 못하는 분인데 월급봉투를 드린다고 해서 축내는 일이야 있겠습니까?"

그녀의 눈이 휘둥그레지면서 나를 보았다.

"그렇게 듣기 싫은 묵장사 이야기가 해결될 수 있을 것 같은데요!"

"어머나! 어떻게요."

"시어머니께 자매님의 월급봉투를 드리면서 이렇게 말해 보세요. '어머님! 이것이 제 월급인데 한국 돈으로 천만 원이에요. 사시고 싶은 거 다 사세요. 어머니, 묵장사 하실 때 얼마나 고생하셨어요? 저는 그 말씀이 듣기 참 좋아요. 자꾸자꾸 말씀해 주세요. 어머니께서 묵장사 하셔서 제 남편이 이렇게 출세했으니 모두가 어머님 덕분이에요. 그러니 모든 게 다 어머니 거예요."

"아! 알았어요. 왜 그것을 몰랐을까요?"

그녀의 눈에 생기가 돌았다. 그녀가 벌떡 일어나 의욕적인 표정으로 내게 말했다.

"선생님, 떠나야겠습니다. 꼭 다시 뵙겠습니다. 저를 잊지 마시고 기도해 주세요."

그녀는 허둥지둥 일어났지만 무언가 실타래를 찾은 듯했다.

나는 호텔로 돌아와 그녀를 생각하며 그녀의 늦은 귀가 길에 주님의 특별한 은혜가 임하길 기도했다.

그 후 삼 년의 세월이 흘렀다. 한 집회에서 눈에 띄게 정다워 보이는 두 부인이 미소띤 얼굴로 나를 바라보고 있었다. 나도 자꾸 눈길이 갔는데, 어디서 본 듯한 얼굴이었다. 집회를 마치고 기념사진을 찍고 있는데 그 두 부인이 인사를 하면서 내게 다가왔다.

"선생님, 제가 누군지 기억하시겠어요?"

알듯 말듯 잘 기억이 나지 않았다.

"죄송합니다만, 낯선 얼굴은 아닌데 갑자기 생각하려니…"

"아니요, 제 모습이 많이 변했거든요."

언젠가 들었던 음성이었다. 어렴풋이 기억이 났지만 함께 온 노인은 전혀 알 수가 없었다.

"선생님, 이분이 저의 시어머니에요. 선생님 뵙는 게 일생 소원이라고 하서서 이렇게…. 선생님의 책을 읽은 후에 얼마나 열심히 신앙생활을 하시는지 저는 따라갈 수도 없어요."

그녀의 손을 잡고 반가운 표정을 지었지만 여전히 두 사람의 관계가 떠오르지 않았다. 이를 눈치 챈 젊은 부인이 내 귀에 작게 속삭였다.

"선생님, 묵장사를 기억하세요?"

나는 깜짝 놀라 그녀의 얼굴을 자세히 보았다. 모든 것이 선명하게 떠올랐다. 먼 길을 달려와 상담을 한 후 황급하게 돌아갔던 당시의 기억이 또렷해졌다.

"알았어요. 이제 누구신지."

"놀라셨지요? 이 교회가 저희 교회에요. 선생님! 제가 선생님을 모시자고 강력히 주장했어요. 그리곤 이 일로 교회에서 봉사도 제대로 못하는 제가 큰일했다고 오히려 칭찬을 받았어요."

"예, 그랬군요. 저는 전혀 알지 못했어요."

"제가 선생님을 놀라시게 하려고 제 얘기는 비밀로 해달라고 부탁했거든요."

웬지 호텔 방에 들어섰을 때 아름다운 꽃과 과일에서 특별한 정성이 느껴졌었다. 그래서 그 얘기를 하니 동행한 교회 목사님과 부인회원들이 이렇게 대답했다.

"사모님은 어떻게 그런 것을 느끼세요? 정말 그 꽃과 과일엔 특별한 정성이 들어 있어요."

그러나 더 이상의 언급은 없었다. 무언가 말을 하려고 했지만 이상하게 서로가 눈치를 살피며 입을 닫았었다.

"자매님이 꽃과 과일을 보내셨군요?"

"누가 말하던가요? 비밀이라고 했는데…."

"아닙니다. 제가 지금 알게 되었습니다. 정말 고마워요."

"제가 이 날을 얼마나 기다렸는지 몰라요."

"그래 어떻게 지내세요? 참 좋으신 어머니신 것 같은데…."

"그럼요. 너무나 좋으셔요."

그리고 다른 사람이 듣지 못하게 귓속말을 하였다.

"식모처럼 너무 일만 하시고 저를 너무 많이 도와주셔서 집에 있기가 민망할 정도에요."

"월급봉투는 늘 드리세요?"

내가 기억이 나서 물어보았다. 그녀가 웃음을 터뜨리며 말했다.

"그럼요. 봉투를 드리면 그것을 받아 보시고 '어멈아, 너는 우리나라 대신보다 더 높다' 하시면서 제게 다시 주세요. 선생님이 하라고 하시는 대로 했어요. 그 때를 생각하면 참 부끄러워요. 이렇게 쉽고 즐거운 일을 하지 못했다니…. 선생님, 저희 어머니가 집에 계신 것은 하나님의 특별한 축복이에요."

그렇다! 하나님의 특별한 축복을 자신의 이기심으로 인해 밀쳐버리면 자신의 불행은 물론 다른 사람도 망치게 해서 주님을 슬프게 한다. 너그러운 마음, 그것이 곧 사랑이다. 비록 나에게 손해가 되는 일을 하더라도 눈앞의 이익을 따라서는 안 된다. 깊어지는 사랑, 그것은 자기 희생이다.

숯불 사랑

김 목사님 내외와 차를 몰고 들어간 집은 고급주택이었다. 한국인들이 미국에서 이런 훌륭한 주택을 장만하고 훌륭하게 사회의 주역으로 활동하는 것을 보면 모세의 장엄한 설교가 떠오른다.

"네가 채우지 아니한 아름다운 물건이 가득한 집을 얻게 하시며 네가 파지 아니한 우물을 얻게 하시며 네가 심지 아니한 포도원과 감람나무를 얻게 하사 너로 배불리 먹게 하실 때에"(신 6:11).

주인은 우리를 반갑게 맞이하였다. 교회에서 몇 사람이 미리 와 있었다. 저녁식탁도 한식과 양식을 겸한 풍성한 음식이 왕의 만찬처럼 준비되어 있었다. 그런데 초대받은 여러 사람 중에 특히 눈에 띄는 사람이 있었다. 휠체어에 죄인처럼 앉아 있는 여인과 그 옆에 있는 사내 아이였다. 목사님과 함께 차로 귀가를 하면서 무심코 물었다.

"남편이 보이지 않던데 무슨 사정이 있었나요?"

"아니에요. 그 집 남편은 부자 노인이었는데 얼마 전에 세상을 떠나셨습니다. 그 집 이야기를 하자면 소설책 한 권은 되고도 남을 것입니다."

"그렇습니까?"

"네, 아주 놀라운 이야기가 많은 사람들입니다."

"제가 책 발간을 앞두고 원고마감을 하고 있는데, 이번 이야기가 필요할 것 같습니다. 이야기해 주세요. 목사님!"

목사님은 운전을 하면서 이야기 보따리를 풀기 시작했다. 내가 머물고 있던 호텔에 도착했지만 이야기가 끝나지 않아 그냥 차에서 그 집의 내력을 들었다. 내 눈에 띄었던 휠체어를 탄 여인에 대해 이야기할 때는 가슴이 뛰기 시작했다.

"휠체어에 앉아 선생님을 처다보며 고개를 푹 숙이던 부인을 기억하시겠습니까?"

"네, 그렇지 않아도 궁금해서 물어보려고 했습니다."

"그분은 그 집 주인 아담스 부인과 원수지간이던 분입니다."

"원수요? 그런데요?"

"네, 그러니까 소설 같은 이야기가 가득하다는 겁니다."

목사님의 이야기를 들으면서 그 두 여인의 모습이 영화처럼 오버랩이 되었다.

"한국사람인 아담스 부인은 한국인 전 남편과 같이 이민을 왔습니다. 그 남편은 기술자였기 때문에 미국 회사에 취직이 되었습니다. 그 부인에게는 여학교 시절부터 매우 가깝게 지내온 친한 친구가 있었습니다. 그 친구가 누군가 하면 바로 휠체어의 여인 순애입니다. 그런데 미국에 온 이 친구, 즉 후에 아담스 부인이 된 경자에게 순애가 보고 싶어 못 살겠다고 자꾸 편지를 한 거예요. 더욱이 순애는 계모와 같이 살았기 때문에 경자가 미국으로 온 후로는 더욱 더 외로워 못 살겠다고 애원을 해왔다는 것입니다. 그래서 경자가 남편에게 부탁을 해 비행기표와 비용을 보내 그를 관광객으로 초청했습니다. 체류기간은 한 달이었는데, 몇 달이 지나도 순애가 돌아가길 싫어해 경자는 그녀를 떠나보내지 못하고 함께 있게 됐지요. 1년이 지나도 순애는 돌아갈 마음이 전혀 없었어요."

사연은 구구절절 이렇게 전개되었다. 경자는 순애를 결혼시켜 영주권을 얻을 수 있도록 사방으로 알아보았지만 마땅히 해결책이 없었다. 결국 경자가 생각해 낸 방법은 자기 부부가 이혼을 한 것처럼 위장하고, 순애가 자기 남편과 결혼한 것처럼 서류를 꾸며 영주권을 얻게 하는 방법이었다. 그래서 변호사에게 의뢰하여 서류상 이혼을 하고 순애가 남편과 결혼한 것처럼 꾸며 영주권을 발급받게 해주었다.

그런데 엉뚱한 일이 생겼다. 순애가 임신을 했다는 것이다. 경자는 너무 놀라 당장 순애에게 나가라고 고함을 쳤지만 순애는 달라져 있었다. 꿈에서도 일어날 수 없는 일이 현실에서 생기고 만 것이다. 경자는 순애가 괘씸하고 분했지만 오히려 수모를 당해야 했다.

"네가 나가야지, 왜 내가 나가냐? 나는 법적으로 이 집 주인의 아내고 또 그 자식을 가졌는데!"

경자는 황망하여 미친 듯 소리를 지르고 순애의 머리채를 잡아 흔들고 남편에게 달려들어 집안을 발칵 뒤집어놓았다. 더욱 기가 막혔던 것은 남편이 순애 편이라는 것이었다.

"네가 원해 이혼서류에 도장 찍게 하고, 또 순애를 집으로 데려와 부부로 만들어주고는 왜 이 야단이야! 그리고 부부가 애를 가진 것이 무슨 잘못이야? 이게 다 누가 만든 일인데. 순애는 내 아이를 낳아준단 말이야. 이제 법적으로나 육체적으로 너와 상관없으니 당장 나가란 말이야!"

물론 그들은 그리스도인이 아니었다. 경자는 남편과 그 집이 싫어졌다. 절망이 엄습해들었다. 경자는 할 수 없이 맨몸으로 집을 나왔지만 마땅히 갈 곳이 없었다. 차가운 가을밤을 헤매다가 쓰러졌는데 지나가던 차가 경자를 발견하고 차에 태웠다. 정신을 차렸을 때, 미국 노인이 사연을 물었지만 경자는 영어가 짧아 설명할 수도 없었다. 노인이 한국사람이냐고 묻기에 경자가 그렇다고 대답하니 그 노인이 한인교회 목사님께 연락을 한 것이다.

"비용이 필요하면 내가 돕겠으니 목사님께서 도와주십시오."

경자를 본 그 목사님은 너무 놀랐다. 오래 전부터 전도를 하기 위해 경자의 집과 동네를 다녔기 때문에 서로 안면이 있었던 것이다. 그 땐 경자를 아주 똑똑하고 세련된 여자로 알았는데, 지금은 평소와 전혀 다른 모습이었다. 헝클어진 머리와 화장기 없는 얼굴은 초라하기 그지없었다. 목사님 부부는 경자를 위로하고 우선 교회 사택에서 머물게 하였다. 목사님에게는 초등학교에 다니는 딸이 하나 있었는데, 아침에 일어나면 세 사람이 가정예배를 드렸다.

하나님을 주인으로 모시고 사는 목사님의 가정에서 평안하고 기쁨이 넘치는 삶을 본 경자는 깊은 감명을 받았다. 그래서 마음을 추스르고 가정예배에 참석해서 말씀을 듣는 가운데 교회도 나가게 되었다. 그런데 하루는 경자를 태워다준 아담스라는 미국 노인한테서 전화가 왔다.

"아내가 그 동안 병원에 오래 입원해 있었는데 너무 집에 오고 싶어하기에 집에서 쉬게 했습니다. 그래서 간호사가 집에서 아내를 돌보고 있는데, 잔심부름할 사람이 한 사람 더 필요합니다. 목사님, 고학하는 한국 학생이 있으면 한 사람 소개해 주세요. 저도 돕는 마음으로 함께하겠습니다."

목사님은 한국 학생 중에서 찾으려고 하다가 문득 경자를 생각했다. 그래서 경자에게 물었다.

"경자 씨! 아담스라는 미국 노인 기억하시겠어요? 경자 씨를 내게 맡기신 분 말이에요."

"네, 알고말고요."

"그 댁에서 잔심부름할 고학생을 한 사람 보내 달라는데 갈 마음이 없으세요?"

경자는 기쁜 마음으로 그곳에 가게 되었다. 경자는 흑인 식모도 있고, 간호사도 있고, 밖에 일을 보는 하인도 있는 그 집에서 누워 있는 아담스 부인이 가엾어 보였다. 그래서 그녀는 그 노인이 속히 낫기를 위해 모든 사람이 잠든 밤에 부인의 침대 옆에 꿇어앉아 목사님 집에서 배운 대로 매일 밤 간절히 기도를 드렸다.

매일 밤 자기를 위해 기도하는 경자의 모습에 부인은 눈물까지 보이면서 고마워했다. 그리고 매번 남편에게 경자를 이 집에서 내보내지 말고 늘 이 집에서 살 수 있도록 도와주라고 이야기를 했다. 그래서 경자는 부인이 죽은 후에도 계속 그 집에서 살게 되었다. 하루는 아담스 노인이 경자를 부르더니 이렇게 물었다.

"학교에 가서 공부할 마음이 없느냐?"

경자는 아담스에게 운전을 배워 부인이 타던 차를 타고 교회는 물론 시내에 나가 볼일까지 볼 수 있었는데 공부까지 하라는 말에 더욱 놀랐다.

"공부하고 싶어요. 도와주시면 열심히 하겠어요."

"좋아, 공부를 하면 삶에 희망이 생기고 사람들도 만나고 재미있을 거야. 모든 비용은 염려하지 말고 열심히 공부해서 한국에 돌아가 훌륭한 지도자가 되거라."

그렇게 해서 경자의 상처는 씻기는 듯했지만 불현듯 옛날의 기억들이 떠오를 때면 감정이 폭발해 눈물이 샘을 이뤘다. 어떤 때는 자살을 생각하기도 했고, 원수가 된 순애와 남편이 사고로 죽던가, 그들의 아이가 병신이 되어 평생 죄값을 치르는 꿈을 꾸기도 하였다.

그것을 아는지 모르는지 세월은 유수같이 흘러갔다. 아담스 노인은 젊고 아름다운 경자가 자기 집에 같이 있는 것을 큰 기쁨으로 생각하였다. 풍족한 생활여건 속에서 중년의 경자는 귀부인처럼 화사했다.

크리스마스가 하루 지난 어느 저녁이었다. 아담스 노인이 경자를 불렀다.

"경자! 너, 나를 좋아하느냐?"

"물론 좋아하고 또 사랑해요. 바브!"

오래 전에 아담스 노인이 경자에게 자신의 이름을 부르라고 했기 때문에 경자는 자연스럽게 바브라는 첫 이름을 사용했다. 바브 노인은 미소를 띠며 부드럽게 말했다.

"나도 변함없는 네가 좋단다. 이젠 너를 정말 사랑하게 되었단다."

"알아요. 바브! 날 사랑하지 않으면 어떻게 이처럼 잘해 줄 수 있겠어요? 너무 고맙고 감사해요."

"그래! 나는 이 집은 물론 내게 있는 것을 다 네게 주고 싶어. 나 자신까지도."

"뭐라고요?"

경자의 가슴에 커다란 충격이 전달되어 왔다. 그 말의 뜻이 너무나 컸기 때문이다. 멍한 표정을 짓는 경자에게 바브가 조심스럽게 말했다.

"너와 함께하고 싶다는 얘기야. 그러기엔 내가 너무 늙었을까?"

'아차, 이 노인이 내게 청혼을 하는구나' 하고 생각하니 순간 비위가 상했다. '아버지 같은 늙은 노인이 날 뭘로 아는 거야?' 하지만 즉시 마음을 돌이켜 생각해 보았다. '이렇게 친절을 베풀어준 은인이 내게 구하는 것을 어떻게 물리칠 수 있겠는가? 내가 무엇으로 그 신세를 갚을 수 있단 말인가? 경자는 혼란스런 마음을 정리하지 못하고 조용히 대답했다.

"바브! 고마워요."

"당장 대답하라는 건 아니니까 며칠 동안 잘 생각해 보고 말해 주면 좋겠어."

경자는 밤새도록 잠을 이룰 수가 없었다. '내가 미국 부자 노인과 결혼을 한다면 얼마나 많은 사람들의 입에 오르내리게 될까?' 노인도 그렇고 자신도 그렇고 곱지 않은 시선을 받을 것만 같았다. 그러나 그녀는 생각할수록 자신이 바브를 떠날 용기가 없음을 깨닫게 되었다.

아침에 일어나 세수를 하고 식당으로 나갔다. 그런데 바브가 면도를 깔끔하게 하고 단정한 차림으로 경자를 기다리고 있었다. 그리고 경자를 보더니 전에 없이 벌떡 일어나 경자를 의자에 앉히고 다정한 표정으로 말했다.

"좋은 아침이오. 지난 밤엔 잘 잤소?"

"네. 바브. 오늘 아침엔 젊은 사슴처럼 보이시네요!"

"정말! 아닌 게 아니라 내가 새 사람이 된 기분이오. 정원에 있는 꽃과 풀들이 어찌나 아름답고 새롭게 보이는지. 모든 것이 새롭게 보인단 말이오."

경자는 자리에서 일어나 바브 옆으로 가까이 갔다. 바브도 의자에서 나와 경자 앞에 마주섰다. 경자는 그의 가슴에 안겼다.

"좋은 아내가 되겠어요."

그리고 하염없이 눈물을 흘렸다. 바브가 우는 경자를 키스로 달래며 말했다.

"내가 좋은 남편이 되어줄게. 이제 그만 울어요. 이제 내가 가진 것은 다 경자의 것이야."

그들은 목사님과 친구 몇 사람을 초대하여 조촐하지만 엄숙한 결혼식을 올렸다. 멕시코에서 결혼기념여행을 마치고 돌아온 후, 바브는 큰 열쇠로 서류상자를 열더니 서류를 잔뜩 손에 들고 경자에게 보여주었다. 집문서뿐 아니라 자기 회사의 재산과 은행에 있는 현금 수표들이었다.

"경자, 이것은 다 경자의 것이야. 내 아들은 아라비아에 가서 석유회사 부회장이 되었어. 내 재산을 하나도 탐내지 않을 만큼 부자야. 언젠가 돌아오더라도 경자에게 피해를 입히는 일을 하지 않을 테니까 마음쓸 필요없어요."

경자에게 새로운 행복이 찾아왔다. 경자 역시 바브를 사랑하고 존경하면서 삶의 동반자가 되려고 더욱 애를 썼다. 그런데 어느 날, 감당 못할 전화가 목사님에게서 걸려왔다. 전 남편과 순애가 교통사고로 사경을 헤맨다는 것이었다. 남편은 머리를 다쳐 혼수상태에 빠졌고, 순애는 목과 다리를 다쳐 평생 불구자가 될 것이며, 그들의 아이도 큰 부상을 입었다는 것이었다. 비 오는 날 고속도로에서 큰 트럭과 충돌한 것이다. 경자는 놀랐다. 그리고 어떻게 할지를 몰랐다.

"목사님! 어떻게 할까요? 제가 무엇을 해야 하나요?"

"가보세요."

"그들에게 가라고요, 목사님?"

"네. 그분들은 교회와 관계없이 사신 분이라 친구라고는 아무도 없는 모양입니다. 남편은 실직한 지 오래 된 모양이고 경제도 곤란한 데 보험도 없다는 것입니다. 저도 얼마 전에 알고 가보았는데 너무 비참해요. 경자 씨! 이런 때는 가보셔야 합니다."

경자는 마음이 복잡했다. 그리고 언뜻 이런 일이 일어나기를 바랐던 과거의 아픔이 되살아났다. 그러나 막상 이런 소식을 접하고 보니 후회와 두려운 마음이 앞섰다. 무엇보다 자기가 그곳에 가는 것이 합당한 일인지 도저히 판단이 서질 않았다.

"경자 씨! 꼭 가보세요. 경자 씨가 그들에게 당한 아픔을 하나님께서 다 씻어주시지 않았습니까?"

경자는 이 말에 동의할 수 있었다. 그 때의 아프고 분하고 세상이 무너진 것 같은 경자의 고통을 행복한 환경으로 바꾸어주신 주님의 은혜와 사랑을 모를 리 없었다.

"경자 씨! 사람은 나그네 인생을 삽니다. 언젠가는 우리가 가진 것을 모두 내려놓아야 합니다. 그 모든 것을 내려놓아도 우리는 영원한 삶을 살 수 있는 그리스도인이 아닙니까? 그러나 저분들은 잃어버린 양들처럼 마귀에게 끌려 지옥으로 가고 있습니다. 그들에게는 다시 기회가 없습니다. 너무 위급한 상태입니다. 경자 씨! 이 기회에 그들의 영혼을 살리고 돌볼 수 있는 일을 한번 해보세요. 원수를 사랑할 수 있는 좋은 기회입니다. 기회는 늘 있는 것이 아닙니다. 이번에 기회를 놓치면 영원히 놓치게 되는 거예요. 나도 뒤에서 힘껏 돕겠습니다."

경자는 수화기를 내려놓은 뒤 카페트 위에 쓰러졌다.

"주님!"

그녀는 떨리는 가슴을 주님 앞에 열어놓았다. 쏟아지는 눈물을 억제할 수가 없었다. 감정이 교차되었다. 그리고 자기 고통을 축복으로 만들어주신 주님의 은혜가 너무 감사했다. 그가 눈물의 기도를 끝내고 안정을 찾는 동안 목사님 부부가 찾아왔다. 같이 가자는 것이었다. 경자는 마음을 굳히고 일어나 그들과 함께 병원으로 향했다. 지나간 일들이 주마등처럼 스쳐 지나갔다.

서로 아끼고 사랑하면서 지내 온 꿈 많던 시절, 아름다운 추억들, 고등학생 때부터 대학졸업 때까지의 길고 긴 연애시절, 친구들의 부러움 속에 올렸던 결혼식, 신혼여행에서의 잊지 못할 사연들, 주위의 기대 속에 미국행에 오르던 젊은 시절… 하지만 순애의 등장, 그리고 임신, 남편의 부도덕함과 뻔뻔함, 가출하여 쓰러졌던 비참함 등이 파노라마처럼 스쳐 지나갔다.

"호랑이도 죽여놓고 보면 불쌍하다고 하지만 그들은 너무 비참하게 무너졌습니다. 경자 씨가 미국 대학을 졸업하고, 큰 부자의 아내가 되었다고 하는 말이 아닙니다. 아무리 훌륭하고 좋은 것이라도 죽으면 다 내놓고 가는 겁니다. 죽음 앞에서는 있으나 없으나 차이가 없는 거지요. 성경에 나오는 거지 나사로와 부자의 이야기를 우리도 잘 알고 있지 않습니까? 세상의 권세와 자랑이 죽은 후에 무슨 필요가 있습니까? 그런데 경자 씨는 그들이 준 환난과 멸시로 인해 영원한 하나님 나라를 발견하지 않았습니까? 집을 짓게 되면 새롭게 꾸미고 가구를 장만하는 것처럼, 그 나라를 발견했으니 그 나라에 가지고 갈 모든 생활 토대를 마련해야 하지 않겠습니까? 우리가 하기 싫어도 그 나라 주인인 하나님께서 하라고 하신 일을 하는 것이 그 나라 살림을 준비하는 것입니다.

'서로 사랑하라. 원수를 사랑하라.' 나를 미워하고 나를 업신여기고 나를 이용해 먹고 내 것을 빼앗고 나를 잡아 죽이려는 원수를 사랑하라는 것입니다. 원수의 머리에 숯불을 놓은 것같이 뜨거워서 못 견디게 하는 그러한 사랑을 하라는 거예요. 내가 언젠가 숯불 사랑에 대해 설교한 것을 기억하세요?"

"네. 그럼요. 큰 은혜를 받았어요."

"그것입니다. 그 때 은혜받은 것은 앞으로 그렇게 하겠다는 믿음의 결단일 것입니다. 자, 오늘은 그 은혜를 실천하러 가는 것입니다."

그 말에 복잡했던 경자의 생각이 정리되었다. 미로에서 빠져나오는 희망의 불빛이 보였다. 그리고 다음 순간 마음이 편안해지고 결심이 확고해졌다.

'그렇다. 주님이 날 이만큼 도와주셨으니 내가 반역자가 되어선 안 된다. 주님이 기뻐하시고 감동하시도록 해야 한다.'

결단이 서니 용기가 생겼다.

중환자실에 들어선 경자는 전신이 붕대에 싸여 얼굴만 보이는 전 남편의 모습을 보면서 큰 충격을 받았다. 퉁퉁 부어 오른 그의 얼굴이 너무나도 비참했기 때문이다. 더욱이 혼수상태에 빠져 눈을 뜨지 못해 경자가 자기를 보고 있는지도 모르고 있었다. 순애는 의식이 있어서 알아보고 깜짝 놀란 표정을 지었다. 아이는 어린이 병실에 있는지 그곳에는 없었다. 경자는 순애를 정답게 내려다보았다.

"순애야! 내가 도와줄게, 염려하지 마."

미처 생각할 겨를도 없이 말이 나오고 말았다.

순애의 눈에서 눈물이 쏟아졌다. 그 눈물을 보면서 경자는 자기 마음이 씻겨지고 부드러워지는 것을 느꼈다.

"순애야! 정말이야, 내가 도와줄게."

목사님은 순애에게 하나님의 사랑에 대해서 간단하게 이야기를 하시고, 하나님이 보내신 그 아들을 마음에 받아들이고 믿음으로 살라고 권면한 후에 간절한 기도를 드리고 병원 문을 나섰다.

경자는 집에 돌아와 남편이 퇴근하기만을 기다리면서 자기가 약속한 것을 어떻게 지켜야 할지 생각하며 기도를 했다. 남편과 함께 저녁을 먹은 뒤, 경자는 거실에서 휴식을 취하는 남편에게 자초지종을 이야기한 다음에 그들을 돕겠다는 의사를 밝혔다.

"그 사람은 오랫동안 실직을 해서 보험도 못 들고 있었는데 그런 변을 당했답니다. 두 사람 다 폐인이 되었고, 도와줄 사람도 상의할 사람도 없다는 거예요. 한국에 있는 그 사람 집안도 무척 가난하다는 것을 제가 잘 알아요. 순애는 계모 손에서 자라서 친형제가 없고 아버지도 재산이 없어요."

그러나 경자는 남편에게 경제적 부담을 주고 싶지는 않았다. 그래서 텔레비전 뉴스를 보고 있는 남편에게 이렇게 말했다.

"바브, 당신 회사에 나를 취직시켜 줄 수 없을까요?"

"취직? 당신 꿈을 꾸는 거 아니오? 난, 무슨 말인지 모르겠는데! 내 돈이 당신 돈이란 말이오.

"네, 물론 당신 뜻은 아는데요. 갑자기 큰 돈을 써야 할 일이 생겼어요. 바브!"

경자는 다시 한 번 자세히 남편에게 말했다. 경자와 아담스는 경자의 원수인 이 부부를 사랑으로 갚기로 동의했다. 결국 경자는 자진해서 집안일을 모두 맡기로 하고 식모를 내보냈다. 대신 병원비 부담을 아담스가 지기로 하였다. 이 사실을 목사님께 알렸더니, 목사님 말씀이 너무 많은 병원비를 아담스 씨가 부담하는 것은 합당치 않다고 하시면서 자기가 한국에 부흥집회를 가는데 그 때 경자의 전 남편을 그 부모에게 데려다주고, 갈 곳 없는 순애는 경자가 맡아서 돌보라고 권면했다.

그래서 방을 하나 내어 아이와 순애는 경자가 맡게 되고, 전 남편은 목사님이 한국으로 데리고 갔다. 다행히 그가 한국에 갈 즈음에는 혼수상태에서 깨어나 몸도 움직이고 자기 손으로 먹기도 하고 화장실 출입도 겨우 하는 정도로 회복되어 있었다. 그는 비행기 안에서 목사님께 이렇게 말했다.

"목사님, 저같이 패망한 인간이 이 세상에 또 있을까요? 단 한 번의 실수, 그것도 술기운에 저지른 것인데 그것이 내 인생을 바꿔놓았습니다. 이제 저는 비탈길로 떨어져 죽음의 구렁텅이에 빠져버렸습니다. 목사님, 저는 경자를 한 번도 사랑하지 않은 날이 없었어요. 그녀는 내 이상이었고, 희망이었으며, 내 모든 것이었어요. 그런데 한 번의 실수가 왜 내 일생을 이렇게 처참하게 묻어버리는 걸까요? 목사님, 경자를 잃은 것이 다 잃어버린 것이 되었습니다. 사고가 왜 났는지 아세요. 목사님? 그 비 오는 날 순애가 아파 의사에게 데려다 달라고 애원하기에 의사에게 갔다가 오는 길에 경자가 아담스 씨와 차를 타고 지나가는 것을 보고 너무나 놀라 전신이 마비되었습니다. 뒤에 오는 트럭을 보고도 어쩔 수가 없었어요. 박살이 난 것이지요. 저는 순애를 내 아내라고 생각해 본 적이 한 번도 없었습니다. 목사님, 경자만이 내 영원한 아내입니다. 그런데 한 번의 실수로 내 아내를 영원히 잃어버린 이 원통한 마음을 아시겠어요? 아실 리가 없을 것입니다."

그는 힘들게 입을 열면서 김 목사님께 똑같은 말을 계속했다는 것이다.

한편 경자는 식모를 내보내고 일이 바빠졌다. 그러나 힘들게 여기지 않고 즐거운 마음으로 차근차근 일을 잘 해 나갔다. 순애의 일도 많았다. 오른팔을 쓰지 못하고, 일어설 수도 없기에 경자가 도와야지만 생활이 가능했다. 그 아들 조니를 돌보는 일도 만만치가 않았다. 하지만 경자는 주님이 주시는 기회라고 믿고 최대한 불편을 느끼지 않고 살 수 있도록 최선을 다하였다. 경자는 조니가 대학을 졸업하고 그가 자기 엄마를 도울 수 있을 때까지 돕겠다고 했다.

매일매일 순애의 머리는 얼마나 뜨거운 숯불로 타고 있을까! 숯불 사랑, 원수 사랑, 이것이 예수 사랑이다. 사람들은 힘들고 손해 보고 귀찮을 것 같아서 이 사랑을 하지 못한다. 그러나 해보면 정반대의 결과를 가져온다. 세상에서만 승리와 행복이 있는 것이 아니다. 우리는 모두 죽지만 행한 것에 대한 영원한 상급이 주어진다는 사실을 알아야 한다.

사람이 무엇을 애써서 얻었든지 간에 아무것도 가지고 가지 못한다. 다 내어놓고 가는 것이다. 그러나 죽으면 따라오는 것이 있다. 그것은 믿음 안에서 행한 일들이다. 내 힘으로나 처지로는 못할 일이지만 하라 하신 주님의 명령을 따라 실천하면 정말로 놀라운 결과를 얻게 되는데, 그것이 만인이 원하는 감격이요, 승리와 행복이다. 이런 그리스도인과 목회자들이 이 땅 위에 살고 있다는 것은 주님의 기쁨이요, 우리에게는 믿음의 격려가 될 것이다.

오래된 연정

 화려하고 아름답게 가꾸어진 정원 앞에 내려서니 마음이 화창해졌다. 부인이 나를 정문에서 내리게 하고 차고에 주차를 한 뒤 내게로 오면서 말했다.
 "차고에서 부엌으로 들어가는 문으로 모시면 실례가 되기에 정문으로 모시려고 먼저 내리시게 했습니다. 이리로 오시지요."
 "아! 정원을 참 아름답게 가꾸셨네요. 전문가의 솜씨겠지만."
 "아니에요. 제가 취미로 가꾸는 거예요. 시간이 모자르긴 하지만."
 전문가 같은 솜씨에 연신 칭찬을 하면서 나는 그가 인도하는 대로 현관으로 들어섰다. 실내로 들어서는 순간 화려한 그림 한 점이 내 눈을 자극했다.
 "어머나! 정말 굉장한 그림입니다."
 그리곤 한참 바라보고 서 있었다. 이른 여름 풍경이었다. 화창한 하늘 아래 푸르른 나무들과 언덕에 아름답게 자리잡은 목장과 가옥이 아주 평화스럽게 보이는 풍경화였다.
 "너무 멋져요. 마음이 활짝 열리는 아름다운 그림입니다. 어떻게 이런 좋은 그림을! 어떻게 이런 아름다운 색을 표현할 수 있을까요?"
 "어머나! 사모님은 예술가시네요. 그렇게 그림을 좋아하시다니 너무 멋져요!"

"예, 저는 그림을 무척 좋아해요. 백화점에 가도 먼저 갤러리나 소품점 등을 살피는 것이 제 습관입니다. 그림만 있으면 다가가서 보는데, 만족스런 그림을 만나기가 어렵더군요. 그래서 '왜 화가들이 그린 그림인데 내 마음에 들지 않을까? 하고 생각해 보았어요. 하지만 화가가 아니어서 잘 모르는 것으로 결론을 내렸습니다."

"천만에요, 사모님. 사모님은 화가의 안목을 가지신 것 같은데요."

그림을 그린 사람이 누군지 궁금해 화가의 사인을 살폈다. J.C.라는 이니셜이 왼쪽 밑에 있었다.

"제이 씨가 어떤 분이세요?"

"제가 제인이에요. 사모님."

"그럼 누가 그렸겠어요. 저런 못난 그림을."

"정말 놀랐어요. 정원 조경도 보통이 아니던데, 이렇게 그림도 잘 그리시다니!"

"이리로 오세요, 사모님."

그녀는 나를 거실로 인도했다. 정면에 바다 그림이 걸려 있고 더욱이 내 눈을 사로잡은 것은 아름다운 꽃이었다. 아름답고 화려한 색깔의 꽃들이 수정 대야에 장식되어 있었다.

"어머… 이것은 무슨 꽃인가요?"

그런데 가까이 다가가 보니 생화가 아니고 조화였다.

"난 감쪽같이 속았어요. 생화인 줄만 알았거든요. 너무 아름다워요! 정말 아름답네요."

"사모님같이 좋아하고 기뻐하시는 분은 처음 봤어요."

"노래를 부르고 싶은 마음입니다. 그런데 이런 꽃은 어디서 팔지요? 난

본 일이 없어서요."

"저도 못 보았어요. 그저 상상해서 만들어 본 거예요. 물론 그림책에서 비슷한 꽃을 보기는 했지만요."

"아니 그러면 이 꽃도 직접 만들었다는 건가요? 정말?"

"아이구, 너무 그러시니 부끄러워요. 사모님!"

나는 그녀를 유심히 바라보았다. 그녀는 참 아름다운 부인이었다. 또 옷도 자기가 만들어서 입었다는데 참 멋있고 색깔도 고상했다. 그래서 자연스럽게 그 사실을 얘기했다.

"당신은 참 아름다워요!"

그러자 그녀가 얼굴을 약간 붉혔다.

"그렇게 봐주시니 영광입니다. 예쁘기는 뭐가 예뻐요. 저는 사모님 같았으면 제일 좋겠어요."

그렇게 말하며 미리 준비해 놓았던 음식을 냉장고에서, 오븐에서 꺼내어 탐스러운 식탁을 차려놓았다. 웬지 식탁 위에 놓여진 음식들도 예술적으로 느껴졌고, 보기에도 아름답고 먹음직하였다.

자꾸만 칭찬이 내 입에서 끊이질 않았다.

그녀는 매우 만족스러운 듯 말했다.

"오늘은 성공했어요. 사모님!"

"성공이라니요?"

"저를 알아주는 분, 즉 제 일과 솜씨를 알아주고 칭찬해 주는 분을 만났다는 겁니다."

"정말 어쩌면 저렇게도 아름다울까요?"

"언제나 손님을 모시면 저는 그분들이 내 작품을 봐주고 알아주길 바라는데 대부분의 사람들이 음식에만 관심이 쏠리고 작품에 대해서는 별로 말이 없었거든요. 그런데 오늘은 사모님이 좋아하시고 칭찬해 주시니 더 바랄 게 없어요."

"귀중한 선물을 받아서도 이 만큼 기쁘지는 않았을 거예요. 정말 기뻐요. 그리고 우리 한국인들에게 하나님이 이렇게 능한 솜씨를 주셨다고 생각하니 더욱 기뻐요."

나는 차려진 음식들을 맛있게 먹었다. 맵지도 짜지도 않고 내 입맛에 꼭 맞는 음식들이었기 때문에 너무 흡족했고, 그 정성에 고마움을 표했다.

"사모님은 맵거나 짜거나 기름진 것은 안 좋아하신다고 해서 일 주일 동안 연구하고 먹어보면서 간과 맛을 맞추었습니다."

나는 또 그녀의 정성과 사랑에 할 말을 잃었다.

"아니, 이렇게까지. 정말 고마워요!"

이렇게 해서 우리는 오래 된 친구처럼 가까운 사이가 되었다. 집회를 마치고 집에 돌아가기 전이었으므로 내 마음도 여유가 있었고, 그녀의 말과 행동도 다정다감하였다.

"사모님! 제가 사모님만 특별히 모신 이유가 있어요. 사모님과 꼭 얘기하고 싶은 비밀이 있기 때문에 목사님과 다른 분은 초대하지 않았어요."

그러고 보니 늘 초대를 받아 가면 많은 사람들과 함께였는데 그 날은 예외였다.

그녀는 오래 된 편지 한 장을 내게 보여주었다.

"사모님, 읽어보시면 좋겠어요."

나는 그 편지를 속으로 읽기 시작했다. 그러면서 불길처럼 타오르는 뜨겁고 열렬한 연정을 느낄 수가 있었고, 아름다운 문장과 진솔한 표현에 가슴이 뭉클했다.

"이건 어떻게 된 편지인데요?"

"설명하자면, 제 남편은 본래 영국인인데 한국에서 미군부대 장교로 근무했었어요."

그녀가 흥분이 되는지 얼굴이 붉어지면서 심각한 표정이 되었다. 나는 그녀의 이야기를 기다리고 있을 수밖에 없었다.

"저는 그 때 대학 2학년생이었는데, 이 편지를 쓰신 분은 신학생이었어요. 우리는 영어공부를 함께하면서 교제를 하게 되었어요. 서로 사랑했기에 결혼을 약속했고, 이분은 목사가 되고 저는 그를 힘껏 도와서 서로 훌륭한 주의 종이 되자고 했어요. 그런데 우리는 둘 다 몹시 가난했어요. 그는 학비와 생활비가 없어 신학교를 제대로 못 다녔고, 저도 오빠 집에 얹혀 살면서 고학을 했기에 말할 수 없이 고생을 했습니다."

그녀는 그 때 일을 생생하게 기억하고 있었다. 그 표정이 몹시 애처롭고 무겁게 보였다.

"당시 영어를 가르쳤던 분이 지금 제 남편이에요. 그는 제가 너무 지쳐 힘들어할 때 저를 많이 도와주었어요. 등록금도 마련해 주고 크리스마스 땐 좋은 옷과 선물을 주어 정말 고맙고 기뻤습니다. 물론 제가 그 신학생과 장래를 약속한 사이라는 것도 알고 있었습니다. 그러나 전혀 상관하지 않고 꾸준히 저를 도와주었습니다."

그녀가 깊은 한숨을 몰아쉬었다.

"그런데 사모님! 그는 미군이 저를 좋아해서 도와주는 것이라고 오해를 하였습니다. 결국 그는 더 이상 견딜 수 없었던지 학교를 지방으로 옮겨가 버렸어요. 저는 너무 보고 싶어 속이 탔고 견딜 수 없어서 울기만 했는데,

그가 일 주일마다 편지를 보내왔어요. 그래서 한 번 제가 찾아갔는데 애써 찾아간 저를 보더니, 울기만 하고 한 마디 말도 없이 사라져버리는 거예요. 저는 실망만 하고 돌아왔습니다.

그 후에 편지가 왔는데 일방적인 자기 생각만 얘기할 뿐, 제가 찾아갔던 일이나 저의 입장은 전혀 언급하지 않았어요. 그러던 차에 영어를 가르쳐주던 지금의 제 남편이 미국으로 돌아간다고 한 번만 만나서 저녁을 같이 먹자고 했어요. 그래서 영어를 가르쳐준 선생님이기도 하고 또 다시는 못 볼 것 같아 선물을 준비해 가지고 가서 저녁을 함께 먹었어요. 그런데 그분이 갑자기 저를 끌어안으며 사랑한다고 말하는 거예요. 그 당시 저는 너무 어리고, 또 너무 가난했기에 이분과 결혼하면 공부와 그림을 계속할 수 있지 않을까 생각했습니다. 그래서 이분을 선택했고 결국 따라온 겁니다. 물론 결혼식을 약식으로 대사관에서 하고요."

그녀는 또 한숨을 쉬었다. 그리고 죄스럽게 나를 바라보더니 말을 이었다.

"그런데 사모님, 그 신학생이 최근 여기서 멀지 않은 도시 교회에 목사님으로 오셨어요. 우연히 알게 되었는데, 큰 충격을 받았습니다. 십 년이란 세월이 흘렀으니 잊을 만도 한데, 왜 그렇게 제가 충격을 받았는지 모르겠어요. 그 때부터 저는 일이 손에 잡히지 않고 무엇을 어떻게 해야 할지 몰라 밤에 잠을 이루지 못해요. 문제는 그가 너무 보고싶다는 거예요. 너무 보고싶어 제가 제 자신을 어떻게 할지를 모르겠어요. 견디다 못해 남편이 출장을 간 한 달 동안 비행기를 타고 주일날 그 교회를 찾아갔어요. 뒷자리에 멀찍이 앉아서 그를 보니 어찌나 반갑고 눈물이 나는지 검은 안경을 끼고 갔는데 눈물이 비 오듯 하는 거예요. 그의 부인인 듯한 분이 제게 와서 뭐라고 얘기를 하는데, 아주 성격이 강하게 느껴졌고, 또 조금도 그의 성격과 맞는 데가 없는 분이었어요. 말하는 태도나 모습이 그가 좋아하는 스타일의 여자가 아니었어요. 그런데 그는 어쩌면 그렇게 인자하고 성결해 보이는지 한 폭의 그림같이 아름답고 고상하게만 보이는 거예요. 설교하는 그의 음성이나 몸가짐이 너무나 예술적이고 아름답고 고상했어요."

그녀는 약간 흥분된 어조로 말을 계속했다.

"그런데 설교 중에 그가 고백 같은 말을 했어요. '사랑은 생각이나 말만으로는 되지 않습니다. 실천에 옮겼을 때 비로소 사랑은 열매를 맺는 것입니다. 저는 과거에 사랑을 가졌어도 실천에 옮기지 않았기 때문에 오랫동안 후회하는 경험을 했습니다' 라고 말입니다. 저는 더 이상 앉아 있을 수 없어 밖으로 뛰쳐나와 그 날 저녁은 호텔에서 자고 그 다음 날 한 번 그를 만나보고 돌아오려고 했습니다. 그러나 밤새도록 생각해도 뭔가 죄책감이 느껴지고 용기가 나질 않아 그냥 돌아오고 말았어요. 그러나 그 이후 자꾸 그곳에 가보고 싶은 마음이 요동치고 있어요. 모든 것이, 애써 가꾼 정원도 집도 그림도 가정도 남편도 내게는 다 의미가 없는 것 같아요. 사모님! 그 사람만 보고 싶고, 생각나요. 그래서 어쩌다 남겨둔 이 편지를 꺼내 읽고 또 읽고 하다보니 눈물만 나오는 거예요. 더욱이 남편이 싫어졌어요. 솔직히 말해서 막 미워지고 귀찮아지고 말도 하기 싫고 보기도 싫고 곁에 가는 것은 더욱 소름이 끼치는 거예요. 사모님, 어떻게 해야 하죠?'"

그녀는 정말 가슴이 타는 듯했다. 그리고 뜨거운 숨을 내쉬면서 내 대답을 기다렸다. 나는 그녀를 애처로이 바라보며 위로의 음성으로 말했다.

"자매님의 심정을 이해할 수 있을 것 같아요."

"사모님! 제가 그 교회에 다니면 안 될까요?"

"아니, 매번 비행기를 타고 그 교회를 나간다는 거예요?"

"그렇게라도 해서 그를 보아야 살 것 같아서요! 그리고 그 부인을 보니까 목사님이 너무 가엾고 불쌍해 보였어요. 아마도 그가 실망한 끝에 아무하고나 결혼을 해버린 것 같아요. 제가 그를 그렇게 불행하게 만들었으니까 제 책임이 아니겠어요?"

그녀의 눈에는 눈물이 고였고, 얼굴은 더욱 심각해 보였다.

"사모님, 저는 그림을 그려서 돈은 얼마든지 벌 수 있어요. 비행기값이든 다른 비용이든 다 감당할 수 있어요. 제가 가서 그를 돕고 싶은데 어떻게 생각하세요?"

나는 그녀를 똑바로 보면서 말했다.

"사정 이야기는 충분히 들었고 또 이해가 돼요. 이제 내 말을 들을 각오가 되었나요?"

"그럼요, 사모님. 말씀만 하시면 꼭 잘 듣고 실천하겠어요."

"좋아요. 그럼 제 말을 노여움이나 오해 없이 들을 각오가 된 거죠?"

"네. 그래서 사모님을 이렇게 모신 건데요."

나는 그녀를 사랑스럽게 바라보았다. 그리고 분명한 어조로 말했다.

"자매님, 당신은 마귀의 올무에 걸렸어요."

"네?"

그녀는 무엇에 찔린 듯이 나를 쏘아보았다.

"악마가 당신을 올무에 잡아 넣어가지고 장구를 치고 북을 치면서 놀리고 있는 거예요."

"그건 무슨 말씀이세요?"

"어떤 사연이 있었든지 과거는 이미 지나간 거예요. 아무리 열렬했어도 그것들은 다 지나가버린 일이지요. 스무 살 때 당신이 아름다웠다고 그것을 도로 찾을 수 있는 건가요? 지나간 일은 다 소용없다는 말입니다. 우리 인생은 다 떠나 보내는 거예요. 그런데 이미 지나간 것을 다시 찾겠다는 것은 어리석고 또 찾을 수도 없는 거예요. 마귀는 언제나 지나간 일을 찾으라고 인간에게 올무를 놓는답니다. 지나간 일에 연연해서 현재 일을 내팽개치도록 유혹하는 것이지요. 지나간 일을 아주 미화해 가지고 현재 일에 실망케 해서 넘어뜨리는 것이 악마의 꾀요 올무라는 겁니다. 악마는 자매님의 경우처럼 과거를 미화하고 현실을 실망시켜서 안정된 사람들을 괴롭히고 낙심하게 하는 작업을 하고 있습니다. 우리는 앞을 향해 전진하면서 현실에 충직하고 성실해야 해요. 그것이 믿는 사람들이 나아가야 할 길이니까요. 그래서 성경에 '쟁기를 잡고 뒤를 돌아다보는 자는 하나님 앞에서 합당치 않다' 고 가르치신 것입니다. 과거는 그러한 사연으로 벌써 과거가 되었으니까 그 일은 과거로 매장해도 상관없어요."

그녀는 충격을 받고 긴장을 했지만 열심히 들었다.

"또 현재 당신에게 주어진 이 가정은 주님이 축복하셔서 당신의 재능을 발휘할 수 있게 하시고 주님께 봉사도 잘하고 안정이 되었는데, 악마가 어떻게 해서든지 부숴보려고 난동을 일으키는 것입니다. 당신에게 연정을 일으켜 그 교회에 찾아가 열심히 사역하는 목회자에게 충격을 주고, 그 가정에 파문을 일으켜서 교회를 시끄럽게 하고, 목회자를 쓰러뜨리려고 하는 악마의 올무를 보아야 합니다. 그 목사 부인을 운운하는 것도 다 마귀가 속삭이고 그렇게 보이게 하는 이간질이지요. 또 설상 그렇다 해도 당신과는 전혀 관계없는 일이고, 자매님은 자매님에게 맡겨진 이 가정을 하나님 보시기에 아름답게 이끌어 나가 어려울 때 도와주고 결혼하고 사랑해 준 남편에게 일편단심으로 순종하고 섬기고 받들어 하나님의 축복을 교회와 이

옷과 다른 모든 사람에게 증거하면서 살면 되는 거지요. 그 외의 다른 모든 속삭임은 악마가 이 가정을 시기해서 무너뜨리고 또 목사 한 분을 매장하겠다는 계획밖에 다른 아무것도 아닌 것을 알아야 하는 거예요."

그녀가 엎드려 울먹이면서 얼굴을 가렸다.

"아, 사모님!"

나는 그녀의 어깨를 두드려주며 그 편지를 그녀에게 주었다.

"이것 때문에 악마가 쳐들어왔으니 당장에 찢어버리세요."

"사모님께서 찢어주세요."

"내가 시험을 받는 것이 아니라 자매님이 받는 거예요. 이것을 이겨야 할 사람은 자매님이니까 당장 찢어버리고 믿음으로 극복하세요!"

그녀는 내 손에 있는 편지를 잡아챈 뒤 확 찢어서 양손으로 구겨 내버렸다.

"아이쿠, 큰일 날 뻔했어요."

그녀의 눈에 빛이 돌고 얼굴에 승리의 웃음이 돌았다.

이튿날 내가 호텔에서 떠날 때, 그녀는 남편과 함께 나를 공항까지 전송하러 왔다. 그녀는 손에 선물을 들고 눈물을 글썽거리며 남편과 함께 내게 왔다. 남편이 다가와서 한국식으로 머리를 숙이면서 말했다.

"김 부인! 김 부인을 진정 존경합니다."

나는 그 말의 뜻을 알았다. 자기 아내가 변했다는 뜻일 것이다.

"모든 좋은 일은 하나님이 그 사랑하시는 자녀들에게 보내시는 선물입니다."

"네, 네. 정말 그렇습니다."

잘 생긴 미국 남자와 미모의 한국 여성이 함께 하나님을 섬기고 높이는 모습은 아름답고 성스럽게 보였다. 정말 잘 어울리는 커플이었다.

3. 사명에 전력하세요

형부, 그는 어디에 있을까?

내가 어렸을 때 나를 매우 사랑해 주고 기쁘게 해주어서 늘 내 어린 마음 속에 태양빛같이 찬란하게 빛나는 분이 있었다.

그는 내 형부였다. 나를 보는 그의 표정은 언제나 사랑과 반가움과 기쁨이었고, 또 그 손에는 언제나 내가 좋아하는 선물들이 들려 있었다. 그 선물들은 아무 데서나 살 수 있는 것이 아니었다. 과자 하나를 사 와도 일본인들이 만드는 과자와 카스테라, 사탕 같은 것들이었는데, 이런 것들은 안동 현(압록강 저편 도시)에 사는 러시아 과자집에서만 살 수 있는 그야말로 맛있고 예쁜 고급과자들이었다.

일부러 안동 현까지 기차를 타고 가 그런 것들을 사 가지고 와 꼭 내 손에 들려주고 기뻐하는 내 모습을 보는 것을 기쁨으로 삼는 그런 좋은 형부였다.

그는 행동적인 사람이어서 말을 많이 하지 않았다. 그러나 그러한 선물은 사랑의 수고가 담긴 선물인 만큼 내 어머니를 몹시 감동시키는 일이었고, 심지어 아버지까지 감탄하셨다. 그리고 모든 사람들의 화젯거리가 되어 우리 집안뿐만 아니라 온 친척과 동네의 이야깃거리이기도 했다.

"너는 러시아 아메(엿 설탕알)와 러시아 카스테라만 먹는다며? 우리에게 구경좀 시켜줄래?"

이렇게들 얘기하곤 했다. 그런데 우리 집안 사람들은 모두 학문이 없었는데 반해, 형부는 일본 고등교육을 받고 자기 사업을 하는 재력가였다. 그래서 그에 대한 우리 집안 사람들의 존경심은 보통이 아니었다. 그런 형부가 내게는 언제나 자랑이었고 존경의 대상이었다. 그 당시 감수성이 예민한 소녀였던 나는 형부만 생각하면 가슴이 뛰었다. 그가 온다는 소식이 오면 너무 좋고 기뻤다. 그처럼 그가 나를 사랑해 준 것은 그의 아내가 될 언니를 사랑했기 때문이다.

나는 태어났을 때 모든 사람이 한 시간 안에 죽어 없어질 것으로 판단했다고 한다. 아기라고 보기에는 너무도 망측할 만큼 마르고 적고 불완전한 모습이었기 때문이다. 그러나 언니는 어머니의 기도 가운데 하나님의 키워 주시는 손길을 느낄 수 있었다고 한다. 그래서 더욱 사랑스럽고 귀엽게 느껴졌다고 한다. 그래서 언니가 항상 지켜보면서 안아주고 업어주고 나를 돌보았다고 한다. 언니가 시집을 갈 때는 벌써 학교에 갈 만큼 자랐지만 언니는 시집을 가서도 나를 잊지 못하고 남편에게 늘 나에 대해 말했다고 한다. 그래서인지 나에 대한 형부의 사랑도 남달랐던 것 같다. 형부는 내게 늘 이런 말을 했다.

"너는 앞으로 훌륭한 선생님이 될 거야. 알겠니?"

그렇게 내 귀에 속삭이듯 말하는 형부의 말을 들을 때마다 그가 한없이 좋기만 했다. 특별히 인상깊게 느껴졌던 것은, 나를 보는 그의 눈이 부드럽고 위로와 안정을 주는 아름다운 눈빛이었다는 것이다. 그래서 그가 내 집에 오기만을 기다리고 또 기다렸다. 그가 만일 우리 집에서 가까운 곳에 살았다면, 늘 그 근처를 맴돌았을 것이다.

그는 언니와 같이 교회에도 잘 출석하고 언니의 헌신적인 교회생활도 탓

하지 않았다. 그의 삼촌이 만주에 첫 선교사로 간 만큼, 그는 신앙의 물이 깊이 들어 있는 사람이기도 했다. 그는 일본어에 능하고, 재주가 많고 재산도 많아 동네에서나 교회에서나 존경받는 청년신자였다.

그는 머리가 비상하게 좋았던 것 같다. 그래서 남이 싫어하는 일은 절대로 안 하고, 진실했으며, 자기가 맡은 일, 즉 자기에게 책임이 있는 일은 착실하게 해나갔다. 좋은 인격을 가진 사람이었다.

또 그는 자식을 굉장히 사랑했다. 그래서 아들을 공부시키는데도 의사가 될 때까지 온갖 뒷바라지를 해주었다. 그리고 의사가 되었을 때는 큰 병원을 지어주었다. 두 살 된 어린 딸을 홍역으로 잃었을 때는 너무 슬퍼한 나머지 중병에 걸린 사람처럼 몇 주간이나 자리를 보전하고 누워 있었다. 그만큼 자식에 대한 애착이 강했다. 또 딸을 낳았을 때는 오래 살고 순하라고 순명이라는 이름을 지어 주었다. 그리고 그 딸을 기쁘게 해주기 위해 언덕진 산을 사서 그 산을 고르고, 그 위에 집을 짓고, 그 집 앞과 뒤로 시내가 흐르게 만들고, 뒷동산에 갖가지 과일나무를 심어 각색 과일을 마음대로 따먹게 해주었다.

그런데 언니는 그런 일에는 관심이 없는지 교회 일에만 정성을 쏟았다. 그리고 기회만 있으면 어머니에게 달려와서 어머니와 대화하고 나를 도와주려고 했다.

형부에겐 자녀가 많지 않다는 것이 늘 불만이었다. 자녀가 많아야 집안이 풍성하고, 아이들 자라는 것을 보는 것이 인생의 낙인데, 그 큰 집에 자녀가 많지 않아 불안하다는 것이었다. 더욱이 딸이 평양에 있는 고등학교에 가버리니 살 맛이 없다고 불평하기 시작했다.

그 집에 사람들은 많았다. 공장을 세 개나 운영하였기 때문에 사람들의 출입이 끊이질 않았다. 그리고 청소를 하는 사환들과 빨래나 재봉일을 하는 침모가 있었다. 젊은 과부였던 침모는 양반가의 딸이어서 언니가 동생같이 사랑하고 도와주었다.

그런데 이 과부가 형부의 아이를 가져 아들을 낳았다. 그 뒤에도 이 과부는 아들 둘을 더 낳았다. 처음엔 언니가 기절하다시피 충격을 받았지만, 계속 아기를 낳는 것을 보고 오히려 신앙의 연단을 받았다. 분하고 억울해 한숨만 짓던 언니는 너무나 다른 사람으로 변했다. 언니는 태산같이 믿었던 남편과 그 집과 재물과 온갖 것들을 다 집어던지듯 잊어버리기로 했다.

그 당시는 일본인들이 만주를 삼켜버리고 중국 대륙까지 손아귀에 넣어보려고 식민지국의 일본인화 계획을 강행할 때인데, 생각이 깊고 신앙의 눈이 밝은 지도자들은 이 때 순교의 길밖에 없는 것을 알았다. "죽을 인생, 죽으려면 이제 죽자!" 하고 생명을 걸고 신앙의 용사들이 용감하게 일어날 때, 언니는 우리들과 화합하여 순교의 특권에 참여하게 된 것을 큰 기쁨으로 받아들였으며, 그 길로만 달려가는 생활을 시작했다. 집에 있을 때에는 아기를 낳은 침모를 사랑하고 아껴주고, 남편에게도 극진히 잘하고 집안일도 전보다 더 잘 돌아보고 주부로서 손색이 없도록 힘을 다했다.

그 무렵 형부도 변해 갔다. 그는 본래 온화한 성품의 사람이었는데, 첩을 얻고 아이들이 생기니까 그런지 마음의 여유가 전혀 없이 인색해지고 때로는 잔인하기까지 했다. 교회에도 완전히 발을 끊고 재산을 늘이는 데만 혈안이 되었다. 그는 한국사람에게 일을 시키면 공정한 품삯을 주어야 하기 때문에 만주에 가서 쿠리(중국의 하급인부)들을 몇백 명 데려다가 다락을 지어 그 속에서 살게 하고 품삯을 형편없이 주며 폭리를 취해 은행에다가 부대째로 입금시켰다. 또 가난한 사람들이 구걸이라도 하러 오면 미친 거지를 대하듯 냉대하면서 쫓아내고, 울며 매달리는 사람은 쿠리를 시켜 끌어내는 잔인한 사람이 되어버렸다. 그리고 교회 일이라면 코웃음을 치고, 목사님이 심방을 오시면 인사도 없이 나가버리는 무례한 사람이 되어버렸다.

언니는 이러한 사정을 어머니께 말하지 않을 수 없었다. "어머니, 그이에게 더 이상 정을 기대하기는 힘들 것 같아요. 그 얼굴과 하는 행동을 보면 무섭고 치가 떨려서 가엾은 마음은 하나도 없고 하루빨리 그가 없는 곳으로 도망치고 싶을 뿐이에요. 너무 무섭고 싫어요."

나는 그 말을 듣고 깜짝 놀랐다. 그렇게 좋던 형부가 어떻게 그렇게 변할 수 있을까? 내 어린 가슴에 깊이 인식되어 있는 어질고 세련되고 사랑이 넘치는 형부, 자랑스럽기만 했던 그 형부가 수전노가 되어 가난한 동족을 멸시하고, 학대하고, 외국인을 데려다가 무거운 쇳덩어리로 가마를 짓는 일을 시키면서 재산을 늘이고 있다니 도무지 믿을 수 없는 이야기였다.

그 후로 나는 그를 만날 기회가 없었다. 나는 감옥에 갇히고, 언니는 그 집을 나와 어머니를 모시면서 순교 성도 가족들과 합류하여 순교의 날만 기다리는 생활을 하였다.

형부는 창씨개명을 하고 일본인 행세를 하면서 불쌍하고 가난한 동족에게 권세를 휘두르며 아들들과 첩을 데리고 살았다.

일본 귀신은 그 광기를 더하여 최후의 발악을 하는 것 같았다. 소위 애국자라고 이름난 사람도 일본이 주인이 되는 줄 믿고 있었다. 그래서 그들이 하라는 대로 했다. 이름을 빼앗아가고, 사상을 통제하고, 사기그릇과 쓸 만한 쇠는 모두 총알을 만든다고 수거해 가고, 먹고 살기 위해서 갖은 수단을 다 동원해 일본인에게 아첨을 하는 추하고 메스꺼운 사회가 된 것이다. 그러니까 가족과 부부까지도 서로에 대한 믿음이 없어지고 그저 불안과 공포

속에 사는 인정없고 의리없는 가정과 교회와 사회가 되어버렸다.

그런데 하나님은 이 어진 백성이 그 선한 품성을 완전히 잃어버릴까 염려되셨는지 아무도 예상하지 못한 시기에 갑자기 해방을 시켜주셨다. 일본의 대도시에 소나기 같은 유황불이 쏟아져 잿더미가 되어버리고 전쟁 지도자들이 탄식과 자살로 세상을 떠나고, 기세가 하늘까지 치솟아 호령하던 국가대표가 죄수가 되고, 일본의 자랑이 수치로 바뀌었다.

나는 6년의 옥살이 끝에 사형을 선고받고 사형 집행 8시간 전에 출옥했다. 나를 지키던 자들은 모두 도망을 가고 없었다.

후에 나는 미국 크리스천들의 초청을 받아 미국에 오면서 어머니와 언니를 작별하게 되었다. 미국에 온 지 삼 년 후에 한국에는 큰 동란이 나고 동란이 나던 첫 날 어머니와 언니와 고모는 공산당의 총탄에 맞아 천국으로 가셨다. 세월은 지구가 도는 대로 자꾸 흘러서 이십 년이 지났다.

나는 책을 출판하기 위해 서울에 돌아왔다. 그리고 월남한 언니의 옛 친구이자, 지금은 집사님이 되신 분을 만났다. 그녀의 남편은 6.25 동란 때에 행방불명이 되고 가족들만 남하해서 그 날 그 날을 그야말로 어렵게 살아간다고 했다. 나는 그녀에게 형부에 대한 소식을 물었다.

"제 형부 잘 아시죠? 어떻게 되셨나요?"

그녀가 한숨을 몰아 쉬더니 쉽게 대답을 하려고 하지 않았다. 나는 조급하게 다시 재촉했다.

"제 형부 말이에요. 집사님! 그분 그 후에 어떻게 되셨는지 정말 알고 싶어요."

"너무 처참해서!"

그녀는 또 내 눈치를 살피더니 결심한 듯 천천히 말을 꺼냈다.

"그분은 그야말로 가혹한 처형을 받았어요."

"아니 어떻게요? 말씀해 주세요. 집사님!"

"모든 착취자나 부자가 처형을 당하긴 했지만 그분의 경우엔 너무 처참했어요."

"어떻게요. 집사님!"

"여하튼 해방이 되고 빨갱이들이 힘을 발휘하기 시작하자 그 동네사람들이 모두 일어나 그에게로 달려가 새끼로 목을 매고 3일간이나 끌고 다니면서 외쳐댔어요. '빈민을 학대하고 착취해서 저만 잘 살던 놈의 꼴을 보라!'고 말이죠. 그렇게 끌려다니다가 숨을 거뒀어요."

그 말을 듣고 나는 다리 힘이 빠져 털썩 주저앉았다. 아무 말도 할 수가 없었다. 나는 호텔로 돌아와 밤새도록 잠을 이루지 못했다. 어떻게 그럴 수가 있을까! 나는 그가 여자에게 쏠리고 교회를 떠나면서부터 사람이 달라져 간다는 이야기를 언니에게 누누이 들었다. 그래도 내가 어릴 때 받은 인상 때문에 그를 미워할 수 없었다. 그가 그렇게 원하던 아이들을 얻었으니 회개하고 주님 앞에 나와 새 사람이 되기만을 바랐다. 어머니와 언니도 늘 그렇게 기도했기 때문에 나는 더욱 그렇게 되리라고 믿고 있었다. 그런데 그의 최후가 처참하기 이를 데 없는 최악이었다.

형부는 새끼로 목을 매여 숨도 쉬지 못하고 끌려다닐 때, 주님을 생각하지 않았을까? 그렇게 오랫동안 교회에 다녔는데 그 절박한 순간에 그래도 하나님을 붙들고 회개하지 않았을까? 숨이 막히는 순간까지 아이들과 재산만 생각했을까?

나는 여러가지 생각으로 가슴이 답답하여 진땀을 흘렸다. '그는 지금 어디에 있을까? 형부! 참으로 사랑스럽던 말이었는데…. 그가 왜 그렇게 변했단 말인가. 그의 육체는 끌려다니며 죽었지만 죽지 않은 그의 영은 도대체 어디에 있을까?

예수님은 약속하셨다. "내 양은 내 음성을 들으며 나는 저희를 알며 저희는 나를 따르느니라 내가 저희에게 영생을 주노니 영원히 멸망치 아니할 터이요 또 저희를 내 손에서 빼앗을 자가 없느니라"(요 10:27-28).

예수님의 영이 들어가기만 하면, 언젠가 지은 죄를 회개할 기회가 오고 또 용서받고 영원히 살게 되는 것을 나는 감옥에서 만난 만주 여자를 통해 실제로 보고 배웠다. 그 여자는 어릴 때 선교사에게서 '예수 사랑하심'을 배우고 너무 좋아 교회 가기를 소원했지만 그 후 팔려가서 남편을 죽이고 애인과 불륜의 관계를 맺었다. 그러나 하나님은 나를 통하여 그녀가 사형 받기 전에 죄를 자복할 기회를 갖게 하시고 새 사람이 되어 기쁘고 평안하게 죽음을 맞이하게 하셨다.

형부도 오랫동안 주님의 말씀을 들어왔으나 배반하고 깊은 죄에 빠져들어갔다. 그가 예수님을 마음에 영접한 적이 있다면, 숨을 거두는 순간에 "하나님!" 하고 한 마디만 불렀어도 주님은 약속대로 그를 받아주셨을 것이다.

그랬겠지! 비록 목이 매어 있어 소리는 못 쳤어도 마음으로 "하나님!" 하고 우러러보지 않았을까! 안타까운 마음에 속에서 불이 나는 것만 같았다. 아! 형부는 지금 어디에 있을까! 그 몸은 죽어 땅으로 돌아갔지만 그 죽지 않는 영은 지금 어디에 있을까!

어머니와 언니와 고모는 원하던 대로 순교의 특권을 얻어, 죽지 않는 세계, 화려하고 기쁨이 흐르는 그곳 본향집 천국에 있겠지만, 형부, 친애하는 형부, 그는 어디에 살아 있을까?

왜 형부는 악마가 누구에게나 던지는 여자, 돈, 권력의 미끼에 걸려들었단 말인가? 그만한 상식은 그에게도 있었을 텐데. 왜 가장 미련하고 눈이 어두워 보지도 못하고 깨닫지도 못하는 어리석은 미끼에 걸려들었단 말인가? 울어보고 외쳐보고 상심하나 다 지난 일이 되고 말았다.

뱅쿠버와 태평양 지진

뱅쿠버는 캐나다 서해안에 위치한 아름다운 도시이다. 일반적으로 추운 겨울의 눈과 어려움 때문에 그 넓고 좋은 캐나다는 인구도 적고, 도시도 미국같이 많지 않다.

그러나 뱅쿠버는 캐나다 땅에서 가장 기온이 높고 아름다워서 다섯 달 계속되는 우기만 제하면 마치 파라다이스와 같이 살기 좋으며 좋은 공기와 아름다운 수목과 바다에 둘러싸인 자랑할 만한 도시이다. 이 도시에는 각 나라의 여러 족속들이 이민 와서 살고 있지만 그래도 대체로 백인들이어서 생활양식이 깨끗하고 화려하며 질서가 잘 잡혀져 있다.

특기할 만한 것은 인도인과 중국인들을 길거리에서나 상점에서 흔히 볼 수 있다는 것이다. 인도인 타운이라는 것은 별로 없어도 중국인 타운은 굉장히 크고 넓어서 미국 샌프란시스코에 있는 중국인 타운 다음으로 세계에서 중국인이 많은 도시라고 한다.

캐나다는 미국과 정책이 다른지 이 중국인 타운에 가면 중국 지도자의 사진을 걸어두고 중국에서 온 물건을 자유롭게 판매하는 것을 볼 수 있다.

뱅쿠버에는 한국인도 적지 않다. 한국의 장로교, 감리교, 침례교, 순복음 교회 등이 잘 성장하고 있는 것으로 보아, 특히 자체 건물에서 예배드릴 수 있는 교회들이 많은 것을 볼 때, 이 아름다운 항구는 우리에게 더 아름다운 긍지를 갖게 하는 곳이다.

이곳에 훌륭한 한 대학이 있는데, 그 대학의 한국 교수 한 분이 복음전파 사명을 가지고 한국 지식인들을 모아놓고 성경공부를 시작한 것이 교회가 되었다. 그래서 그 교수는 대학을 사퇴하고 전적으로 교회사역에 힘썼고, 교회는 자체 건물을 가진 훌륭한 침례교회가 되었다.

우리 부부는 이 목사님과 친분이 있어 그 교회에서 여러 번 집회를 가졌었기 때문에 그 교회에 적잖은 관심을 가져왔다. 그런데 누구에게나 또 어떤 교회에게나 시련이 있듯이, 이 교회도 예외는 아니었다. 악마의 장난으로 목사님은 그 교회를 떠나게 되었고, 그 교회는 일 년이 넘게 후임자를 물색한 끝에 담임목사님을 모셨지만 목사님의 설교에 교인들이 만족하지 못하고 하나 둘씩 흩어져 교회가 악화일로로 치닫게 되었다. 이를 답답하게 여긴 그 교회의 중진 집사 네 분이 우리를 찾아왔다. 그들은 도와달라고 간청을 하며 음식도 먹지 않고 우리 새 교회당 대예배실에 엎드려 기도만 했다. 마침 김 목사님이 남미교회를 돌보고 돌아온 때라 또다시 교회를 떠날 수 없었으므로 내게 그 교회에 가서 도우라고 부탁을 했다.

"가서 한 달만 도와드리면 그 동안에 또 좋은 목사님을 하나님이 보내주실지 모르잖소. 그러니 당신이 가서 한 달 동안만 교회를 도와주시오."

나는 3일에서 7일간의 집회는 인도해 보았지만 한 달 동안 한 교회를 인도해 본 적은 없었으므로 한편으론 불안했지만, 나의 존재 이유가 돕는 자의 삶이라는 차원에서 수락했다. 돕는 것도 내 힘으로 불가능하겠지만, 돕고자 하면 하나님이 다 도우실 것들을 나는 경험으로 잘 알고 있었으므로 뜻을 정하고 금식기도하는 집사님들을 쾌히 돌려보냈다.

나는 한 달 동안 입을 옷과 필요한 것들을 가방에 챙겨넣고 아름다운 도시 뱅쿠버를 향해 날아갔다.

마중 나온 낯익은 얼굴들이 반갑기만 했다. 유숙할 콘도 아파트에 모두 다 갔다. 마치 그 집에서 영영 살 것처럼 생활가구들을 완벽하게 갖춰놓은 것에 놀라지 않을 수 없었다.

"한 달 동안 살 텐데, 마치 신혼집 같아요."

"한 달이 될지 몇 년이 될지 누가 압니까?"

누군가 그렇게 말하니 모두 다 활짝 웃으면서 기뻐했다.

"우리가 힘껏 마련하였습니다. 사모님! 무엇이든지 필요한 것이 있으면 말씀만 하세요. 무엇이든 사 오겠습니다."

"오히려 미안해서 어쩔 줄 모르겠어요. 이렇게 지나치게 할 필요가 없는데, 이건 꼭 신혼집 같잖아요?"

"이 콘도를 얻기가 여간 힘든 게 아니었습니다. 그런데 우리가 열심히 기도했더니 뜻밖에도 한 채가 비어 구입할 수 있었어요. 너무 감사하고 기뻐서 그 날부터 가구를 사들이고 장식을 한 것입니다. 이불은 한국산 특제품이고, 다른 것들은 다 부인들의 아이디어입니다. 특히 이 콘도는 아이들도 없고 떠드는 젊은이들도 없고 주위환경이 참 좋은 것 같습니다."

"네, 너무 좋아요. 너무 좋아서 잠도 못 자겠어요. 이렇게까지 하지 않아도 되는데!"

냉장고에 가득한 음식들이며 과일들… 또 내가 타고 다닐 차도 준비되어 있다고 했다.

그들이 모두 돌아가고 난 후, 나는 우선 하나님께 감사기도를 드리고, 그 준비된 모든 일들에 대해 심각하게 생각하지 않을 수 없었다.

모두가 한 달 살라고 준비된 것이 아니었다. '임대기간이 2-3년은 될 텐데 그 기간 동안 나를 잡아둘 셈이란 말인가?

문득 지난 날 납치당했던 일들이 떠올랐다.

멕시코 레히스 호텔에서 있었던 일이다. 식당에서 아침식사를 하고 신문을 펼치니 동양인 여자 사진이 1면에 크게 실려 있었다. 일본에서 온 가라데 사범에 대한 기사였다. 그런데 그 때 영어를 유창하게 하는 한 청년이 내게 다가와, 유명한 부잣집에서 나를 대접하기 위해 모시러 왔다고 정중하게 말하기에 좀 의아한 구석이 있었지만, 멕시코 사람들은 약속 없이도 초대를 하는가보다 생각하고 따라갔다가 그것이 납치인 것을 알았다.

이 납치범의 첫인상은 미남이고 친절하며 교양도 있어 보였는데, 차 안에서 본 그의 얼굴은 잔인하고 무섭기 짝이 없어 머리카락이 곤두서고 가슴이 얼어붙는 것 같았다. 나는 주님께 지혜를 구했다. 문득 신문에서 본 동양인 여자가 머리에 떠올랐다. 나는 침착하고도 친절한 목소리로 그에게 말했다.

"오늘 신문을 보셨나요?"

그는 대답할 필요도 없다는 듯 운전만 했다. 나는 담대하게 강한 어조로 말했다.

"오늘 신문 1면에 내 사진이 실려 있는 것 보시지 못했어요?"

"무슨 사진요?"

"오늘 신문에 내 사진이 크게 실려 있지 않던가요? 난 이번에 멕시코 경관 3천 명에게 가라데 시범을 하러 온 가라데 사범인데, 신문에 크게 내 사진을 싣고 광고하였다오."

"뭐? 가라데 사범? 경관들에게 시범하러 왔다구?"

"그건 몰랐소?"

나는 나도 믿을 수 없을 만큼 태연하게 앉아서 그를 엄한 눈초리로 노려보았다. 그의 포악하고 잔인한 표정이 대번에 놀라움으로 변했다.

"당신, 가라데 할 줄 알아요?

"노, 노."

그가 허둥지둥 대답했다.

"내가 좀 가르쳐 드릴까요?"

나는 그 때 가라데 초기 운동을 배워둔 일이 기억났다. 그래서 두 손을 모아 뻗쳐 세워들고 강한 메조 소프라노 소리를 힘껏 지르며 태세를 잡았다. 그 소리에 그가 깜짝 놀라 차 문을 탁 열더니 나를 밖으로 밀쳐내고 도망을 갔다.

끝없는 광야! 길도 없고 마을도 없고 오라는 사람도 없고, 해는 서산에 걸려 어둑어둑해지고, 그곳에 버려진 나는 다만 천지를 지으시고 그 말씀으로 붙드시고 운행하시는 여호와 하나님과 그의 아들 예수님만을 찾고 불렀다.

"감사합니다. 내게 이런 지혜를 주시고 또 이런 일이 있을 것을 아시고 내게 지식과 경험을 주셔서 연극도 하게 하신 하나님, 참 감사합니다. 인적 없는 이 광야길에서 날은 저물어가는데 지금까지 나를 인도하신 아버지, 그 악독한 일본제국과 귀신을 대항해 싸워 이기게 하신 하나님 아버지! 사자의 이빨에서 지금 나를 건지셨으니 이제 호텔로 데려다주소서."

불안과 두려움 가운데 눈도 감지 못하고 하늘을 쳐다보면서 부르짖는 기도를 드렸다. 급할 때는 하나님과 대화하는 일이 제일 상책인 것을 잘 아는 나였기 때문에, 감옥에서 있었던 많은 기적 같은 이야기들을 하나님께 말씀드리며, 그 때와 같은 기적을 다시 한 번 경험할 수 있기를 간절히 바라고 있었다.

그렇게 하기를 한참 한 후, 하늘을 보다가 사방을 둘러보니 저 멀리서 소를 멘 달구지가 농부에게 끌려오고 있는 것이 보였다. 나는 환성을 지르며 하나님께 감사했다. 달구지를 기다리고 서 있으니까 농부가 와서 나를 보고 기절할 듯이 놀랐다. '아니, 이 광야에! 더구나 이 저녁에 동양 여인이!' 아마 한밤중이었으면 귀신인가 하여 더욱 놀랐을 것이다.

나는 2년 전에 멕시코에 초청을 받았으므로 그 동안 열심히 스페인어를 공부하고 연습했기 때문에 스페인어 회화에는 자신이 있었다. 내가 그에게 레히스 호텔에 데려다 달라고 말했더니 그 때서야 그가 내가 그 호텔에 유숙하는 외국인 손님인 것을 알고 데려다주었다.

이러한 일들이 생생하게 떠올라 나는 벌떡 일어났다.

"아버지! 이번엔 명예롭고 귀한 납치니 감사할 뿐입니다. 그러나 1년이나 2년 있으라고 하시면 그건 너무하시는 거예요. 한 달이 너무 짧으면 글쎄요, 석 달은 참아보겠습니다. 그 이상 더 있으라고는 하지 마세요. 김 목사님은 남미에 가서 석 달도 있고 여섯 달도 있었지만, 그는 남자고, 또 교회도 세 나라에 세웠으니 그럴 수밖에 없잖아요. 하지만 저는 여자 아닙니까? 또 저는 목사도 아니고, 집사도 아니지 않습니까? 교회에는 교역자가 필요한 것이지 저같이 자격도 안 되는 미흡한 사모가 무엇을 한다는 말입니까? 목회 자격이 전혀 없는 저를 오래 두시면 교회운영이 말이 아닐 거예요."

나는 시간 가는 줄도 모르고 실컷 주님께 기도했다.

교인들은 참 재미있게 모였다. 주일 낮예배는 물론 저녁 찬양예배, 수요기도예배, 또 때로는 특별모임을 가지고 성경을 배우고 간증과 교제시간도 늘 풍성했다. 또 놀랍고 감사한 것은 모든 모임의 출석인원이 주일 낮예배나 저녁이나 수요일이나 비슷하다는 것이었다. 한 달은 그야말로 신혼기간같이 지나갔다. 나는 향수에 젖어 운전을 하든지 쇼핑을 하든지, 특히 집에 있을 때면 남쪽 하늘만 쳐다보았다. 그래서 한번은 제직회에서 그 이야기를 했더니 펄쩍 뛰면서 모두 나를 구박하는 것이었다.

"사모님 같은 믿음의 용사가 향수병이라니요? 감옥에서도 6년간이나 참으신 분이 무슨 말씀을 하시는 겁니까? 우리가 뭐든지 다 해드릴 테니까 그런 약한 마음은 갖지 마세요."

그들이 자리를 떠난 뒤 나는 혼잣말로 중얼거렸다.

'믿음의 용사?'

과연 내가 그렇게 불릴 만한가? 나는 '빛좋은 개살구'라는 말이 생각났다. 허울만 좋고 내용이 없는 것을 가리켜 하는 이 말이 내게 해당되는 말 같았다.

이 사람들은 그래도 내가 뭔가 자기들에게 큰 도움이 되고 자랑이 되는 것같이 말하지만 아무리 생각해 봐도 나는 약하고, 집이 그립고, 남편의 설교를 들어야 하고, 내 교회 교인들 속에서 같이 움직여야 하고, 내 집 살림살이 속에서 살아야만 하는 보통여자임에 틀림이 없었다.

내가 기뻐서 한 감옥살이였지만 얼마나 참고 또 견뎌야 했던가! 세상을 등지고 모든 것을 헌신짝같이 버리고 주님 음성에만 매달려 그 뜻만 이룬다고 달려간 길이었지만, 나는 약하고, 약해서 바들바들 떨며, 신경을 곤두세우고 얼마나 참으려고 애를 썼던가! 사실 내 약한 모습에 내 자신이 미워지고 싶을 때가 얼마나 많았던가!

내가 감옥에서 발견한 세상에서 제일 무서운 원수는 나를 죽이려는 일본 정부도 아니고, 나를 감독하는 간수들도 아닌 바로 나 자신이었다. 내 영혼은 기쁨으로 주님을 따라가려고 하는데, 내 육체는 불평 덩어리뿐인 것이다. 추우면 춥다고, 더우면 더워서 못 살겠다고, 배고프면 배고파 죽겠다고 늘 불평을 해대기 때문이다. 또 몸이 아프다고 탄식하고, 세상에 대한 소망을 잃어버렸다고 슬퍼하고, 신앙이 내 인생을 망쳤다고 비방하고…, 어쨌든 6년간의 감옥생활은 치열한 나와의 싸움이었음을 기억한다.

그런데 과거의 추태는 가려지고 이제는 보기좋은 허울만 남아서 사람들은 나를 '믿음의 용사'라고 말하고 있는 것이다. 겸연쩍기도 하고 부끄럽기도 해서 이제라도 믿음의 용사가 되어보았으면 하는 생각도 든다.

사실 이분들이 나를 믿음의 용사라고 부르는 것은 주님이 주신 신앙을 말하는 것일 게다. 그렇다면 나는 더욱 믿음의 용사같이 살아야 하는 것이 아닐까? 나는 벌떡 일어나 창문을 열고 높은 하늘을 쳐다보며 주님을 불렀다. 그리고 주님께 이렇게 기도했다.

"나는 지금 자유의 몸이니 뿌리치고 떠나면 떠날 수도 있지만 이들의 사랑의 끈이 너무 연하고 아름답고 진지해서 이 줄을 끊고 달려나갈 용기가 없습니다. 과거의 모든 납치는 나를 죽이려는 자들과 또 나를 이용하려는 강도단들의 소행이었기에 미움과 암흑과 잔인과 고통이었습니다. 그래서 주님이 내 손을 잡으시고 어떤 때는 업어도 주시고 뛰어넘게도 하시고 때로는 나를 안아 대신 날아주셨습니다.

아! 주님이 그렇게 해주지 않으셨다면 나는 이 세상에서 가장 쓸모없고 추한 사람이 되었을 것입니다. 온 세상이 이 모든 사실을 모른다 하여도 나는 내 자신의 일이니 너무도 잘 알고 있습니다.

아버지, 저는 죄인입니다. 저는 죄인 안이숙입니다. 그런데 왜 이렇게 나의 모든 죄악과 나약함을 깨끗하게 씻어주셔서 아름답고 훌륭한 그릇처럼 해주시는가요? 아버지! 너무나 감격하여 울 수밖에 없습니다.

이 눈물 속에는 나의 잘못에 대한 회개가 있고, 뜨거운 감사가 있고, 또 주님을 향한 열렬한 사랑이 있음을 아버지께서 알아주시니 또 우는 것입니다. 선지자 예레미야의 눈물은 한탄의 눈물이었지만, 아버지여, 이 눈물은 환희와 감격의 눈물입니다. 왜? 예수님이 저의 전부이기 때문입니다.

나는 방안에서 왔다갔다하며 소리쳤다.

"이 집은 나를 가두어놓은 집이다."

납치, 사랑의 납치! 모든 것을 잊고, 모든 것을 누리며, 나를 기쁘게 하는 납치! 내 사랑 예수님을 맘껏 자랑하고 그를 힘껏 찬양하고 높이도록 이 양들을 인도하고 약속에 매어두어야 하는 그 일 때문에 이 납치를 기뻐해야 하는 것이다.

"기뻐하라! 기뻐하라! 오직 기쁘게만 살아가라."

하나님 보좌를 향해 나는 할렐루야 송가를 아름답게 불렀다. 하나님 보좌를 향해서.

주일마다 아침예배를 인도하는 내 마음 가운데 언제나 꺼림칙한 것이 있었다. 높은 강단에 앉아 있는 나의 존재가, 하나님이 사람을 주장하고 다스리라고 지으신 남자가 아니고, 남자를 도우라고 지으신 여자라는 사실이다.

나의 인도에 따라 예배를 드리는 회중 가운데는 훌륭한 남자들이 절반 이상이었다. 그 중에는 열정 있고 신실한 충성스런 집사들도 있고, 대학교수도 있고, 대기업에서 고위직에 있는 엘리트들도 있었으며, 자기 사업에 성공한 두뇌파도 있고, 기술자, 실업가 등 훌륭한 남자들이 많이 있었다. 나 같이 미약하고 능력 없는 여자가 그들을 인도하고 주님의 말씀을 가르치고 있다는 사실이 비록 그들이 나를 기쁘게 세웠다 해도 내겐 합당하게 생각되지 않았다. 또 월급도 지나치게 많이 받으니 더욱 더 불안한 생각이 들었다.

엄숙하게 진행되는 정규예배시간과 또 잔칫집같이 늘 기쁘고 풍성한 교제시간에도 나는 때로 죄인 같은 심정을 떨쳐버릴 수가 없었다. '나는 여자이기에 남자를 돕는 자이지, 주관하고 다스리는 자가 아니다. 나는 조용하고 잠잠히 있는 것을 좋아해서 돕는 자로 살고 싶다.'

이런 가책이 마음 속 깊은 곳에서 내게 수시로 자극을 주는 것이었다. 그래서 한번은 신앙이 좋은 집사님에게 지나가는 말처럼 이야기해 보았다. 그는 내 말을 심각하게 받아들이지 않고는 이렇게 말했다.

"사모님, 사모님이 뭐라고 말씀하셔도 우리 교인들은 그렇게 생각하지 않습니다. 너무 겸손한 것도 겸손이 아니란 말 사모님도 잘 아시죠? 모든 교회 일은 아홉 명의 중진 집사들이 잘 해 나갈 터이니 사모님은 그저 예배 인도와 말씀만 먹여주시면 되는 겁니다.

사모님, 보세요. 교회가 얼마나 기쁨이 충만한지, 그리고 교회에 전혀 취미도 흥미도 없다던 인텔리 몇 분이 매주 참석하고 기뻐하는 것을 보시지 않습니까? 교회는 이래야 되는 것 아닙니까? 사모님! 지금 이 시대가 남자 여자 가리는 시대입니까?"

말로는 내가 그들을 당해 낼 재간이 없었다. 나는 집사님들과 대화하고 나면 늘 감탄하곤 했다.

"사모님, 김 목사님이 그리우실 겁니다. 매일매일 전화로 회포를 푸시고 전화요금 같은 것은 염두에 두지 마세요. 저희는 사모님을 위해 드는 비용이라면 어떤 것도 영광으로 알고 있으니까요."

그럭저럭 석 달이 되어갔다. 생각해 보니 그 해가 우리가 결혼한 지 25년이 되는 은혼식이었다. 항상 우리 교회에서는 결혼기념일을 같이 축하해 주었다. 또 10년이 되었을 때는 우리 부부에게 세계 일주를 시켜주어 두 달 동안 전세계를 다니게 하고, 돈나무(money tree)를 세워 교인들이 가져다 준 돈으로 여행경비를 쓰게 하는 등, 결혼기념일마다 분에 넘치는 사랑을 받았다. 그래서 은혼식 때에는 우리 부부가 비용을 전담하여 큰 잔치를 하자고 약속해 온 터였다.

우리의 결혼기념일은 1949년 9월 9일이었다. 그런데 그 날이 가까워 오는 고로 교회 제직회 때 이 사실을 얘기하고 허락해 줄 것을 사정했다.

"아, 잔치 좋습니다. 그럼 은혼식 잔치를 여기 뱅쿠버에서 합시다."

집사님 한 분이 이렇게 말했다. 그 말에 다른 집사님들도 모두 동의하며 나섰다.

나는 깜짝 놀라 말했다.

"아니, 집사님들! 어떻게 그렇게 큰 잔치를 여기서 한다는 거예요. 교회 식구들만 해도 천 여 명이 넘고, 또 다른 자매교회들과 사회 어른들, 또 지방에서 오시는 분들까지 하면 이천 명이 넘을 수도 있는데 그분들을 어떻게 다 캐나다로 데려온다는 겁니까?"

"전세 비행기로 실어오면 되지요."

"전세 비행기요? 비행기 한 대 값이 적어도 2만 불 이상은 될 텐데, 비행기 비용도 비용이지만 어떻게 그 교인들을 다 모셔올 수 있는가 말입니다."

집사님들은 내 말에 동의하는 표정을 보이더니 그저 웃어 넘겨버렸다. 나는 이 은혼식 행사가 내게 있어서 얼마나 큰일인지를 누누이 설명하였다.

그럼에도 불구하고 그들은 어떻게 해서라도 방법을 짜내려고 하는 눈치였다. 김 목사님에게 전화를 해 이 일을 의논했지만 별 뾰족한 방법이 없었다.

"약속은 지켜야 하오."

그의 대답은 그뿐이었다.

다음 날 나는 마음이 답답해서 서점에 갔다.

그런데 서점 앞에 "대지진! 대지진 경고! 9월 7일 새벽에 로스앤젤레스 전 도시가 태평양 바다에 침몰되다"라는 호외가 붙어 있었다. 나는 놀라 그것을 사서 읽은 후, 그것을 가지고 집으로 돌아왔다.

그 날 마침 수요기도회가 있어 저녁에 그 호외를 가지고 교회에 갔다. 찬송을 힘껏 부르고 기도회를 시작했다.

그 날 저녁 말씀은 양과 목자에 대한 말씀이었는데, 우리 마음 가운데 성령의 감동하심이 있었다. 말씀이 끝난 후, 나는 가지고 간 호외를 보여주며 긴장된 음성으로 말했다.

"여러분, 9월 7일 새벽에 로스앤젤레스 전 도시가 태평양 바다 속으로 침몰된답니다. 로스앤젤레스 사람들의 집과 재산이 모두 바다 속으로 들어가 장사된다는 것입니다. 그러면 우리 교회와 교인들도 다 태평양 바다 속으로 빠져들어가게 돼요."

교인들이 놀라 술렁거렸다. 나는 그들을 잠잠케 한 후 말을 계속했다.

"저는 그 교회 목사의 아내입니다. 양들이 다 태평양 바다 속으로 침몰되는 큰 지진이 온다는데 저만 이 캐나다에 남아 있을 수 있겠습니까? 더욱이 우리 교회 교인들 중에는 죽으면 어디로 갈지 모르는 교인도 적지않을 것입니다. 예수님과 상관없이 교회에 다니는 분이 많이 있을 거예요. 특히 새로 나오는 분들 중에 말입니다. 아직 9월 7일까지는 한 달 정도 남았습니다. 피하는 사람들은 피하고 있겠지만 그렇지 못한 사람들도 여간 많지 않을까 싶습니다. 속히 가서 교인들의 영적 상태를 점검하고 구원의 복음을 재확인시켜야 하지 않겠습니까? 이제 곧 저는 로스앤젤레스로 떠나겠으니 훌륭한 집사님들을 모신 여러분들은 염려하실 것 없이 서로 뭉치고 사랑하고 이해하고 도우면서 자기 자리를 지키시고 죽도록 충성하시기를 바랍니다."

그렇게 반대를 하며 나를 놓아주지 않던 집사님들과 교인들이 이번에는 할 말이 없는 것 같았다.

양과 같이 죽겠다는 나의 말에 모두 감동을 받은 것 같았다. 나는 지금까지 살아온 가치가 이번에 확증이 되는가 싶어서 큰 힘을 얻고 다시 한 번 인생의 보람을 느꼈다. 그 날 저녁 교제시간에는 지진 이야기와 내가 떠나는 일이 주요 관심사였다.

집에 돌아오니 집사님들과 교인들이 내 뒤를 따라와 방 안 가득히 앉았다. 내가 짐을 싸려고 옷장을 여는데 집사님 한 분이 내 앞을 가로막아 서면서 말했다.

"사모님, 바다 속에 들어가는데 가져가실 것이 뭐가 있습니까? 몸만 가세요. 입으신 대로 가셔도 됩니다."

나는 그 말에 찔림을 받았다. 그래서 그 집사님과 다른 분들에게 부끄러운 몸짓을 하면서 그래도 이렇게 말할 수밖에 없었다.

"바다에 들어가는 사람에게 무엇이 필요하겠어요? 그러나 길을 가는 사람이니 짐을 챙겨야 하지 않겠어요?"

"아니요! 필요없습니다."

몇 분이 나서서 반대를 했다.

"지금까지 지진이 난다고 몇 번 소문은 있었어도 어디 실제로 그랬습니까? 이번에도 말뿐일지 누가 알아요? 지진이 나서 바다 속으로 다 들어가면 하는 수 없지만…."

모두들 까르르 웃었다.

"지진이 나지 않으면 사모님은 이곳에 다시 오시는 겁니다. 아셨지요? 우리는 사모님이 다시 오실 것으로 믿고 기다릴 테니까, 이 짐은 이대로 다 놓아두고 가시는 겁니다. 입으신 대로 다녀오시라는 말씀입니다."

나는 그들의 억지가 사랑이고, 나를 원하는 진지한 태도인 고로 짐을 싸지 않기로 약속했다.

"그러겠어요. 사실 다 필요없지요. 뭐."

그렇게 나는 로스앤젤레스로 돌아왔다.

신문과 TV에 보도된 후로 많은 사람들이 동부로, 캐나다로 또 외국으로 이사 가는 일이 많이 생겼다.

어떤 교회는 교인 전체가 집과 소유물을 팔고 오스트레일리아로 이사를 가기도 했다. 그래서 집값도 내리고 땅값도 내리고 로스앤젤레스 시민들은 겁에 질려 있는 것 같았다. 지진에 대한 보도가 나올 때마다 사람들은 신경을 곤두세우고 얼마나 지침이 올라갔는지 간장을 졸이며 지켜보았다.

"날려면 나라지 어떻게 해도 죽는 인생 혼자 죽는 것보다 다같이 죽으면 더 좋지 뭐!"하며 허풍을 떠는 사람이 있는가 하면 또 낙관론자도 적지 않았다.

"언제부터 난다는 지진인데, 난다 난다 해도 별 거 있을려구? 남이 죽으면 나도 죽는 것이고, 또 난다 난다 하고도 나지 않으면 사는 거지 뭐, 무슨 야단이야!"하는 분들도 많았다.

나는 새벽기도 참석자들에게 지진에 대해 기도하기를 부탁했다.

"여러분, 요즈음은 지진 때문에 모든 사람들의 신경이 극도로 예민해지고 이 도시를 떠나지 않은 사람들도 떠날 날이 긴급한 만큼 우리는 불안한 상태에서 하루하루를 살고 있습니다. 그런데 이런 큰 불안을 해결해 주실 분은 오직 하나님밖에 없는 줄 여러분은 다 아십니다. 주님이 세상을 주관하시고 다스리시기 때문입니다. 우리는 마땅히 이 문제를 해결해 달라고 하나님께 기도해야 합니다. 그런데 구체적으로 어떻게 해결해 달라고 말씀드리는 것도 좋은 방법인 것 같습니다.

여러분, 로스앤젤레스에 날 지진을 저 태평양 바다로 옮겨 달라고 기도합시다. LA에 날 지진이 태평양 바다에 탕! 터지게 해달라고 말입니다. 또 이 도시엔 죄인도 많지만 주님 뜻대로 살려고 애쓰는 경건한 주님의 자녀들도 많으니까 이 도시에 터질 지진이 저 공산국가 사람들, 하나님을 무시하고 거역하면서 세상을 악마에게로 인도하는 공산국가 도시에 터지게 해달라고 열심으로 기도합시다. 그러면 그 사람들도 하나님의 위엄을 보고 생각이 바뀔 것이고, 우리 또한 우리 기도를 들어주신 하나님께 더 충성할 수 있을 테니까요."

그래서 우리는 새벽기도회 때 마음을 합하여 열심으로 기도를 드렸다. 그런데 점차 새벽기도회 때뿐만 아니라 전 교회적으로 기도의 불길이 뜨거워졌다.

권사님 한 분이 집에 돌아가서 딸과 사위에게 이 사실을 이야기했던 모양이다. 물론 그분의 딸과 사위는 교회에 전혀 관심이 없는 분들이었다. 미국에서 교육을 많이 받은 그들은 우리 교회에서 태평양 바다에, 또 공산국가에 지진이 터지게 해달라고 기도한다는 말을 듣고 어처구니없는 넌센스라고 비웃었다.

"아니, 그런 어처구니없는 일을 시키는 분이 도대체 누구입니까? 김 목사님이 그러시는 건가요?"

"아니, 사모님이야. 물론 김 목사님도 기도를 하시지만 그런 기도제목을 내신 분은 안이숙 사모님이었어."

"아니, 그 사모님은 그래도 미국과 일본에서 교육을 받은 분이라고 해서 합리적 사고를 하는 분인 줄 알았는데 그렇게 엉터리인가요? 아니 지진을 옮긴다고요? LA의 지반이 점점 위험 척도로 올라가고 있는데 그것이 태평양 바다로요? 뭐 공산국가로요? 어림 반푼어치도 없는 그런 엉터리 같은 말은 하지도 말라고 하세요."

이렇게 그의 장모님께 쏘아댔다는 것이다. 그 장모는 나와 가까운 친구였고, 그 역시 인텔리였다. 그렇게 말하는 그 장모의 어투에서도 사위와 같은 생각을 하는 것 같은 느낌이 들었다.

안 믿는 사람! 믿어지지 않는 사람! 믿을 마음이 없는 사람! 믿기 싫은 사람들! 그런 사람들 때문에 우리 기도가 막힐 수는 없었다. 우리는 작정한 대로 새벽마다 열심히 기도했다. 기도하는 가운데 LA가 태평양 바다에 침몰된다는 날도 지나가버렸다.

그런데 하루는 전화가 걸려왔다. 받아본즉 그 믿지 않는 사위의 말을 내게 전해 주던 친구 권사님이었다.

"사모님, TV 뉴스 들으셨어요?"

"무슨 뉴스인데요?"

"태평양 바다에 큰 지진이 났다는 뉴스 말입니다."

"아니, 태평양 바다에 지진이 터졌대요?"

"그렇다니까요! 시애틀에서 약 800km 서쪽 태평양 바다에 큰 지진이 났다는 거예요."

"어머나!"

"그뿐만 아니라 중공의 큰 도시가 지진으로 무너졌대요. 그리고 다른 공산국가에도 지진이 났다고 뉴스에서 야단들인데 여태 못 들으셨어요?"

"네, 전혀 몰랐어요."

"왜 기도는 하시면서 그런 일은 모르세요?"

"그러게 말입니다. 여하튼 알려주셔서 감사합니다."

"사실은 나도 몰랐는데 우리 사위가 라디오를 듣고 내게 알려주었어요."

나는 수화기를 내려놓고 엎드려 하나님을 찬양했다. 우리 기도를 들어주신 주님께, 그리고 우리의 기도를 불신하고 화를 낸 분들에게 제일 먼저 알려주신 하나님께, 그리고 불신으로 비웃던 사람들이 심각해진 태도에 나는 감사하지 않을 수 없었다. 더불어 공산국가에 터진 지진으로 사람들이 하나님을 인정하도록 도와주시기를 기도했다.

"아! LA 지진이 태평양으로 옮겨졌다니. 기도는 모든 것을 다 할 수 있다는 증거 아니겠어요?"

그 후에 그분의 사위와 딸이 애들을 데리고 교회에 출석하기 시작했다. 그리고 늘 우리 부부는 물론 교회 직원들과 봉사자들을 대접하는 데 정성을 다했다.

  그들은 그들 가정에 있어 가장 중요한 것을 신앙으로 여겼기 때문에 수고와 경비를 아까워하지 않고 자녀들을 그리스도인 학교에 보내 신앙을 우선적으로 심어주려고 하였다.

  할렐루야! 영광은 오직 주님의 것이기에, 우리는 다만 믿고 증거할 따름이다.

  한 생명이 구원에 이르는 일은 내게 태평양 지진보다 더 큰 뉴스이다. 하늘나라에서도 그럴 것이다.

만물의 사명과 내 사명

지방집회가 끊임없이 계속되는 가운데 동으로 서로, 남에서 북으로의 비행기 여행은 마치 철새와 같이 공중을 날아다니는 기분이었다.

구름 위를 날면서 먹고, 쉬고, 이야기하고, 책 읽고, TV보고, 기도하고, 전도하고, 성경 외우며 살다 보니 정말 하나님이 인간을 날아다니게 만드신 느낌이 들었다.

미국에 온 지 40년, 미국인 교회를 거의 30년 동안 섬기며 미국 전역을 두루두루 다니며 즐겼다. 미국 교회를 섬기면서 항상 마음에 걸리는 것은, 왜 우리는 한국인인데 미국교회에서만 일생을 봉사해야 하는가, 한국에 돌아가서 우리 한국 크리스천들에게도 봉사해야 하지 않는가 하는 아쉬움이다.

그런데 근래에는 이민의 문이 활짝 열려 미국 전 도시에 많은 한국인이 거주하게 되었다. 공부하러 오는 젊은이들은 각 도시의 대학으로, 또 미국인과 결혼해서 남편 따라오는 한국인 부인과 그들의 가족, 친척 또는 기술자로, 사업으로, 정부관계로 쏟아져 나오는 한국인들이 큰 도시뿐만 아니라 작은 도시 구석구석까지 정착하여 살게 되었다.

그런데 참 감사한 것은, 한국인은 어딜 가나 몇 가족만 모이면 교회를 시작한다는 것이다. 중국인들은 가는 곳마다 식당을 시작하고, 일본인들은 가게를 시작하는데, 한국인은 꼭 교회를 시작한다. 그래서 한국인이 여럿이 사는 곳에는 꼭 교회가 있다. 장로교, 감리교, 침례교, 성결교, 순복음교회 등이다. 목사나 전도사 등의 지도자가 없더라도 믿는 자 중에서 지도할 만한 사람을 세워서 교회를 세우고 가정에서 모이는 것이다.

그리고 미국인 교회를 빌려 예배를 드리면서 열심으로 전도하여 교회가 자라면 한국에서 목사나 전도사를 초청해서 정상적인 교회로 성장하게 된다.

그런데 참 놀라운 일은 신자들 가운데 내 책 「죽으면 죽으리라」, 「죽으면 살리라」를 한국에서 읽은 사람이 많다는 사실이다. 그래서 그들이 교회의 중진으로 봉사하면서 특별집회를 할 때 나를 강사로 초청하는 경우가 많다. 그래서 나는 시간이 되는 대로 교파를 막론하고 집회를 한다.

그럴 때면 매번 한 하나님, 한 예수님을 믿으면서도 절차나 형식이 조금씩 또는 몹시 다른 집회를 갖게 된다.

신자들은 인도하는 목사님의 학교와 교파와 성격에 따라 각각 다른 신앙양식과 의식 가운데 신앙생활을 한다. 그러나 나는 각기 다른 교회의 형편과 모습을 보게 되어 느낌이 많다. 10여 년을 다니다 보니 장로교회에 갈 때는 으레 엄숙한 대중들이 머리에 떠오르고, 고려파라고 하면 좀 심각해 보이는 대중이 눈에 보이는 것 같다. 감리교회라고 하면 뭔가 좀 자유롭고 쉬운 느낌이고, 성결교회라고 하면 열심히 찬송부르는 소리가 들리는 것 같고, 순복음교회라고 하면 소란스런 광경이 보이고, 침례교회라고 하면 성경을 펴놓고 설교를 들으면서 성경을 대조하는 신자들의 모습이 보이는 것 같다.

그래서 나는 장로교회에 갈 때는 기쁨의 신앙을 전하여 그분들이 명랑한

신자가 되는 데 도움이 되기를 바라고, 감리교회에서는 주는 그리스도시요, 살아 계신 하나님의 아들이시며, 구원자이신 것을 증거한다. 또 성결교회나 침례교회에선 신앙이 생각이나 관념이 아니라 매일매일의 삶임을 전하려고 애쓴다.

그런데 순복음교회의 경우엔 초청을 받아들이지 못한다. 왜냐하면 나는 방언 한 마디 못해 보았고, 또 아무리 열심히 기도해도 병고침의 은사를 받지 못했기 때문이다. 또 그분들의 기도소리와 찬송소리, 방언소리, 환희에 찬 부르짖음이 나를 약소하고 힘없게 느끼게 하고, 또 내 신경을 압박해서 마음에 평안 대신에 불안감을 일으키는 까닭도 있다.

그러나 나는 모든 교파, 모든 교회는 다 정원에 핀 꽃과 같다고 생각한다. 꽃 중에는 노랑꽃, 흰꽃, 붉은꽃, 분홍꽃, 연한색, 짙은색… 또 크고 화려한 꽃송이, 적은 꽃송이 등 각양 각색의 꽃이 정원을 빛내고 있다. 이처럼 각기 색이 다르고 모양은 달라도 꽃을 심은 주인에게는 모든 꽃이 아름답고 만족케 보이는 것같이, 교파가 다르고 모양은 틀려도 하나님이 심으신 신도들의 모습은 다 하나님이 좋아하시고 만족해하실 것으로 느껴져 나도 기쁘고 감사해한다.

사실 이 세상을 자세히 살펴보면 하나님은 똑같은 것을 하나도 만들지 않으셨다. 종류는 같아도 모두 모습이 다르고 빛깔도 냄새도 질도 다 다르다.

세상에 똑같은 사람은 하나도 없다. 쌍둥이도 다르다. 심지어 이 지구상에 있는 수많은 사람들 가운데 엄지손가락에 그려진 지문이 같은 사람은 한 사람도 없다. 똑같은 부모에게서 난 형제 자매들도 모두 다르고, 모양만 다른 것이 아니라 성격이며, 먹는 것이며, 자는 것이며, 말하는 것이며, 웃는 것이며, 우는 것이며, 걷는 것까지 모두 다르다.

오래오래 살아도 지루해지지 않고 피곤하지 않으며 싫증내는 일 없이 살도록 하나님이 세밀하게 배려해서 만들어주신 것이다. 그리고 그 만드신 만물을 붙드시고 지키시며 다스리신다.

그러니까 언제 어디서나 나와 다른 것 가운데서 내게만 주어진 사명에 충성해야 된다고 다짐하며 사는 것이다.

사람들은 종종 내게 이런 말을 한다.

"사모님은 주님이 주신 사명을 다하셨으니 얼마나 기쁘시겠어요."

이런 말을 들을 때면 나 스스로에게 물어본다. '내 사명은 과연 다 끝난 것인가?' 내 사명은 온갖 잡신을 높이 걸어놓고 창조주 여호와 하나님을 모독하고, 800만 귀신을 우리 땅에 심고자 경찰력, 헌병력, 군력을 총투입해서 하나님의 자녀들을 핍박하고 그 땅을 삼켜버린 극악무도한 일본의 망국행위를 경고하고 순교하는 것이었음이 분명하다.

세상이 뭐라고 하든, 사람들이 알든 모르든, 누가 믿든 안 믿든 역사에 기록되었고, 하나님은 내게 남기신 일을 순종하게 하셨고 자기 일을 성취하셨다. 그 당시 내 육체는 비록 숨쉬고 있었지만 이미 죽은 몸이었음을 나는 기억한다.

나는 죽었다! 안이숙은 죽었다!

그 사실은 번번이 일이 발생될 때마다 증명되었다. 나는 그 때 그 사명을 다하면 칼로 목이 잘리든지, 목을 매든지, 총을 쏘든지 해서 곧 사형이 될 것으로 믿었다.

고급 경관의 질문 조사에서도 나는 두려운 것이 없었고, 이미 죽은 자로서 거리낌없이 당당하게 하고 싶은 말을 할 수 있었던 것이다. 길고 긴 감옥생활에서도 나는 죽은 것으로 인식하고 살았던 고로 나로서는 상상도 못

할 기적이 일어난 것을 기억한다.

그런데 그렇게도 주인 행세를 하고 으시대던 일본인이 갑자기 한 사람도 볼 수 없이 이 땅에서 사라지고, 그 땅에 가득 세워졌던 잡신의 신사당이 종이에 불을 지른 것같이 모양도 흔적도 없이 타 없어졌다. 포악성과 잔인성으로 명성을 떨치던 일본을 하나님이 찍어버리신 것이다.

세상사람들은 포악과 잔인과 욕심이 무엇을 가져오는가를 배웠다. 일본은 돈을 자랑하며 세계에 이름을 날리게 되었다. 돈이 무엇을 가져오는지 온 세계 사람들이 또 한 번 배울 날이 올 것이다. 나는 이 진리를 내 가족과 친척에게서 배웠고, 세상 사회에 오래 살면서 배웠다. 그리고 이 사실은 성경에서 확인된 진리이다.

나는 분명히 죽었는데, 왜 아직 세상에 남아서 순교의 대열에 들지 못하였는가? 그 이유를 몰라 답답할 때가 종종 있었다. 그러나 이제 그 이유가 분명해졌다. 나는 나를 잘 아는 사람들에게서 똑같은 말을 흔히 듣는다.

"사모님은 세상에서 제일 행복한 분일 거예요. 부러워요."

사실 나는 세상사람들이 가장 귀하게 여기는 돈은 없다. 또 귀중하게 여기는 자녀도 없다. 칭찬받을 만한 인물도 못 된다. 학식이나 지식으로 이름을 세울 만도 못하다. 또 무슨 특기도 가지고 있지 못하다.

그런데 사실 내게 부족한 것 하나 없이 모두 채워졌다는 사실에 나도 놀란다. 세상에서 인간으로 살아가는 데 필요한 것을 다 누린다는 사실이다. 기적일 수밖에 없다. 나는 이것을 이렇게 설명한다.

> 다만 인류의 행복을 위해서
> 하나님은 만물을 만드시고 지배하시니
> 하나님께 순종하는 인간에게

만물은 그의 친구가 되고
각기 가진 사명과 역할을 다해
복을 누리게 한다네.
그래서 나는 가지지 못한 것이 없고
세상에서 누리지 못 하는 것이 없네.

세상의 만물을 볼 때 살아 있는 것들은 모두 사명대로 제 역할을 하고 있다. 안 하면 죽은 것이다. 씨는 씨대로, 나무는 나무대로, 산도 들도 동물도 어족도 돌도 꽃도 흙도 각각 사명이 있고 그 역할을 하는 것을 보면 나는 아직 호흡하고 살아 있으니 사명이 있을 것을 생각한다.

"사모님은 행복해요."

그분들의 말을 듣고 나도 "나는 참 행복해요" 라고 대답한다.

젊었을 때 나는 내 어머니의 교훈대로 내 소망에 대해 자세히 기도했었다. 세상에서의 내 이상과 꿈을 나는 하나하나 하나님께 기도로 부탁하였다. 그렇게 기도는 했지만 나는 그것을 다 무시해 버리고 주님 주신 사명을 위해서 죽었다.

정말 나는 그 때 죽은 것으로 깊이 인식했었다. 청춘도 이상도 포부도 장래도 내게는 없었다. 다 죽은 것이 되고 말았다.

그런데 그 젊었을 때의 이상과 행복이 현재 다 이루어지고 있는 것이다. 그래서 나는 이 현실에서 또다시 사명을 발견하고 그 사명에 전력을 기울이면서 아침을 맞는다.

하나님은 이 조그만 나라를 둘로 딱 갈라놓으시고, 남한은 하나님을 믿고 살 수 있게 하시고, 북한은 신앙의 자유를 누리지 못한 채 공산주의 이데올로기에 매여 사는 것을 허락하셨다.

신앙의 자유가 있는 남한은 자유 속에 죄와 불법이 횡행하고 있다. 그 가운데서도 한 줄기 맑은 샘줄기는 강력하게 흐르고 있는 대신, 북한은 이 샘 근원을 모두 시멘트 콘크리트로 묻어버리고 쓴 물을 내고 있다.

그래서 나는 사명을 가지고 기도하기로 했다. 기도를 들어주시고 이루시는 하나님이심을 체험하는 매일매일의 생활에서 이제 내가 할 일은 나라와 민족을 위해 기도하는 사명이다. 나뿐만 아니라 내게 가까운 분들에게도 이 사명에 동참하기를 권면한다. 그러면 그들의 질문은 누구나 같다.

"뭐라고 기도합니까? 구체적으로 가르쳐 주세요."

"우선 대통령이 다윗같이 하나님과 함께 일하는 신앙 정치가로서 지혜와 이해와 공명과 뜨거운 사랑을 가지고 이 백성을 바로 지도할 수 있도록, 또 이 나라가 하나님이 축복하시는 나라가 되도록 기도하십시오."

"북한을 위해서도 기도하라면서요?"

"네. 반드시 북한을 위해서도 기도해야 합니다. 하나님께서 북한의 악령들을 모두 그 땅에서 사라지게 하시고, 하나님의 신을 그 땅에 비내리듯 부어주셔서 북한 동포들이 자유를 얻고 하나님의 놀라운 사랑에 감격되어 남북이 다시 한 나라 한 백성으로 통일되어 온 세계에 하나님을 자랑하고, 복받는 나라가 되도록 기도해야 합니다."

나는 전세계에서 일하는 각 나라 목사와 전도사와 선교사들과 또 그리스도인들을 위해서 간절히 기도하는 사명을 잊지 않는다. 그들에게 강한 신앙을 주셔서 악령의 세력을 이기게 하시고, 그들의 생활의 필요를 채워주시고, 그들의 육체가 무병하고 건강하고 부지런히 일할 수 있게 하시고, 항상 기쁘고 소망에 넘쳐, 보는 사람들에게 신자의 견본이 되어 하나님이 기쁨을 거두시도록 간절히 기도한다.

그리고 나는 핍박받는 전세계 크리스천들을 위해 애타는 마음을 가지고 간구한다.

또 내가 강력하게 기도하는 것은 사람들을 미혹하고 노예를 삼아 영혼을 잡아가는 악마들을 무저갱에 가두어 이 세상에서 없어지게 해달라고 애원하는 기도이다.

나는 모든 교역자들이 공평하고 올바르게 살기를 간구하고 탄원한다.

나는 온 세상 크리스천들이 관념이나 생각에 그치는 신앙생활이 아니라 매일의 삶에서 하나님과 의논하고 하나님의 인도를 받는 행복한 삶을 살기를 간절히 기도한다. 숨을 쉬고 있는 한, 하루에 세 번씩 계속 기도한다.

나는 또 가난한 사람들을 위해서 기도한다. 어느 민족에게나 가난은 쉬운 일이 아니다. 가난한 사람들에게 복음을 주소서.

그 결과는 내가 보든지, 보지 못하고 하늘로 이사를 가든지 꼭 이루어질 것이라고 믿는다.

그 날의 간증

시애틀은 미국 서북 해안 끝에 있는 아주 아름다운 도시다. 또한 워싱턴 주의 중심 도시이기에 각국에서 이민 온 사람들이 많이 모인 곳이다. 이민 온 사람들 가운데는 일본인들도 꽤 많이 있었다. 그래서 일본인 교회도 시애틀을 중심으로 여러 개가 있었다. 이 주의 경계선을 넘으면 바로 캐나다이다. 캐나다에도 아름다운 도시가 많은데 특별히 뱅쿠버를 꼽을 수 있다. 뱅쿠버에도 많은 일본인들이 살고 있으며, 시내를 중심으로 교회가 4개나 되었다. 그러나 미국이나 캐나다의 일본인 교회들은 전반적으로 교세가 약한 편이었다. 교역자들 또한 뛰어난 분들이 거의 없는 형편이었다.

그런데 뱅쿠버의 한 일본인 교회에 요꼬야마라고 하는 매우 훌륭한 목사님이 계셨다. 그분은 과거 일제시대 때 평양에 주둔해 한국사람을 괴롭힌 일본군 총사령관의 외아들이었다. 그의 부친은 평양에서 총독 부럽지 않은 권력을 누렸다. 그러한 환경에서 외아들로 어떠한 대접을 받고 자랐는지는 충분히 상상할 수 있을 것이다.

그러나 승승장구하던 일본이 갑작스럽게 패전하자 총사령관의 가족들도 하루 아침에 거지 신세가 되어 쫓기듯 일본으로 돌아가게 되었다. 마치 공중에서 땅을 내려다보며 도도하게 날아다니던 독수리가 총탄에 맞아 땅에 떨어지는 것과 같은 상황이었다.

나라가 망했으니 살 길이 막연한 것도 문제려니와 정신적인 충격도 말할 수 없이 컸다. 일본인들은 국조여신이 나라를 번성케 하고, 일본 황제가 살아 있는 신이기에, 그들에게는 절대 패전이 없으리라고 굳게 믿고 온갖 권세를 누렸던 것이다.

그렇게도 자랑스럽던 국가가 산산이 부서져 비참하게 되었고, 그렇게도 당당하던 천황은 졸지에 전범이 되었으니, 총사령관의 신세가 오죽했겠는가? 죽은 목숨이나 마찬가지였으리라.

그 무렵 미국인 선교사들이 홍수처럼 일본으로 밀려 들어갔다. 선교사들은 어른 아이 할 것 없이 닥치는 대로 전도를 했다. 그 때 총사령관의 아들 요꼬야마도 선교사의 전도를 받아 그리스도인들의 모임에 참석하게 되었다.

"세상의 모든 신은 신이 아니고 우상입니다. 우상을 믿으면 속는 것입니다. 하나님만이 참 신이시고 예수님만이 구원하시는 신이십니다. 속지 마세요. 한번 속아 보았으니 다시는 속지 마세요. 예수님을 믿고 그분만을 섬기세요."

'그분만이 참 신이시고 구원하는 분이십니다.'

어린 요꼬야마의 가슴에 강렬하게 부딪힌 이 말이 그의 어둡던 가슴을 비춰주었다. 예수님을 영접하고 집에 돌아오니 한줄기 찬란한 빛이 자기 속에서 흘러나와 지옥 같던 온 집안을 비추는 듯했다.

그는 변했다. 집안 식구들은 좌절과 실의에 빠진 나날을 보냈지만 그만은 부지런히 성경공부를 하러 다니면서 소망중에 성장하고 있었다. 그는 대학을 나와 또다시 신학교에 들어갔고, 졸업 후에는 자비량 선교사가 되어 뱅쿠버로 왔다.

그는 나를 참 좋아해서 몇 번이나 그 교회에 초청했을 뿐 아니라 내가 쓴 책 「만일 그렇지 않을지라도」(「죽으면 죽으리라」의 일본어판) 를 날마다 성경을 읽은 후에 되풀이하여 읽고 있다고 했다. 이 요꼬야마 목사의 주선으로 시애틀과 뱅쿠버 지역에 있는 일본인 교회들이 연합하여 시애틀에서 부흥집회를 하게 되었는데, 내가 강사로 초청되었다. 일본인 신자들도 내가 쓴 책을 다 읽었기 때문에 내가 강사로 간다니까 흥분을 하고 야단이었다.

"우리가 집회를 여러 번 해보았지만 이토록 열광적인 것은 처음입니다."

많은 신자들과 함께 공항으로 나를 맞으러 나온 대표 목사가 그렇게 인사를 했다. 일본인들은 자신들이 좋아하면 금방이라도 우상처럼 떠받드는 기질이 있는 것을 아는 나로서는 그들의 깍듯한 태도에 웬지 마음이 섬뜩해졌다.

집회가 시작되자 예상보다 훨씬 많은 사람들이 시애틀과 뱅쿠버 전역에서 모여들었다. 일본인 신자들뿐 아니라 일본 말을 알아듣는 나이 지긋한 한국인 신자들도 신문광고를 보고 찾아왔다. 솔직히 말해, 나는 여학교에서 일본어를 가르쳤고, 또 일본어로만 공부를 한 탓에 일본어로 글쓰기가 더 쉽고 편했으며, 말하는 것도 일본말로 하면 더듬지 않고 자유롭게 표현하는 처지였다. 그래서 일본어로 집회를 하는 것이 내겐 여간 기쁜 일이 아니었다.

그러나 집회는 말을 잘하는 것이 목적이 아니고 어떻게 하면 복음을 잘 전할 수 있는가가 그 목표인 만큼 나는 조심스럽게 기도 가운데 강단에 설 수밖에 없었다. 더욱이 이들은 과거에 우리 나라의 원수가 아니었던가? 그러나 하나님은 국가를 초월하시며 민족의 구별이 없으시니 진리 되신 말씀만 전하면 아무런 문제도 되지 않는다는 걸 나는 알고 있었다.

예전에 어떤 일본인 교회에서 집회를 했을 때의 일이다. 한 사람이 내게 와서 물었다.

"당신은 일본인을 미워하지요?"

"난 일본인이 숭배하는 귀신들을 미워하지 일본인은 절대로 미워하지 않습니다"라고 말했더니 그 일본인이 또 내게 물었다.

"그러나 사랑하지는 않으시죠?"

"하나님은 모든 인간을 다 사랑하시는데 내가 일본인이라고 해서 사랑하지 않는다면 하나님을 거스르는 일이 되겠죠. 그러고서야 내가 하나님의 사랑을 전하는 사람이라고 할 수 있겠어요? 하나님이 모든 인류를 사랑하셔서 자기 아들을 아끼지 않으시고 희생하셨으니 나는 그 사랑을 전하는 종으로서 일본인을 극진히 사랑하고 돕기를 원한답니다."

그랬더니 그 일본인은 묵묵부답이었다.

시애틀에서 열린 일본인 교회의 부흥회는 첫날부터 대성황이었다. 멀리서 오는 사람들이 많았음에도 불구하고 시간을 정확히 지켜 문화인의 모습을 보여주었다. 늦게 들어오는 사람도 없었고 자리도 질서정연하게 앞좌석부터 채워갔다. 일본어를 아는 한국 신자들도 일본인이 모이는 곳에 올 때면 시간을 잘 지키는 습관이 들어 있었다. 그것을 보며 습관이 얼마나 중요한 것인가를 다시 생각하게 됐다. 한국인도 적잖이 온데다가 일본인 신자들이 불신자를 한 사람씩 꼭 인도해 오라고 한 각 교회의 당부를 잘 수행하였기 때문에 교회의 지도자들은 좋아서 모두 흥분상태에 있었다. 게다가 부흥회 강사가 일본 식민지 통치시대에 위험을 무릅쓰고 일본 정부와 각료들에게 "일본은 하늘에서 쏟아지는 유황불에 불타 잿더미가 돼버린다"고 경고한 항일투사이다 보니 사람들의 관심이 이만저만한 것이 아니었다. 늘 느끼는 것이지만, 한국인 신자들이 그만큼 모였다면 찬송소리가 굉장했을 것이다. 그러나 일본인들은 찬송을 하는 사람보다 듣기만 하거나 보고만 있는 사람이 더 많았다.

감격에 차서 기도하는 목사님은 마치 역사를 강의하는 것처럼 길게 기도했고, 기도 후에 나를 소개하신 목사님은 온갖 칭찬을 다 늘어놓았다. 무슨 웅변이라도 하는 듯한 말투로 수다스럽게 말을 늘어놓으며 시간을 끌었다. 갑자기 내 마음 속에서 분노 같은 것이 치밀어오르기 시작하였다.

'이 강단은 주님을 증거하고 말씀을 선포하며 하나님만을 자랑하고 높이는 자리가 아닌가? 그런데 이 귀중한 일 분 일 초를 왜 쓸데없이 사람을 높이고 칭찬하는 데 허비하는가? 이런 괘씸한 사람들이 어디 있담…! 하나님을 자랑하고 예수님을 높이고 성령이 오셔서 감동시키시는 이 강단에서 웬 쓸데없는 군소리야! 그런 웅변으로 나를 칭찬하면 내가 높아질 줄 아나? 내가 칭찬받으려고 온 거야?'

나는 계속 시계바늘을 들여다보며 속에서 부글부글 끓어오르는 감정을 참느라 애썼다. 주님께 죄스럽고 한편으론 불안하기까지 했다. 주님만이 높임을 받으셔야 하고, 찬송과 경배받으셔야 할 장소인데 성령님이 얼마나 어처구니없어 하실까 생각하니 몸둘 바를 모르겠고 불안해졌다.

내가 단에 나가 서자 우뢰와 같은 박수가 터졌다. 나는 깜짝 놀랐다. 마치 무슨 강연회에 온 줄로 생각한 모양이었다. 나는 손을 저으며 박수를 그치게 했다. 그리고 일본어로 자신있게 말했다.

"여러분! 여러분은 오늘 밤 여기 서 있는 안이숙을 보러 오신 것이 아니고, 지금도 살아 계셔서 온 세계와 인류역사를 주관하시며 다스리시는 하나님에 대해 들으러 오신 것입니다."

그 말이 떨어지자 장내는 잔잔한 바닷물결같이 조용하고 엄숙해졌다. 나는 성령님의 돕고 계심을 느끼면서 마음이 환해지고 온 몸이 뜨거워지는 쾌감에 잠겼다.

첫날밤의 제목은 "사랑의 제일 조건, 사랑을 지읍시다" 였다. 나는 준비한 말씀을 천천히 전하기 시작했다.

"모든 피조물은 사랑을 좋아합니다. 사랑을 원하고 사랑에 굶주려 있지만 세상에는 사랑이 없습니다. 그것은 마치 사람들이 다 밥이나 빵을 먹고 사는데 밥과 빵을 만들지 않으면 먹을 수 없는 것과 같습니다. 밥이나 빵을 만드는 재료는 얼마든지 있지만, 만들어야 밥이 되고 빵이 됩니다. 재료가 아무리 많아도 만들지 않으면 밥과 빵은 없습니다. 그리고 먹어야 살 수 있습니다. 그러나 먹고 싶다고 저절로 먹을 수 있는 것은 아닙니다.

마찬가지로 만물이 모두 사랑을 원하고 사랑을 좋아하고 갈급해해도 사랑을 만들지 아니하면 사랑은 없는 법입니다. 세상에는 소위 모성애, 혈육애, 연애 등이 있어서 어디서나 사랑과 비슷한 것들을 찾을 수 있다고 생각하지만 그것은 사랑이 아니라 본능이고, 육욕이며, 또한 사람뿐만이 아니라 동물이나 곤충들에게도 있는 것으로 특별히 만들거나 애쓰지 않아도 나면서부터 가지고 온 것입니다. 그것만으로는 만족을 누릴 수 없습니다. 또 밥이나 빵을 남의 집에 가서 대접받거나 식당에 가서 사 먹으면 그 때뿐이지만 내가 만들면 필요할 때 언제나 먹을 수 있지 않습니까? 이와 마찬가지로 사랑도 잠깐은 남에게 받을 수 있고 누릴 수 있지만, 내가 사랑을 직접 만든다면, 언제나 사랑을 먹고 누리고 그 속에서 끝 날까지 아니 영원히 살 수 있게 되는 것입니다. 재료와 기계만 있으면 밥과 빵을 언제든 만들어 먹을 수 있는 것같이 사랑을 만드는 재료는 온 세상에 가득하고 내 주위에도 얼마든지 있습니다. 그런데 그 사랑을 만드는 기계는 바로 나 자신입니다. 내 눈과 말과 손과 특히 뇌와 그 뇌의 놀라운 활동력은 모두 사랑을 만들어내는 오묘하고 신기한 기계랍니다. 우리를 창조하신 분이 그렇게 만들어주신 것입니다.

여러분! 우리 머릿속에 들어 있는 뇌는 몇 킬로그램이 될까말까 하지만 그 속에 들어 있는 신경의 수는 몇 개나 되는지 아십니까? 4,000억에서 8,000억이라는 많은 신경이 들어 있다고 합니다. 그것은 우리 인간 한 사람 한 사람이 얼마나 훌륭한 기계인가를 입증하는 것이 아닐 수 없습니다. 그 기계는 생각할 수도 있고 발명할 수도 있고 실천할 수도 있으며 삶에서 인간이 누릴 수 있는 모든 지식과 지혜를 공급하는 신기한 것입니다. 이 수천 억의 신경이 사랑을 짓고 만들기 위해서 연구하고 발명하는 대로 우리 손과 발과 눈 그리고 말과 음성은 행동하게 되어 있습니다."

청중들은 물을 끼얹은듯 조용했다.

"그럼 이런 훌륭한 기계를 사용해서 어떻게 사랑을 만들 수 있겠습니까? 우선 당신을 인간으로 기기묘묘하게 지으신 하나님을 찾고 만나 그를 향한 사랑을 지어야 합니다. 그러면 어떻게 하나님을 찾을 수 있겠습니까? 먼저 이 일에 전문가이신 목사님의 말씀을 귀담아듣고 하나님의 아들인 예수님을 마음 속에 영접해야겠습니다. 그분을 마음 중심에 모셔들이고 그분의 말씀을 겸손하게 듣고 배워 예수님이 하라시는 대로 힘을 다하고 목숨을 다해야 합니다. 그분의 말씀은 곧 성경인데, 성경말씀을 읽음으로써 우리가 하나님을 사랑하게 됩니다.

여러분! 이 말이 우습게 들리십니까? 저는 제 생명을 걸고 그야말로 결사적으로 이 일을 시도하고 경험한 사람입니다. 저는 제 육체가 신비하고 놀랍게 지어졌음을 알았을 때, 이것이 바로 하나님의 사랑이라는 것을 절실히 깨닫게 되었습니다. 그래서 저는 제 몸과 일생을 드려 하나님을 사랑하기로 작정했습니다. 전 예수님을 내 맘에 모시고 성경을 읽고 또 읽고, 암송하고 쓰고 베끼고 하면서 하나님의 마음을 알게 되었습니다. 그런데 그 말씀이 저로 하여금 일본의 망국행위를 경고하라고 명령하셨습니다. 그래서 그토록 자랑 많고 우상이 많은 일본제국의 정부와 고위관료들에게 가서 일본의 패망을 당당하게 외쳤습니다.

나는 그 자리에서 당장 칼에 맞아 죽어도 좋다는 각오로 갔는데 그렇게 되지 않고 감옥으로 던져졌습니다. 그러나 많은 사람들이 나를 동정해 주었습니다. 그 증거로 히비끼 대장은 나더러 자기의 양녀가 되어달라고 간청하기까지 했습니다. 왜 그랬는지 아세요? 일본이 비록 내 나라의 원수였지만 민족의 구분이 없으신 하나님의 뜻을 따라서 일본이 회개하고 우상숭배에서 헤어나 하나님을 만나기 바랐기 때문입니다. 하나님을 만나서 나와 같이 행복하게 될 것을 믿었습니다.

여러분은 내가 쓴 책 「만일 그렇지 않을지라도」를 많이 읽으셨을 줄로 압니다. 나는 6년간의 옥고를 치르고 사형을 기다렸는데, 지금 이렇게 살아 있습니다. 6년간의 춥고 배고프고 억울하고 아니꼬웠던 세월은 내게 하나님이 살아 계시고 나를 세상에 보내셔서 행복하도록 도와주고 계시다는 증거일 뿐이었습니다. 나는 국민학교에서 대학 연구과정까지 모두 일본인 선생들에게서 배웠고, 내가 선생이 되어 가르칠 때도 일본어를 가르쳤으며, 나를 감옥에 넣어 신앙의 연단을 받게 해준 것도 일본이었습니다.

"여러분! 왜 하나님이 일본을 땅에 떨어뜨리셨는지 아세요? 그것은 8백만의 우상을 버리고 죽음에서 일어나 복음의 빛 가운데 영원히 살라는 하나님의 뜻입니다. 일본은 전쟁시대에 선교사들을 모두 쫓아냈고 신자들을 박해하며 살육했습니다. 그런데 이제는 선교사들이 복음을 들고 홍수같이 일본으로 밀려들어가고 있지 않습니까?

여러분! 하나님을 향한 사랑을 만들어 보세요. 천국에 대한 지식은 여러분의 상상에 맡기겠습니다. 어느 정도는 추측하거나 상상할 수 있을 테니까요."

내게 주어진 시간이 45분에서 50분이었는데 어느새 시간이 다 지나갔다. 그래서 감옥 속에서 있었던 짤막한 사건을 간증하고 마쳤다. 흩어지던 무리들 가운데 정중하게 인사하며 고마워하는 신자도 있었고, 눈을 흘기며 못마땅해하는 얼굴들도 있었다. '듣든 말든 나는 진리만 전달하면 된다.' 나는 그렇게 외치고 싶었으나, 그것은 주님의 사랑이 아니기 때문에 순간적으로 그 감정을 지워버렸다. 목사님들은 물론 많은 신자들이 내게 와 인사를 하며 감사해했다. 호텔로 돌아오는 차 안에서 나를 안내해 주는 젊은 목사님이 말했다.

"선생님! 질문 하나 해도 되겠습니까?"

"되고 말고요. 뭐든지 하세요."

"선생님의 책을 읽을 때도 그랬지만 오늘 밤 말씀을 들으면서도 강렬하게 느껴지는 것이 있는데요. 선생님은 날 때부터 그렇게 담대하고 강직하셨나요?"

나는 웃음이 나왔다.

"제 책을 자세히 읽지 못하셨군요. 책을 읽으면 처음부터 끝까지 제가 얼마나 약했는지, 그것도 마음뿐만 아니라 몸까지 그랬다는 걸 알 수 있지 않던가요?"

다른 목사님이 덧붙였다.

"그랬어요. 몸도 약하고 마음도 약하고 신경이 매우 약했다는 걸 금방 알 수 있었지요."

그제서야 젊은 목사님이 생각난 듯이 "정말 그랬어요. 그런데 심문을 받으실 때는 언제나 꿋꿋했고 단호했지요. 오늘 밤 말씀도 '거리낌없이 나오는 대로 던지니 받아라' 하는 자세였습니다. 우리들은 교인들 비위를 상하게 할까봐 여간 조심스럽게 말씀을 전하는 것이 아닙니다. 이제는 그것이 습관이 되다시피했는데 선생님은 우리와 너무 다르셨어요."

"왜, 제가 거만해 보이던가요?"

내 질문에 젊은 목사님이 깜짝 놀라며 말했다.

"아니, 아니올시다. 천만에요. 그런 것이 아니라 무척 당당하고 자신 있는 내용이었다 그런 말이죠."

"말씀 전하는 내 자세가 고자세였다면 듣는 사람들이 불쾌해하지 않았을까요?"

나도 은근히 걱정이 됐다.

"천만에요. 혹시 그런 분이 있었는지 모르겠지만 선생님은 우리가 못할 일을 하셨으니 성령님의 도우심이라고 믿습니다."

목사님이 부인이 한마디 했다.

"일본어가 유창하고 또 음성도 아름다워 어떤 말씀이든 모두 잘 듣고 감동받았을 거예요. 내일 밤에 보면 알게 되겠지요."

나는 그런 이야기를 들으면서 일본인 목사님들이 교인들을 지나치게 의식한다고 생각했다. 그 때 누군가가 또 질문을 던졌다.

"한 가지만 더 말씀해 주시겠어요? 안 선생님!"

"물론이죠."

"만일 일본인 간수가 선생님을 사형장으로 끌고 가서 진짜로 사형을 시켰다면 사형받으실 때 무슨 말씀을 하셨을까요?"

갑자기 찬물을 끼얹은 듯이 조용해졌다. 나는 그 때를 잠시 돌이켜 생각해 보곤 이렇게 대답했다.

"우상의 나라 일본 민족아! 하나님이 너희들도 사랑하시니 우매한 우상에서 떠나 예수님께로 돌아가라!"

차 안은 더욱 썰렁해졌다.

"그런 기회를 갖지 못한 것이 지금 생각하면 얼마나 분한지 모르겠어요."

"아니, 그럼 사형을 당하는 것이 더 좋았다는 겁니까, 선생님?"

"네. 그렇게 죽었어야 했는데…. 그랬더라면 그 말이 일본 역사에 기록되었겠죠. 그러면 하나님이 일본 국민을 사랑하셔서 자기 종을 보내 경고하시고 회개하기를 원하셨다는 것을 길이길이 남기지 않았겠어요?"

"하지만 안 선생님, 꼭 그렇지 않더라도 일본 국민이 이 책을 읽고 모든 진상을 알고 있지 않습니까?"

"그렇고 말고요. 아사히 신문 제1면에 실린 굉장한 서평 때문에 선생님 책이 베스트셀러가 되었죠. 일본 역사상 기독교 서적으로 그토록 무섭게 빨리 팔린 책은 또 없었다고 하니까요."

"그래요. 한 번 읽은 사람은 몇 권씩 더 사서 친구나 이웃 심지어 외국에도 보내고 있으니까요. 그래서 우리도 그 책을 읽게 되었고, 또 계속 주문해서 여러 곳에 선물하고 있잖아요. 오늘 밤 불신자들이 이토록 많이 온 것도 그들 중 대부분이 그 책을 읽은 탓이었을 겁니다. 저자가 오신다니까 기뻐서 온 사람들이겠죠. 더욱이 일본의 국가 지정도서가 되었으니 일본의 국립도서관 어디에나 있을 것이고 또 영원히 남아 있어서 누구나 가서 읽을 수 있게 됐지 않습니까. 그것이 역사에 오른 것이 아니고 무엇이겠어요?"

저마다 한 마디씩 하는 것을 들으면서 나는 하나님이 하시는 일에 감탄하지 않을 수 없었다. 일행은 나를 호텔 방까지 정중히 데려다주고 돌아갔다. 그들이 문을 나서자마자 나는 카페트 위에 꿇어앉아서 감사와 경배의 기도를 드렸다.

개인주의와 인정주의

오렌지카운티에 있는 한인교회의 저녁예배에 말씀을 전하러 갔다.

그 교회의 담임 목사님은 교계에 널리 알려진 신앙 인격자로 누구나 존경하는 목사님이셨다.

그 날은 마침 목사님께서 타지방에 집회를 인도하러 가신 터라 장로님들이 나를 맞아주셨다. 이 교회는 미국인들과 같이 모이는 교회로 창립된 지 얼마 되지 않는데도 수백 명의 교인이 규칙적으로 출석했다. 무엇보다 이 교회엔 훌륭한 장로님들이 여러 분 계셔 반석 위에 세운 교회라는 인상을 받았다. 저녁예배인데도 좌석들이 보기좋게 채워졌다. 더욱이 장로님들 중에 한 분이 보성여학교 재직 시절 나와 같이 교편을 잡고 있었기 때문에 더욱 더 반갑고 감회가 깊었다.

집회가 끝난 후, 목사님 사무실에서 장로님들과 함께 다과를 들게 되었다. 우아한 품위가 느껴지는 사모님께서 정성스레 음식을 권하셨고 대화가 무르익어 갔다. 특히 보성의 동료였던 양 장로님과는 지나간 일들과 동료 교사들의 소식 등 흥미진진한 화제로 이야기꽃을 피웠다.

그 때 장로님 한 분이 그 교회의 미국 교인들, 특히 목사님이나 직원들이 얼마나 좋으신 분들인지 이야기하셨다. 그 말씀에 다른 장로님들도 그것이 사실임을 강조하며 감사해했다. 내 마음도 여간 뿌듯하지 않았다. 그런데 한 장로님의 말씀이 내 질문을 자아냈다.

"사모님, 그래서 우리는 이 미국인 형제들과 함께 언제까지라도 한 집에서 주님을 섬기기로 했습니다."

"그게 무슨 말씀이시지요?"

"지금은 사실상 교회건물 하나를 두 교회가 쓰고 있기 때문에 여간 불편하지가 않아요. 그래서 예배장소를 하나 더 짓는다는 이야기지요."

"좋은 일이지요. 어디에 짓게 되나요?"

"이 교회는 땅이 참 크거든요. 그래서 이 교회 땅 바로 뒤에 한인교회를 짓기로 했습니다."

장로님들은 모두 자신 있어 보였다.

"그래서 우리는 헌금도 다같이 한 구좌에 넣고 무슨 일에나 협력하고 서로 도우며 서로 사랑하면서 참된 교회가 되도록 마음을 모으고 있답니다. 미국인과 한국인이 이렇게 조화를 이루면서 주님을 섬기는 일이 얼마나 기쁜 일입니까? 미국이 아니면 이런 일이 있을 수 있겠습니까?"

다른 장로님이 이야기를 계속했다.

"헌금이나 출석교인이 서로 비슷하니까 우리를 무시할 수도 없고 또 우리가 그들보다 열심이 더 많으니까 오히려 우리를 존경하는 쪽입니다. 한 번도 우리 마음을 상하게 하는 일이 없었으니까요. 참 좋은 사람들입니다. 그래서 우린 이들을 믿고 교회를 이 교회 땅에 새로 짓기로 약속을 했죠. 그분들도 매우 만족해하고 우리가 하고 싶은 대로 하라고 하니 얼마나 감사한 일입니까?"

"그래서 이 미국인 교회와 합동체가 된다는 겁니까?"

"그렇지요. 교회당을 새로 지으면 서로 편리하게 필요한 대로 쓸 수가 있죠. 서로 나눠 쓰기도 하고, 물론 경제력(현금)도 합쳐서 처리하고 말입니다. 그야말로 하나가 되는 것이지요."

"안 됩니다!"

왜 그런 말이 순간적으로 내 입에서 튀어 나왔는지 나도 알 수 없었다. 장로님들이 일제히 나를 쳐다보셨다. 침묵이 흐른 뒤 한 장로님께서 내게 물으셨다.

"사모님! 안 된다고 하셨습니까?"

"네."

일제히 눈들이 내게 와 박히는 듯했다.

"저희 교회에서도 이렇다 저렇다 말하는 법이 없는데 제가 왜 그랬는지… 참 죄송합니다."

그 때 또 한 분의 장로님께서 심상치 않다는 듯이 내게 물으셨다.

"사모님, 우리가 지금 이야기한 것이 사모님 생각엔 틀린 것 같다는 뜻입니까?"

"네."

"왜 그렇게 생각하셨습니까?"

"이렇게 훌륭하신 장로님들과 존경하는 목사님께서 작정하시고, 기도하시는 일인데 무슨 다른 의견이 있겠어요. 건방지게 말을 꺼내 부끄럽습니다. 용서해 주세요."

"아니, 그게 또 무슨 말씀이십니까? 사모님께서는 미국에 오래 사셨으니 우리보다 경험이 많으실 텐데요. 의견을 말씀하시는 게 당연합니다. 또 사모님이 하라고 해서 할 일이거나, 하지 말라고 해서 하지 않을 일이 아니질 않습니까? 말씀을 꺼내셨으니 의견을 말씀해 주셔야 하지 않겠습니까?"

몇 번이나 말을 삼키려다가 말을 꺼내기로 작정했다.

"주님을 사랑하고 교회가 잘 되기를 원하시는 장로님들의 마음을 제가 알기 때문에 그럼 안심하고 말씀드리겠습니다."

사무실 안에 갑자기 정적이 흘렀다.

"우리 한국 민족은 인정이 매우 넘치는 민족이 아닙니까? 인정 때문에 모든 일이 잘 되고, 안 되는 것이 역사를 통해 증명되고 있지요. 그런데 미국 사람들은 개인주의적인 민족입니다. 그래서 우리 민족과는 생각하는 방식이 다르단 말입니다. 믿음은 마치 열매와 같아서 좋은 땅에서는 더 좋은 열매를 맺고, 그렇지 않은 데서는 못된 열매를 맺지요. 하지만 나무 자체는 변할 수가 없지 않습니까? 마찬가지로 인간성 자체는 변하지 않는다고 생각합니다."

나의 목소리에 힘이 실렸다.

"이곳 사람들의 신앙이 좋을지는 몰라도 개인주의적인 성격까지 고칠 수는 없다고 봅니다. 게다가 백인들은 인종 우월주의에 빠져 있지요. 그것을 없애버릴 수는 없습니다. 우선 지금은 두 교회가 다 좋은 목사님 밑에서 영적으로 불이 붙어 사랑으로 뭉쳐 있으니까 그런 계획도 세우셨겠지요. 하지만 개인주의와 인정주의가 합해져서 오래 갈 것 같지는 않습니다. 혹 제가 이야기를 잘못 하더라도 제 의견일 뿐이라고 여겨 주십시오. 그렇지만 제 의견을 분명히 얘기하자면, 절대로 안 된다는 것입니다. 더욱이 이 교회의 목사님같이 어질고 착하신 분이 무슨 상심을 얻으시려구요. 안 되지요. 나중에는 재판소 출입이 생길 거라고 말씀드리고 싶어요."

들뜬 사람들의 기분을 단번에 식혀버렸던가 보다. 방안의 공기가 싸늘해졌다. 아무도 내 말에 대해 왈가왈부하지 않았다. 나는 그 자리에 더 앉아 있는 것이 민망해져 자리에서 일어났다. 장로님들이 차까지 배웅을 나와 주셨지만, 아무도 내 말에 대해서는 언급이 없으셨다. 차창 밖에서 내게 인사를 건네는 장로님들의 얼굴을 보니 죄송스러워졌다. 할 말이 떠오르지 않았기에 정중히 인사를 하고 교회를 떠났다. 운전을 해 오면서 내가 그들에게 했던 말을 되새기며 생각을 모아 보았다.

'내가 예의 없는 짓을 했나?' 우리 교회에서도 그렇게 내 의견을 말해 본 일이 없었다. 그런데 남의 교회, 그것도 훌륭한 장로님들 앞에서 그 교회의 중대사를 참견하고 나서는 일이란 상상도 못할 일이었다. '내가 뭔데 그렇게 강력하게 이야기했을까? 몰상식한 사람처럼 말야. 너무 독단적이었어.' 생각할수록 그런 용기와 무례함이 어디서 나왔는지 궁금해졌다. 하지만 이상한 일은 후회스럽지 않다는 것이었다. 오히려 잘한 일이라는 생각까지 들었다. 집에 돌아와 우선 기도를 하기 시작했다. 장로님들이 실망하는 일이 없도록, 특히 자애로우신 목사님이 상처받지 않으시도록 도와 달라는 기도였다. 그리곤 모두 잊어버렸다.

세월이 많이 흘렀다. 「당신은 죽어요, 그런데 안 죽어요」(요단출판사 간)를 내고 교회들의 초청을 받아 말씀을 증거하기 위해 집회를 자주 갖게 되었다. 그런데 마음 속에 큰 압박 같은 것을 느끼고 다시 집필을 시작했다. 「그럴 수도 있지」(요단출판사 간)라는 책을 내기 위해서였다.

그 동안 각 교회와 신자들에게 일어난 일에 대해 전화로 상담을 한 내용들이 머리에 가득 차 있었기에 다시 펜을 들은 것이다. 그런데 집회를 다니다 보니 책을 쓰는 데 도움이 되지 않음을 느꼈다. 그래서 죄송스럽지만 그 동안 약속해 놓은 집회를 모두 연기하거나 취소시켰다. 그런데 어느 날 나는 친구 집사님 댁에 냉면을 먹으러 갔다.

그 집에 들어서는데 집사님이 물으셨다.

"사모님, 다음 주일에 저희 교회에 오신다지요?"

"아니요. 다 연기하거나 취소했고 이제부터 책이 완성될 때까지는 원고만 쓰기로 한 걸요. 집회에는 나가지 않을 거예요."

"그런데 왜 저희 교회 목사님은 광고를 내셨을까요? 안이숙 사모님이 오신다고 대대적으로 광고를 하시고 주보에도 내셨던데요."

"뭐라구요? 주보에도 났어요? 어디 저에게 좀 보여주세요."

집사님이 성경책에 끼여 있는 주보를 내게 주셨다. 광고란에는 분명 내가 온다는 활자가 똑똑히 찍혀 있었다. '이럴 수가 있나?' 나는 허둥지둥 집으로 돌아왔다. 달력에 약속된 교회들을 모두 굵은 펜으로 지워놓은 것을 확인했다. 또 위층으로 뛰어올라가 달력에 표시돼 있는 교회들과의 약속도 지워놓은 것을 확인했다.

'어떻게 된 거지? 오렌지교회는 약속이 되어 있지도 않은데.'

아무리 생각을 해도 알 방법이 없었다. 그 때 문득 일기장에 적어놓은 게 아닌가 하는 생각이 들었다. 일기장을 펴보니 연초에 두 교회에 약속한 것이 뚜렷이 보였다. 약속한 지가 너무 오래되어 까마득하게 잊어버리고 연기나 취소를 하지 못했던 것이다. 잊어버린 것은 내 잘못이니 이제는 가지 않을 수가 없게 되었다. 그래서 그 다음 주일에 그 교회에 가게 되었다. 집회를 마치고 장로님들이 나를 찾아와 하시는 말씀에 나는 깜짝 놀랐다.

"사모님, 우리를 기억하시겠어요? 우리가 미국 교회와 합작을 하겠다고 말씀드렸을 때 강경하게 반대하신 일 말이에요?"

"그럼요. 기억이 나고 말고요."

"그 때 우리는 사모님 말씀대로 우리의 계획을 단번에 집어 던지고 그 교회에서 나왔습니다. 그리고 이 교회를 사서 온 것입니다."

"어머나!"

나는 감탄하지 않을 수 없었다. 그 넓고 아름다운 교회를 다시 한 번 둘러보았다. 강대상에서 내려다보며 말씀을 전하고 찬송을 불렀을 때에도 참 좋게 느껴진 교회였지만, 그 장로님들의 설명을 들으니 너무나 좋고 훌륭한 교회라는 생각에 마음이 기뻤다.

우리는 마주앉아서 옛 친구를 만난 듯 기뻐하며 즐거운 시간을 보냈다. 그 때 사모님이 오시지 않았거나 또 그렇게 말씀해 주지 않으셨다면, 우리는 이렇게 굉장한 교회건물을 살 수 없었을 것입니다. 그리고 미국에서 오래 살다 보니 미국사람들이 얼마나 개인주의적인지 저희도 알게 되었답니다. 그들과 얼마를 싸우며 고생을 했는지 모릅니다."

부인회에서 준비한 음식을 맛있게 먹으면서 나는 그 때 일을 떠올려보았다. 무례하다는 생각이 들면서도 후회하지 않았던 일을 생각하면 마음이 흐뭇했다.

그 때 계시던 목사님은 한국에 신학교 학장으로 가시고 나와 보성에서 교편생활을 같이했던 양 장로님은 선교사가 되어 지교회에 나가셨다고 했다. 하지만 이 크고 아름다운 교회는 씩씩한 새 목사님과 아름다운 사모님을 모시고 무럭무럭 자라가고 있었다. 오랫동안 사귀어 왔던 친구들 중 여러 가정이 이 교회에서 믿음이 자라고 있음을 보고 기쁘기만 했다.

마음에 없는 말을 하는 것이 늘 죄만 되는 것도 아니고 오히려 주님의 뜻을 지목하는 계기도 되는 것이다.

4. 그럴 수도 있잖아요

불안병 환자

"거기 안 선생님 계신가요?"

요란스럽게 울린 전화벨 소리에 급히 수화기를 들었을 때 들려온 말이다.

"전데요. 누구신가요?"

"안녕하세요. 저는 이번에 선생님께서 오실 조지아 주 애틀랜타에 있는 교회의 목사 사모인데요. 꼭 말씀드릴 일이 있어서 전화드렸습니다."

"네, 좋습니다. 말씀하세요."

"좀 이상하게 생각하실지도 모르겠지만… 말씀드려도 될까요?"

"괜찮습니다. 무엇이든지 말씀하세요."

"사실은 무척이나 망설이고 수화기를 몇 번이나 들었다 놓았다 했어요. 그런데 아무리 생각해 봐도 선생님이 오셔서 말씀을 전하실 때 이 사실을 아시면 도움이 될 것 같아서요. 또 우리에겐 더 큰 도움이 될 것 같아서 이렇게 실례를 하게 되었습니다."

"너무 염려하지 마세요. 미리 알려주시면, 제게도 많은 도움이 될 거예요."

"솔직히 말씀드리면, 우리 목사님이 젊은 여자들을 너무 좋아해요."

그 말에 나는 놀라지 않을 수 없었다. 음성과 말의 억양으로 보아 단정하고 지적인 부인 같은데 어쩌면 그렇게도 그런 말을 허물없이 할 수 있을까?

다음 순간 나는 생각했다.

'아니야! 이 사모는 나를 신뢰하기 때문에 자기의 괴로움을 솔직하게 털어놓는 것이야.'

"사모님, 염려 마시고 말씀하세요. 제가 더 많이 기도하고 준비해 가도록 할 테니까요. 안심하시고 말씀하세요."

내 말이 채 끝나기도 전에 그녀가 울음을 터뜨렸다. 나는 기다릴 수밖에 없었다.

"안 선생님! 저는 너무나 외로워요."

"네, 잘 이해할 수 있어요."

"제 남편은 글쎄 젊은 여자들만 보면 온 정신이 다 빠져버려요. 제가 시기를 해서 하는 말이 절대로 아니에요. 그런데 사람들이 저보고만 이상하다고들 하니 속시원히 말할 데도 없고 해결할 방법도 없으니 답답할 뿐이에요. 자식만 없다면 차라리 죽어버리는 게 낫겠어요."

"누가 사모님 보고 이상하다고 그러는 거죠?"

"모두 다 그래요. 남편은 물론이구요. 교인들도 다 그래요. 그렇지만 저는 지극히 정상적인 여자랍니다."

그녀가 자기 자신에 대하여 이야기했다. 그녀는 대학을 졸업한 후 바로 신학대학에 들어갔다. 그녀는 피아노도 잘 치고 음악적 소질도 탁월했을 뿐 아니라 많은 교수님들과 신학생들 사이에서 굉장한 인기를 누린 매력적인 여학생이었다. 그리고 신학생 중 제일 미남이고 성적도 우수할 뿐 아니라 제일 인기있는 지금의 남편과 결혼하게 되었다. 그 후, 그들은 미국에 건너와 아주 크고 아름다운 교회를 세우고 목회를 하기로 약속했다고 했다.

"그런데 그분이 왜 이렇게 되었는지 모르겠어요. 그저 젊은 여자들만 보면 넋을 잃고 말아요. 마음을 여자들에게 빼앗겨 해이해지니 어떻게 교회가 성장할 수 있겠어요? 이번에도 우리 지역에 있는 네 교회가 연합부흥회를 하게 되었는데 글쎄 그 모든 주선을 우리 목사님이 하는 거예요. 왜 그런지 아세요?"

"글쎄요."

"부흥집회를 하면 젊은 여자들이 많이 모이기 때문이지요. 그러니 선생님께서 오셔서 이분 마음을 단단히 잡아주시고 정신 좀 차리도록 해주시기를 부탁드립니다. 그래서 이렇게 전화를 드렸어요."

"큰일이군요. 난 그런 능력은 받지 못했는데 그렇게 기대가 크시다면 나같이 무능한 전도자가 어떻게 해야 할지 잘 생각해 봐야겠는데요."

수화기를 내려놓은 후, 나는 곰곰이 생각했다. '나같이 힘없는 사람이 어떻게 감히 그 목사님의 마음을 부서뜨리고 변화시킬 수 있단 말인가?' 말도 안 되는 것 같았다.

집회날짜가 좀 남았다면 어떻게 해서라도 다른 강사를 초청하도록 하고 싶었다. 그러나 집회는 3개월 전에 이미 약속되었고, 이제 삼 일밖에 남지 않았으니 갈 수 없노라고 할 수도 없는 형편이었다.

"차라리 독감에라도 걸렸으면…, 좀 힘들고 괴롭더라도 허릿병이 나든지 발목을 삐기라도 한다면 핑계를 대고 안 갈 수 있을 텐데…."

그러나 사실 그렇게 된다 하더라도 이미 약속된 집회에 가지 않을 수 없다는 것을 나는 잘 알고 있었다. 그러나 마음이 무겁고 자신이 없었다. 그런 만큼 기도로 힘을 얻으려고 안간힘을 다했다.

"주님! 마음이 내키지 않고 불쾌합니다. 목사가 그런 꼴이라니 말이에요.

그런데 제가 가서 무슨 도움이 되겠습니까? 주님은 저를 잘 아시지 않습니까? 주님! 기분이 상해서 가고 싶지 않아요. 가지 않도록 기적을 베풀어주세요. 정말로 가기 싫습니다."

그런 기도는 난생 처음으로 한 것 같았다.

사실 집회를 가게 되면 가장 가깝게 지내는 분이 바로 목사님들인데, 집회를 계획하고 주선한 목사가 그 모양이라니 심히 착잡하고 또 나의 무능함을 드러내는 것이 아닌가 싶어서 마음이 무겁고 복잡해졌다.

한때 한국에서 많은 부흥사들이 미국에 들어와 집회를 할 당시에는 방언 만능이라고 했다. 방언을 못하면 마치 엔진 없는 자동차와 같다고 무시했고, 또 환자에게 손을 얹고 기도하면 정말 척척 고쳐지는 것 같았다. 또 한 가지 괴상한 일은 기도를 하거나 말씀을 전할 때 걸걸하게 쉰 목소리를 내야만 권능이 있어 보일 때가 있었다. 가령 '믿습니다' 하는 말도 '미 –있씁니다' 로 강하게 들리도록 경음을 사용하며 열정적으로 말해야만 거룩하게 보이고 신기하게 들리던 때였다. 저마다 한 마디는 한다는 방언을 나는 한 마디도 해본 적이 없다. 또 어떤 때는 방언하는 사람들 속에 섞여 기도하면 방언이 터진다고 해서 그런 모임에 가보기도 했으나 나는 흉내도 낼 수 없었다. 병을 고친다는 것도 내겐 어림없는 일이었다.

그런 내가 여색에 빠졌다는 목사님의 지저분한 취미를 없애고 새롭게 변화시킨다는 것은 감히 생각할 수도 없는 일이었다.

그러나 내 괴로운 마음과 상관없이 떠나야만 하는 그 날이 다가오고 있었다. 내 마음은 한겨울의 한강이 얼어붙은 것 같았다.

일단 비행기에 몸을 싣고 늘 그랬던 것처럼 높고 푸른 창공으로 치솟아 구름 사이를 훨훨 날아갈 때 나도 모르게 내 마음이 밝아지고 입에서 찬송이 흘러나왔다.

그 찬송은 내가 미국 교회에서 여러 번 독창한 "왜 나는 실망하나"였는데, 그 찬송의 후렴이 터져 나온 것이다.

> 나는 행복해서 노래하네!
> 나는 자유해서 노래하네!
> 한 마리 참새도 기억하시는 그분이
> 나를 지켜보시기 때문이네!

목적지에 도착하기까지는 거의 다섯 시간이 걸렸다. 마중 나온 목사님들과 교인들이 너무도 반갑게 맞아주었다.

나는 어느 분이 그런 너저분하고 못된 습관을 가진 목사인가 속으로 궁금했지만 물어볼 수도 또 눈치로 알아낼 수도 없었기에 아예 생각도 하지 않기로 마음먹었다.

서부 끝에 있는 LA와 동부 끝에 있는 이 도시는 세 시간의 시차가 있기 때문에 사방에 어둠이 짙게 드리워져 있었다.

공항에 나왔던 분들이 모두 인사하고 돌아간 후, 나를 호텔로 데려다주실 목사님 부부만이 나를 차에 태우고 호텔로 향했다.

호텔로 가는 차 속에서 나는 깜짝 놀랐다. 바로 내 옆에 앉은 분의 목소리가 전화를 통해 들었던 그 음성이었기 때문이다.

"사모님! 아 –사모님이시군요."

그 때 그 사모가 나를 쿡 찌르면서 가만히 있으라는 눈짓을 했다.

나는 운전하고 있는 목사님의 얼굴을 보려고 했지만 그가 앞만 직시하고 있어서 볼 수가 없었다. 뭐라 말할 수 없는 착잡함에 짓눌렸다.

호텔에 도착해서 등록을 마치고 그들이 내 짐을 들고 방에 들어왔을 때

비로소 정면으로 목사님을 볼 수 있었다.

'이 지저분한 목사! 어디 좀 보자!'

나의 그러한 선입견에도 불구하고 내 눈에 보이는 그는 경건하고 세련되어 보였다. 나는 시선을 부인에게 돌렸다. 그리고 자세히 보았다. 아름답고 상냥하고 참으로 착해 보였다. 나는 그들이 뭐라고 묻는 말도 알아듣지 못하고 두 사람을 번갈아 쳐다보고 있었다.

그들이 돌아간 후에 나는 더욱 심각해졌다. 밤새도록 생각은 꼬리에 꼬리를 물고 이어져 무척이나 피곤했는데도 잠이 오질 않았다. 이튿날 점심시간에 또 그 두 분이 내게 점심을 대접한다며 호텔에 왔다. 점심 후에 목사님은 집회일정을 상세히 설명하고 또 그런 연합집회가 처음인 만큼 모든 교회가 기도에 많은 시간을 드렸으니 많은 은혜를 받게 될 것이라고 말했다.

나는 그의 지적이고도 온유한 모습을 보면서 내 속에 잠재해 있는 선입견으로 인해 마음이 혼란스러워졌다.

'웬일일까. 참 좋은 목사님인 것 같은데!' 하는 생각이 드는 한편 '그런데 젊은 여자를 보면! 지저분해? 모르지! …' 하는 생각이 들기도 했다.

그런 가운데 시간은 흘러갔다.

집회 첫 날부터 「죽으면 죽으리라」는 내 수기를 읽은 사람들로 자리가 꽉 채워졌다. 나는 그 사모가 원하는 그런 능력의 말씀을 전할 생각이 없었을 뿐더러 사실 그렇게 할 수도 없었기에 준비했던 말씀만 전하고 간증으로 마쳤다.

집회가 끝난 후, 지하실 넓은 방에서 친교 다과회가 이어졌다. 모두 웅성거리며 서로 반갑게 이야기하며 웃고 마시고 언제나 그렇듯이 참 유쾌한 시간을 보내고 있었다.

그 때 그 목사님 부인이 내 곁으로 다가왔다.

"선생님, 저분 좀 주의해 보세요. 지금 저분이 무얼 찾고 있는지 아세요? 젊은 여자들을 찾고 있는 거예요."

정말로 그 목사님이 어떤 젊은 여자와 이야기를 하고 있었다. 그런데 자세히 보니 그 모습이 너무 자연스러웠고, 목사들이 으레 하는 행동일 뿐 별다른 의도가 없는 듯했다. 나는 그 모습을 보고 나서 사모의 얼굴을 보았다. 그 아름다운 얼굴에 노기가 서리며 표정이 굳어 있었다.

나는 그녀의 손을 잡아당기면서 말했다.

"사모님, 왜 이러세요?"

"선생님, 그렇게 크게 말씀하지 마세요. 다른 분들이 다 들으니까요!"

"들으면 어때요. 왜, 들으면 안 되나요?"

"그렇지 않아도 나보고 모두 다 이상하다고들 하는데 선생님까지 그러시면 제가 더욱 곤란해져요."

그녀는 울상을 하며 내 곁에서 떠나갔다. 얼마 후 그녀가 다시 와 나를 붙잡고 사람이 없는 곳으로 데리고 갔다. 그리고 분이 가득한 표정으로 말했다.

"선생님! 보셨죠? 젊은 여자를 보고는 그 사람 눈이 벌게 가지고… 보지 않으셨어요?"

나는 하도 어처구니가 없어 그녀를 불쌍한 눈으로 바라보았다. 그리고는 속으로 '이거 큰일났구나!' 했다.

"선생님! 제가 절대로 시기해서 이러는 게 아니에요. 선생님은 물론 저보다 더 많이 교육을 받으셨지만, 저도 배울 만큼 배웠고 또 그렇게 미련한 여자는 아니에요. 제가 이러는 건 목사인 제 남편이 주의 일만 열심히 해야 한다고 생각하기 때문이에요. 그런데 저렇게 여자를 좋아하니, 주의 사업에 큰 지장이 있는 것은 말할 것도 없구요, 또 자기 자신을 망치게 되지 않겠어요? 자기뿐만이 아니에요. 이러다가 교회와 가정까지 말아먹어요. 저는 시기 같은 것은 할 줄 몰라요. 선생님! 시기하게 되면 사람이 미워지지 않겠어요? 그러나 저는 목사님도 미워하지 않고 젊은 여자들도 절대로 미워하지 않아요. 그저 염려하는 것뿐이지요."

그녀는 누누이 자기가 시기하지 않는다는 말을 했다. 나는 할 말이 없어서 그녀의 이야기를 듣고 있을 수밖에 없었다. 호텔에 돌아와 사모의 말과 행동과 흥분된 얼굴을 다시 생각해 보니, 울고 싶은 마음뿐이었다.

이튿날 낮에는 미국인 대위와 결혼해서 독실하게 신앙생활을 하고 있는 한국인 부인의 집에 초대를 받아 가기로 했다. 초대가 있을 때는 항상 목사님과 사모님이 함께 오는 것이 보통인데, 그 자리에는 목사님도 사모님도 오지 않았다. 내가 궁금해하는 것을 알아차렸는지 한 부인이 설명해 주었다

"사모님, 오늘은 여자들만 모이는 연회이기 때문에 남자는 한 분도 안 모셨어요. 연합집회이다 보니 목사님들과 그 가족들이 너무 많아서 다 초대하지 않았거든요. 사모님이 이상하게 생각하실까봐 말씀드리는 거예요."

그런데 그 자리에 모인 여자들은 모두 미국인 아내들이 아닌가 싶었다. 내가 짜고 매운 음식을 못 먹는다는 소문이 나서 그런지 음식이 모두 양식으로 준비되었다. 참 맛이 좋아서 너무 잘 먹었고 기분도 좋았다. 그런데 그 자리에서 우연한 일로 그 사모님 이야기가 나왔다.

"그분 참 이상해. 정말!"

한 여자가 말하자 모두 다 한 목소리로 동의했다.

"글쎄 말이야! 왜 그럴까?"

나는 유심히 듣고만 있었다.

"시기지 뭐야!"

또 다른 여자가 말했다.

"목사님은 어떻게 해서든지 교회를 부흥시키려고 안간힘을 다 쓰시는데 사모님 때문에 사람들이 남아 나야지? 그 사모님 하는 꼴을 보고 모두 다른 교회로 가버리니 말이야."

"그렇게 훌륭한 목사님을 어디 가서 만난담! 사모님만 아니면 목사님은 큰 교회에서 목회하실 수도 있을 텐데… 참 안 됐어!"

"그러게 말이야. 사모님은 누구나 감시감독을 하거든. 목사님이 여자와 인사만 해도 얼굴이 홍당무가 돼 가지고 울고불고 사람들이 보거나 말거나 형편없이 행동하니 말이야."

"그런데 목사님은 그렇게 훌륭하신 분이 왜 아내 하나 못 다루시는지 모르겠어. 좀 두들겨 패서라도 버릇을 고쳐놓을 것이지!"

그 소리에 모두들 "하하하…" 웃음을 터뜨렸다. 그래서 나는 그 사모가 혹시 병적인 것이 아닌가 의심하게 되었다.

한참 이야기를 하고 있을 때 초인종이 울렸다. 그 사모가 나를 데리러 온 것이었다. 그녀가 다급한 표정으로 급히 좀 나가자고 했다. 여자들은 모두 눈이 휘둥그레져 나를 쳐다보았다.

나는 할 수 없이 고맙다는 인사말을 남기고 그 사모를 따라나설 수밖에 없었다. 그녀는 운전을 하면서 말했다.

"제가 이번엔 꼭 결판을 내야겠어요. 선생님! 선생님밖에는 도와 주실 분이 전혀 없거든요. 그래서 사실 그 진상을 보여드리고 확증을 세워야겠기에 지금 현장으로 가고 있는 거예요."

"현장? 현장이라구요?"

"네. 따라만 오세요. 현장으로 모시는 중이니까요."

"무슨 현장인데요?"

"지금 남편이 그 여자와 어떤 추태를 벌이고 있는지 그 실상을 보시러 가는 겁니다. 제가 쭉 지켜보고 있었거든요. 그랬더니 아니나 달라요! 그 여자가 남편에게 눈짓을 하는 거예요. 그러니까 그이가 머리를 끄덕이더니 그 여자 차가 먼저 가고 남편 차가 곧 뒤따라가잖아요. 제가 다 보았다구요. 그리고 거기가 어딘지도 제가 알고 있거든요. 이제 보세요. 선생님 눈으로 분명히 보시라는 거예요."

그녀가 빠른 속도로 운전을 하고 있었다. 나는 갑자기 불안해졌다.

'도대체 내가 어디로 끌려가고 있는 것일까?' 다급한 마음에 주님을 불렀다.

"주님! 저를 따라오세요. 천사들도 보내주세요. 저를 지켜주세요. 이 사모가 무엇을 할지 불안하기만 해요. 주님! 평안을 주세요! 약속하신 그 평안을 제게 주세요!"

한참을 달리더니 그녀의 차가 어느 골목길로 들어섰다. 골목 맞은편에 있는 큰 집을 가리키면서 그녀가 말했다.

"선생님! 바로 저 집이에요. 저기에서 지금 죄악이 저질러지고 있어요. 가서 문을 열고 진상을 보셔야 합니다."

그녀가 차를 길 옆에 세우고 나를 재촉해서 그 집 문 앞에 서게 했다. 그리고 문을 두드렸다. 그런데 대답이 없었다. 또 한번 힘있게, 그러나 역시 아무런 응답이 없었다. 한참 서서 기다리다가 또다시 세차게 두들겼다. 그러나 집안은 조용하기만 했다.

한참 동안 서 있었더니 차 한 대가 우리 쪽으로 오고 있었다. 집 앞에 멈추더니 여자 두 사람이 차에서 내렸다. 나는 사모의 얼굴을 보았다. 그녀의 표정이 마치 도둑질하다 들킨 사람 같았다.

"어머나, 사모님들! 이게 웬일이세요. 저의 집을 다 심방해 주시고!"

두 여자는 나를 보고 굉장히 놀라는 것 같았다. 나는 그들의 손을 잡고 말했다.

"지나가다 좀 들러본 거예요."

"이 일을 어쩌면 좋아요? 저희는 연합성가대에서 오늘 부를 성가를 연습하고 이제서야 돌아오는 길이에요."

"목사님은 어디 계시죠?" 내가 물었다.

"목사님은 예배시간에만 뵙고, 그 후엔 이사회가 있다고 하셨는데요."

"이사회는 어디서 하는데요?"

"목사님 사무실에서요. 급하게 만나셔야 할 일이라도 있으신가요?"

"아니, 그저 …."

우리는 차를 타고 돌아왔다. 오는 길에 나는 아무 말도 하지 않았고 그녀 역시 말이 없었다.

우리는 목사님 사택으로 왔다. 사모가 나를 대접한다고 부엌에서 과일을 깎고 있었다. 방에서는 그녀의 딸이 나를 신기하다는 듯이 바라보고 있었다.

"너는 목사님 딸이구나. 이름이 뭐니?"

"나 이나예요."

"나 이나!' 참 예쁜 이름이구나. 네가 예쁘니까 엄마가 그렇게 예쁜 이름을 지어주신 모양이지?"

"아뇨, 아빠가 지어주셨어요. 난 엄마가 지어주는 것은 안 좋아요."

"그래? 왜?"

"난 엄마가 안 좋아요! 아빠만 좋아요!"

나는 더 이상 무어라 말할 수가 없어서 사모가 과일을 깎고 있는 부엌으로 들어갔다. 그리고 과일을 잔뜩 먹고 왔으니 더 먹을 수 없다고 말하곤 그녀를 데리고 나왔다.

나는 이나를 밖에 나가 놀라고 내보내고는 사모를 의자에 마주 앉게 하고 손을 꼭 잡았다.

"사모님, 내가 이번에 참 잘 온 것 같아요. 이제 하나님이 보내신 뜻을 알았어요. 그래서 참 감사하고 있답니다."

그렇게 말하면서 그녀의 얼굴을 자세히 보니 참으로 하얗고 맑고 고운 피부에다 생김생김이 나무랄 데 없이 아름답게 조화된 미인이었다. 크지도 작지도 않은 몸집에 날씬하고, 머리 모양도 세련되고, 옷차림도 단정하고 깔끔했다. 또한 집안도 편안하고 보기 좋게 꾸며져 있었다. 벽에 걸린 그림들도 이상한 것이 하나도 없는 것을 보니 사모가 정신병자는 아닌 것이 분명했다. 그녀는 내가 자기 손을 꼭 쥐고 눈을 바라보고 있는 것이 불안했는지 고개를 떨구며 말했다.

"선생님, 저는 정신이상자가 아니에요. 또 질투병 환자도 아니구요. 저는… 말하자면, 불안병 환자라고나 할까요? 뭐든지 염려가 너무 지나쳐서 불안병이 생긴 것인지도 몰라요."

"잘 말씀하셨어요. 사모님 자신이 그렇게 말씀하시니 참 안심이 되는군

요."

"사람들마다 저보고 이상하다고들 해요."

"목사님은 사모님한테 뭐라고 하시나요?"

"저더러 불안병이라고 하면서 정도가 지나치면 정신병이 된다고 걱정하세요."

"맞아요! 그 말씀도 옳아요. 무엇이나 지나치면 병이 되니까요."

"선생님께 확증을 보이러 갔다가 실패해서 저를 이상하게 생각하실지 모르지만 저는 정신이 말짱해요. 모두 정상이에요. 정말이에요. 선생님!"

"그럼 하나 물어봅시다. 사모님의 그런 태도가 목사님의 사역에 도움이 된다고 생각하시나요? 그러니까 목사님을 돕고 있다고 생각하시냐구요?"

"물론이지요. 제가 늘 경계하고 지키고 있어도 저 꼴이니 만일 제가 없다고 해봐요. 어떻게 되겠어요?"

"그럼 목사님이 계속 목회하시기를 원하나요?"

"아닙니다. 저는 항상 남편에게 목회를 하면 여자만 눈에 보이니까 목회를 그만두라고 권하고 있어요."

"목회를 그만두면 무엇을 하시면 좋겠어요?"

"그렇지 않아도 그 문제를 깊이 생각해 보았거든요. 그 결과 남편은 보험회사에 다니는 것이 제일 좋을 거라고 생각이 됐어요."

"보험회사 사원이 된다는 거지요?"

"네. 처음에는 사원으로 시작해서 성공하면 보험회사 사장이 될 수도 있지 않겠어요? 그는 언변이 매우 좋거든요. 그의 설교를 들어본 적이 없으시지요? 그이는 말하는 기술이 무척 탁월하답니다."

"좋아요, 그럼 그분이 보험 외판원이 된다고 가정해 봅시다. 보험에 들게 하려면 말이죠, 사모님! 남자들만 상대하는 줄 아세요? 오히려 남자들보다 여자들을 만나는 경우가 훨씬 많다구요. 목사님처럼 멋있고 친절하신 분이 많은 여자들과 접촉한다면 여자들이 어떻게 행동할지 알 수 없지요. 더군다나 세상 여자들은 하나님도, 영원한 나라도 모를 텐데, 그런 여자들이 목사님처럼 멋있는 사람을 가만 놔둘 것 같아요? 지금까지는 목사님이 복음의 사자로서 두려움과 떨림으로 조심하면서 사람들을 대해 왔지만, 만약에 보험 일을 하게 되면 세상 사람들과 같이 술집에 가서 술 마시고, 색시집에 가서 또 남이 하는 짓 다 할지 누가 알겠어요? 복음을 전하기 위해서 애쓰고 노력하듯이 보험세일을 하기 위해 무슨 짓인들 못하겠느냐 말이에요. 게다가 많은 불신자들을 상대하게 될 텐데! 사모님은 그렇게 되기를 원하세요? 보험쟁이요?"

내 말에 그녀가 고개를 숙이고 한참 동안 묵묵히 앉아 있었다. 나도 그녀가 생각할 동안 잠잠히 기다렸다.

"저도 그런 생각을 하지 않은 것은 아니지만 선생님이 그렇게 말씀하시니 겁이 나네요."

"사모님은 신학공부까지 하셨다는 분이 하나님의 부르심을 받아 복음의 사자가 된 훌륭한 남편을 잘 도와서 귀한 주의 종이 되도록 내조해야 할 터인데, 도리어 그분을 의심하고 괴롭게 하고 깎아내려서 보험쟁이나 만들려고 하니 도대체 무슨 심사인가요? 사실 나는 사모님의 전화를 받고 오고싶지 않았어요. 그러나 약속을 하면 반드시 지켜야 한다고 늘 생각해 왔고, 또 그렇게 살아왔기 때문에 마지못해 온 겁니다. 그런데 막상 목사님을 보고 나니 너무 마음이 아파 울음이 터질 것 같았어요. 그분의 짐이 너무 무거워 쓰러지기라도 하면 어쩌나 싶어서요. 목사님에게는 도움이 될 아내가 있는데, 사모님의 상태를 보니 도움은커녕 무거운 짐만 되겠구나 하는 생각이 들었어요. 그렇다면 교회 성도들이 모두 힘을 합해 목사님을 돕고 위로하는 길밖에 다른 도리가 없겠구나 생각했지요. 그런데 사실 어느 교인이 목사님을 그렇게 돕고 위로하고 세워주겠어요? 모두 목사님의 도움과 위로를 받아야 할 사람들인데요. 그렇지 않아요? 사모님! 목사님을 보험쟁이가 되도록 꾀는 것이 누군지 아세요?"

"마귀라는 말씀인가요?"

"그래요! 어쨌든 마귀는 예수님의 원수, 복음의 원수, 지옥의 주인인 것을 아셔야 해요."

"그럼 제가 어떻게 해야 좋을까요 선생님!"

"문제는 사모님이 '나는 불안병이 있다'고 생각하는 바로 그것이에요. '염려를 너무 해서 그렇다'고 생각하는 것이 벌써 잘못된 거라구요. 예수님은 친히 '염려하지 말라'고 명령하셨어요. 사람들은 도적질이나 살인을 하면 큰 죄인으로 취급하지요. 그런데 생활 속에서 염려를 습관처럼 하면서도 양심에 화인 맞은 사람들같이 죄책감마저 느끼지 못해요. 그것이 바로 문제에요. 하나님께서는 '도적질하지 말라', '살인하지 말라' 하신 것처럼 '염려하지 말라'고 명령하셨어요. 그렇기 때문에 염려하는 것은 도적질이나 살인을 하는 것과 똑같은 죄가 되는 거지요. 하나님께서 '하지 말라' 하신 말씀에 불순종한 것이 되니까요.

사모님! 사모님은 예수님께서 하지 말라 하신 염려를 아무런 죄책감도 없이 계속 되풀이하고 있어요. 죄성이 습관화되어 죄에 대해 무감각해졌기 때문이지요. 그렇기 때문에 사탄은 얼마든지 사모님 마음 속에 들어가 역사할 수 있어요. 사모님의 마음과 생각을 조정하여 목사님을 깎아내리려고 하는 겁니다. 쉽게 말해, 사모님은, 염려가 도적질이나 살인과 똑같은 죄임에도 불구하고 매사에 염려함으로 죄를 범했어요. 그래서 염려하는 것이 습관이 되어버렸고, 결국은 성격에까지 영향이 미친 것입니다.

 성경에는 계명 하나를 범하면 모든 계명을 다 범한 것이라고 했어요. 그러니까 염려를 계속하는 것은 살인, 도적질, 간음, 시기를 다 하는 것과 같은 뜻이 되는 거지요. 사모님! 이렇게 죄악이 습관이 되어버렸으니 어떻게 다른 사람을 도울 수 있겠어요? 이 귀하고 거룩한 하나님의 일, 복음사업을 어떻게 도울 수 있느냐 이 말입니다."

 "그럼 어떻게 하라는 말씀인가요?"

 "회개해야지요. 신학공부를 하면 죄가 저절로 없어지는 줄 아세요? 천만에요. 마귀는 얼마나 염치가 없는지 예수님까지도 시험을 했어요. 왜 하나님이신 예수님이 금식을 하셔야 했고, 밤을 새워가며 기도를 해야 하셨는지 잘 아시잖아요? 우리같이 죄 많은 인간들이야 말할 것도 없지요. 그런데 신학공부를 했다고 회개도 안 하고 결사적인 기도도 없이 어떻게 악의 세력과 싸워 이길 수 있겠어요. 실례의 말 같지만 나 외에는 사모님에게 말해 줄 사람이 없는 것 같아 주님이 나를 사모님에게 보내주신 것 같습니다. 사탄은 지금도 우는 사자와 같이 삼킬 자를 찾아다니고 있고, 심지어 믿는 자들까지도 할 수만 있으면 쓰러뜨리려고 안간힘을 쓰고 있는데 이렇게 죄만 짓고 있을 수 있겠어요? 먼저 하나님께 회개하세요. 염려 말라 하신 말씀을 계속 거역했고 무릎꿇는 기도의 삶을 살지 못한 것을 뉘우치고 회개하셔야 해요. 미안하지만, 사모님은 사탄의 손에 잡혀 꼼짝도 못하고 있고, 악령이 사모님을 마음대로 종부리듯 부려먹고 있다는 것을 아셔야 해요!"

 이렇게 심한 말을 했는데도 그녀는 잘 듣고 앉아 있었다. 그리고 내 말을 모두 인정하는 표정이었다. 반발하고 화를 낼 것이라고 생각했었는데 그녀의 태도는 너무나도 침착했다. 외모가 아름다운 것처럼 마음도 아름다워서 그런가 하는 생각이 들었다. 한편 그녀가 측은하고 애처롭기 그지없었다.

"사모님! 이제부터라도 잘해 봅시다. 목사의 길은 외로운 길이에요. 조금만 실수해도 눈과 입이 얼마나 많이 시비하고 판단하고 괴롭히는지 몰라요. 잘하면 친구가 많고 못하면 원수가 많아요.

하나님은 남자가 외로운 것을 보시고 남자를 도우라고 여자를 지으셨어요. 그러니 우리 여자들이 남자를 도와야 행복해져요. 그렇지 않으면 저주밖에 없어요. 그렇기에 아내가 남편을 도와야 힘이 나고 돕지 않으면 아내도 상하고 남편도 망치게 되는 거예요. 주님은 있는 자에겐 더 주시고 없는 자에게서는 있는 것까지 빼앗아 더 많은 자에게 주신다고 하셨어요. 이제부터는 사모님이 배우신 그 지식을 가지고 돕는 일만 생각하세요. 거룩한 하나님의 사업을 돕는 것은 '기도' 하는 거예요. 무시로 기도하는 습관과 때때로 먹지도 마시지도 자지도 않고 필사적으로 기도하면 못할 일이 없어요. 이러한 기도가 없으면 무능한 목회자가 될 수밖에 없어요. 절대로 기도 없이 능력 있는 목회자가 될 수는 없지요."

그녀가 다 알고 있는 사실이겠지만, 고맙게도 그녀는 순순히 아름다운 자세로 내 말을 다 받아들이는 것 같았다.

"사모님, 혹시 목사님과 여성도들이 친하게 지낸다 해도 '그럴 수도 있지! 암, 그럴 수도 있어 하고 이해하는 마음을 가져보셔요."

그 말에도 그녀는 고개를 끄덕였다.

'그럴 수도 있지!'

이 얼마나 너그러운 말씀인가! 모든 의심과 염려가 사라질 수밖에 없지 않은가? 겟세마네 죽음의 동산에서 탄생한 그 말씀! "마음에는 원이로되 육신이 약하도다!"

증오

 한 교회에서 집회를 인도했을 때의 일이다. 나는 집회기간 내내 융숭한 대접을 받았다. 각 가정에서 정성껏 준비한 음식이어서 고맙기도 했지만 마음에 부담이 될 때도 있었다.
 그런데 한 날은 그 교회의 담임 목사님께서 말씀하셨다.
 "오늘 점심은 식당으로 모시겠습니다. 오늘 점심을 대접하시는 분은 총각이기 때문에 아직 가정이 없습니다. 그래서 식당으로 모시게 되었습니다."
 "어떻게 해서 총각이 저를 대접하려고 하는 거죠, 목사님?"
 "제가 그 총각에게 사모님을 식당으로 모시라고 권했기 때문입니다."
 "식당에서 식사하는 것은 괜찮지만 왜 목사님께서 그렇게 시키셨는지 모르겠군요?"
 "그 청년은 한국에서 저와 한동네에서 살았습니다. 그런데 어떻게 된 일인지 이 넓고 넓은 미국 땅에서도 같은 도시에서 살게 된 것입니다. 예사로운 일이 아닌 것 같습니다. 더욱이 그는 적지 않은 문제를 가지고 있어서 믿음을 갖기에 어려움이 많아요. 이번 기회에 사모님과의 만남을 통하여 좋은 결과를 얻었으면 하는 마음으로 그렇게 한 것입니다."
 "믿지도 않는 사람이 어떻게 나를 대접한다고 하지요?"

"그는 마음이 후하고 남들에게 베풀기를 좋아합니다. 성격이 시원스럽고 인상도 좋아요. 저도 자주 대접받고 있지요. 그가 이번 집회에 참석했던 차에 사모님을 대접할 수 있겠느냐는 저의 제안을 선뜻 받아들였고 기뻐했어요."

그래서 우리는 점심시간에 멋진 양식 식당으로 갔다. 그 청년은 우리보다 먼저 와서 기다리고 있었다.

그는 생김새도 괜찮았고 예의바르고 조심성 있게 보였다. 그러나 어딘가 투명해 보이지 않아서 내게는 그리 좋은 인상이 아니었다. 그러나 나는 웃으며 인사했다.

"이렇게 멋진 사람에게 대접을 받게 되어 정말 고마워요."

그는 내 말에 도리어 미안했던지 얼굴을 붉혔다. 그리고 고개를 꾸벅하며 내게 인사했다. 목사님께서 그의 이름을 가르쳐주시며 그에 대한 간단한 소개를 하셨다.

식사가 끝난 뒤 우리는 내가 머물고 있는 호텔 로비로 왔다. 저녁집회 때까지는 좀 여유가 있었고, 낮에는 로비를 사용하는 사람들이 적었기 때문에 조용했다. 먼저 목사님께서 말문을 여셨다.

"자, 도 군! 여기 안 사모님은 누구나 돕기를 원하시고 누구나 사랑하는 분이세요. 그러니 마음문을 활짝 열고 마음 속에 있는 것을 털어놓으세요. 사모님께서는 경험도 많으시고, 지식도 많으시고, 믿음도 아주 좋은 분이시니까 말이에요."

목사님은 도 군의 마음문을 열기 위해 나를 추켜 세운 것이겠지만 나는 못마땅하였다. 그러나 하는 수 없이 훌륭한 사람같이 가만히 듣고 있었다. 부담스럽기도 했고 내 태도가 우습기도 했다. 왜냐하면 내 쪽에서 그렇지 않다고 말해 버리면 나는 시원할지 모르지만 목사님의 입장이 곤란할 것이기 때문이었다. 또한 도 군도 하고 싶은 말을 못할 것 같았기 때문이었다.

목사님은 그에게 이야기를 해보라고 권면하셨지만, 그는 끝내 침묵을 지켰다. 나도 할 말이 없었기 때문에 가만히 있었다. 결국 목사님의 이런저런 이야기로 시간을 보냈다.

목사님이 저녁집회를 하려면 내가 좀 쉬어야 할 것이라고 도 군에게 말하고 자리에서 일어섰다. 인사를 한 뒤 나는 승강기 쪽으로, 그들은 출입구 쪽으로 향했다. 나는 갑자기 돌아서서 그들이 나가는 것을 쳐다보았다. 목사님은 앞서서 문 밖으로 나가셨고 도 군이 문 밖으로 막 나가려는 참이었다. 나는 급히 도 군에게 달려가 그의 손목을 꽉 잡고 말했다.

"도 군! 참으로 고마워요. 잘 먹었어요. 대접한 것을 잊지 않을게요."

나의 갑작스런 행동에 놀랐는지 그가 나를 의아한 표정으로 쳐다보았다. 그렇지만 그는 여전히 아무 말도 하지 않았다.

"도 군! 내게 꼭 전화하세요. 내 방은 420호실이에요. 알겠어요? 전화 기다리고 있을게요."

그 때서야 그는 우물쭈물하더니 낮은 음성으로 말했다.

"저는 아버지를 미워합니다."

그의 음성은 낮았지만 분명했다. 그는 문을 열고 밖으로 나가버렸다. 나는 한동안 서서 그의 뒷모습을 바라보았다. 그는 뒤를 돌아보지도 않고 총총 걸음으로 걸어가 내 눈앞에서 사라졌다.

나는 방으로 돌아와 쉬려고 했지만 그가 내뱉듯 던진 그 한 마디 때문에 쉴 수가 없었다.

'아버지를 미워한다고? 그의 인상이 좋지 않게 보였던 원인이 거기에 있을지 모른다. 마음 속에 미움이 가득 차 있으면 결코 평안할 리가 없을 것이다. 그리고 인상도 좋을 리 없을 것이다. 아버지를 미워하는 이유가 뭘까?

나는 도 군이 애처로웠다. 미움 때문에 그의 영혼이 썩어가고 있는 것 같았다. 나는 저녁집회보다 그에 대한 생각이 더 많이 났다. 나는 그를 위해 엎드려 기도했다. 그를 도와주실 수 있는 하나님께 부탁하는 길이 최선의 방법이었기 때문이다. 저녁이 되어 나는 목사님과 함께 교회로 갔다. 차 안에서 목사님이 말씀하셨다.

"도 군은 저와 같은 동네에서 살았습니다. 그의 어머니는 천사 같은 분이셨고, 그의 아버지는 재건파 교회의 장로님이셨습니다. 그에게는 여동생이 하나 있었는데 미국으로 시집을 왔습니다. 그 여동생의 초청으로 그가 미국에 온 것입니다. 저는 그에게 복음을 전하기 위해 애를 쓰고 있습니다."

"그 동생도 교회에 오나요?"

"크리스마스 때나 한 번 오는 정도지요. 그러나 도 군은 간혹 우리의 초청으로 함께 식사도 하고 이야기도 나누고 그래서인지 종종 나오는 편이지만 매번 뒷자리에 앉았다가 예배가 끝나기가 무섭게 나가 버립니다."

교회 안으로 들어서면서 도 군이 왔는지 살펴보았지만 없었다. 집회가 시작될 즈음 나는 옆에 앉은 목사님께 그가 왔는지 물었다.

"안 보이는 것 같습니다. 혹시 늦게 올지도 모르겠습니다."

그 말에 나는 희망을 가졌다. 늦게 들어오는 사람마다 유의해서 보았지만 그는 보이지 않았다. 집회가 끝난 후, 친교실에서도 혹시나 하고 찾았지만 보이지 않았다. 친교시간에 교인들과 교제를 하고 있는데 목사님이 다가와서 말했다.

"사모님, 고단하실 텐데 호텔로 가시지요."

그 때 교인 한 사람이 목사님을 찾았다.

"사모님, 잠깐만 기다리세요. 누가 밖에서 저를 찾는다고 합니다."

목사님이 얼마 되지 않아 밝은 얼굴로 들어오셨다.

"사모님, 도 군이 왔습니다. 그가 사모님을 호텔에 모셔다 드린답니다."

목사님은 기쁜 표정으로 말했다. 나 또한 놀랐고 기뻤다. 그는 교회문 바로 옆에 차를 세워놓고 나를 기다리고 있었다.

"내가 도 군의 옆자리에 앉겠어요."

나는 운전석 옆자리에 앉았다. 호텔은 교회에서 차로 15분 거리여서 말을 할 수 있는 시간이 짧았다. 나는 아예 말을 시작하지 않기로 했다. 호텔에 도착했을 때, 내가 그에게 말했다.

"도 군, 시간이 좀 늦었지만 나와 함께 로비로 가면 어떻겠어요?"

"네."

그는 쾌히 승낙을 하고 주차 후 내가 기다리고 있는 로비로 왔다.

"도 군! 내가 너무 일방적이어서 기분이 상하지 않았어요?"

"괜찮습니다."

"정말이에요?"

"네."

"고마워요. 자, 이리로 내게 가까이 앉아봐요. 오늘 밤 도 군의 어머니가 되어주고 싶네요. 어머니는 많을수록 좋지요? 나 같은 사람도 어머니라고 생각하면 세상을 재미있게 살아갈 수 있지 않겠어요?"

"제 어머님이 세상을 떠나신 지 벌써 1년이 다 되어 갑니다."

"아! 그래요. 그 사실을 몰랐군요. 도 군은 아직도 어머니를 잊지 못해 우울한가봐요. 그러나 우리 인간은 다 죽기 마련이지요. 나도 그렇고 도 군도 그럴 것이구요."

"그렇지만…"

"그렇지만? 그 다음에 무슨 말을 하려고 했어요?"

그는 한참 동안 생각하더니 한숨을 내쉬었다. 나는 그에게 분명히 어떠한 일이 있음을 감지했다. 그러나 잠자코 있었다. 그러자 그가 심중을 털어놓아야 할 순간이라고 느꼈는지 이야기를 시작했다.

"저의 어머님은 너무 억울하게 돌아가셨습니다."

그 말을 듣자 그가 처음으로 내게 했던 "저는 제 아버지를 미워합니다"라는 말이 기억났다. 나는 어떤 말을 해야 할지 몰라 그의 다음 말을 기다렸다. 어머니의 죽음이 아버지와 연관되었으리란 생각이 문득 들었기 때문이다. 어쨌든 나는 도 군에게 도움이 될 수 있는 말을 찾고 있을 뿐이었다. 그러나 그는 한동안 말 없이 앉아 있기만 했다. 일어나 가려고 하지도 않았다.

"여사님! 제 어머님은 너무 불쌍하게 사시다가 억울하게 돌아가셨습니다."

"정말 안 됐군요."

"그래서 저는 예수 믿는 것을 싫어합니다."

"그래요. 어떤 말을 해도 받아들일 수 있을 것 같아요. 어서 말해 보세요."

"그렇지 않아도 목사님께서 말씀하셨어요. 여사님께서 오시면 꼭 만나서 이야기해 보도록 주선해 주신다고요. 그렇지만 아들이 아버지를 미워하여 고민하는 것을 어떻게 쉽게 말할 수 있겠습니까? 그렇잖아요?"

"그래도 기왕에 말을 꺼냈으니 이야기해 보세요. 그러면 쌓였던 감정이 풀릴 수도 있으니까요."

　그는 나에게 술술 털어놓기 시작했다. 그의 어머니는 부유한 기독교 가정의 외동딸로 태어나 동네사람들로부터 사랑과 칭찬을 받으며 자랐다. 공부도 잘했고 원만한 친구관계로 선생님과 학생들에게도 사랑을 받았다.

　그의 아버지는 이북에서 월남해 온 가정의 장남이었다. 그의 가족도 독실한 기독교인들이었다. 그의 가족은 동생들과 조카들까지 포함된 대가족이었다. 그의 아버지는 장남으로서 가족 가운데 중요한 역할을 하고 있었다. 그리고 빼어난 인물 때문에 그의 부모님이 그를 큰 자랑거리로 삼기도 했다. 혼기가 되어 두 가정은 흡족한 가운데 자식들의 혼사를 치렀다. 그 때 그의 외할아버지와 외할머니는 환갑이 지난 노인들이었다. 그런데 나이 많은 그의 외할아버지가 부인과 외동딸을 남겨두고 세상을 떠났다. 그 때부터 그의 외할머니가 많은 재산을 관리해야 했다. 그러나 남편을 잃은 슬픔과 의욕상실 때문에 그 재산을 관리하는 것이 여간 힘든 게 아니었다. 그래서 그의 외할머니는 시집간 외동딸에게 그 모든 재산을 넘겨주었고 자연히 똑똑한 사위가 관리하게 되었다.

　사위인 도 군의 아버지는 재산을 관리하면서부터 달라지기 시작했다. 그는 동네사람들로부터 처 덕에 부자가 되었다는 말을 들을까봐 재산을 몽땅 팔아서 다른 동네로 이사해 버렸다. 그리고 이사한 동네에서 큰 집과 가게를 사서 세를 받으며 살았다.

　모든 재산을 장모로부터 받았음에도 불구하고 그는 장모에게 여간 인색한 것이 아니었다. 도 군의 어머니는 자기 어머니를 대하는 남편의 불손한 태도에 마음아파했다. 눈물로 보내는 날도 많았다.

　도 군의 아버지는 자기 동생들과 부모에게는 호의를 베풀어 동생들을 대학공부까지 시켜 주었다. 심지어 조카들까지 대학공부를 시켰다. 자기 부모님에게는 아들의 도리를 다했던 것이다.

그러나 장모와 아내는 업신여기고 악하게 대했다. 혹여 사람들이 그에게 장모와 아내에게 잘해야 한다고 말하면 그 사람을 원수처럼 여겼다.

도 군은 어렸을 때부터 이러한 사실을 보면서 자랐다. 한때는 그의 외할머니가 견디다 못하여 사위에게 재산을 모두 돌려달라고 한 일이 있었다. 그 말을 듣고 그의 아버지는 화를 냈고, 그 때부터 더 심하게 장모를 박대했으며, 어려운 환경에 처하도록 내버려두었다.

외동딸인 도 군의 어머니는 마음이 너무 상해 울기만 했다. 그러면서도 억센 남편에게 말 한 마디 못하고 살아야 했다. 남편 앞에서는 마치 죄인처럼 죽어 지내야만 했던 것이다. 그런데 그의 아버지는 사회에서 대우받는 것은 물론 교회에서도 장로님으로 굉장한 대우를 받았다. 그는 어디에서나 자기 주장을 펼쳤고, 특히 교회에서는 자기 주장이 받아들여지지 않으면 가족들을 교회에 다니지 못하게 할 정도였다. 그가 그렇게 행세할 수 있었던 것은 건축헌금이나 교회 비품 구입비 중 많은 부분을 냈기 때문이었다. 그래서 돈을 많이 못 내는 성도들은 그를 부자 장로라고 불렀고, 감히 그에게 맞서지 못했던 것이다.

도 군은 철이 들면서 아버지가 위선자이며, 외할머니와 어머니에게는 마귀였다는 사실을 깨닫게 되었다. 왜냐하면 외할머니를 돌봐드리고 섬겨야 할 그의 어머니가 상심끝에 세상을 떠났기 때문이었다. 도 군의 어머니는 억울하고 비통한 삶을 사시다가 허약한 몸으로 돌아가셨다. 그리고 혼자 남은 늙은 할머니를 돌볼 사람이 없게 된 것이었다.

도 군은 그 외할머니를 생각하면 한국에 돌아가고 싶지만 아버지가 미워서 도저히 갈 수 없다고 했다. 더욱이 그 악한 아버지가 그 천사 같은 어머니에게 악담을 퍼부었던 일을 생각하면 교회니 장로니 교인이니 하는 것이 모두 몸서리쳐지는 것이었다.

나는 그가 거듭난 신자가 아닌 만큼 그의 말을 다 믿을 수는 없어도 그의 행동으로 보아 아버지를 미워했을 이유가 충분히 있다고 생각했다. 나는 그와 허심탄회하게 이야기하는 중에 꽤 가까워진 느낌이 들었으며, 연민의 정도 적잖이 생겼다.

"말하기가 쉽지 않았을 텐데 이야기해 줘서 고마워요. 나는 도 군의 이야기를 들으면서 우리가 친구가 되었다는 느낌이 들었어요. 도 군은 그렇지 않아요?"

"네, 감사합니다."

"이런 이야기는 가까운 사이라도 하기가 어렵죠?"

"사실 그래요. 그래서 목사님께도 말씀을 못 드렸습니다."

"다 털어놓으니 기분이 어때요?"

"시원한 것 같기도 하고 여사님께 부끄럽기도 하고…."

"나에게 부끄러울 것은 없어요. 이렇게 가까워졌잖아요? 나는 정말 기분이 좋아요. 지금까지는 도 군이 이야기했지만 이젠 내가 이야기할 차례가 되었지요? 도 군! 내 이야기를 좀 잘 들어주세요. 그렇게 하겠어요?"

"네, 그럼요. 말씀하십시오. 여사님."

"도 군의 이야기를 듣고 문제점을 생각하니 다섯 가지로 요약이 되는군요."

"그게 뭔데요?"

"첫째는 유산 문제이고, 둘째는 아버지의 변심과 인색함, 셋째는 어머니의 돌아가심, 넷째는 아버지의 위선 그리고 다섯째는 도 군의 마음상태인 미움이에요. 그렇죠?"

"네."

"그러면 첫째로 어머니의 유산에 대한 이야기인데 그 재산은 어머니가 뱃속에서부터 가지고 온 것이 아니지요? 즉 어머니가 만들어낸 것이 아니라는 말이에요. 그렇죠?"

"글쎄요. 그렇다면 그럴 수도 있지만…."

"어머니의 부모님도 그 재산을 태어나실 때 가지고 나온 것이 아니었어요. 즉 자신이 직접 땀흘려 얻은 것이 아니란 말이에요. 그리고 세상을 떠나셨을 때 하나도 가지고 가지 못했지요. 다만 딸과 사위에게 넘겨주셨을 뿐이지요. 그러니까 그것은 어머니의 것도 부모님의 것도 아니라는 말이에요. 이해가 되나요?"

"그럴까요?"

"그렇잖아요? 태어날 때 가져온 것도 아니고, 그렇다고 갈 때 가져가지도 못하잖아요. 단지 살아 있는 동안 잠시 누릴 뿐이지요. 이 세상의 재물은 쌓아놓아도 자기 것이 되지 못하지요. 단지 맡은 기간 동안 관리할 뿐이라는 말이에요. 성경은 우리를 청지기라고 말씀하고 있어요. 청지기가 맡은 것은 모두가 주인 것이지 자기 것이 아니에요. 아시겠어요?"

"글쎄요."

그는 확신있게 대답하지는 않으나 나의 말을 이해하는 것 같았다.

"그러니까 그 재산이 많든지 적든지 상관이 없지요. 궁극적인 주인은 하늘과 땅의 주인이신 하나님이시니까요. 인간은 청지기일 뿐 주인이 될 수 없지요. 결국 인간은 재물을 관리하다가 주인에게 넘겨 주게 되지요.

둘째는, 아버지의 변심과 인색함인데요. 재물은 사람의 마음을 변질시킵니다. 겸손하던 사람도 돈푼깨나 생기면 건방지게 되고, 양순하던 사람도 부자가 되면 포악하고 인색하여 오만불손하게 되지요. 그래서 예수님이 부자에게 딱지를 하나 붙여두셨는데, 그것이 뭔지 아세요?"

"글쎄요. 뭔데요?"

"지옥행 딱지에요. 부자가 천국에 들어가기가 얼마나 어려운지 마치 약대가 바늘구멍으로 빠져 나가는 것보다 더 어렵다고 예수님께서 말씀하셨어요. 왜냐하면 부자는, 하나님께서 싫어하시는 방향으로 마음이 흐르기 때문이에요. 따라서 사람들에게도 좋을 수가 없지요. 즉 부자는, 사람들이 싫어하고 또 하나님께서도 미워하시고 싫어하시는 사람이 되기 쉽다는 말이에요."

"그렇다면 부자는 모두 악인이고 지옥에 간다는 말입니까?"

"천만에요. 부자는 하나님으로부터 많은 재물을 맡은 사람이에요. 맡은 재물을 다른 사람들을 위해 사용하며 가정은 물론 사회와 국가, 민족을 위해 사용하는 부자는 하늘나라에서 상급을 받지요. 그런데 도 군의 부친은 재물 때문에 마음이 변질되었다고 볼 수 있어요. 그렇지만 그의 동생들과 조카들을 교육시켰다니 나름대로 선한 일을 했다고 볼 수도 있지요."

"그러나 제 어머니와 외할머니에게는 너무나 인색하고 잔인했습니다. 여사님."

그의 음성엔 분노가 섞여 있었다. 게다가 표정도 일그러졌다.

"그러게 말입니다. 도 군의 부친만이 아니라 가난했던 사람이 돈을 벌게 되면 아내와 아내의 가족, 친척들을 도외시해 버리지요. 그런 예를 많이 보았어요. 그것은 자신의 핏줄을 무시하는 처사라고 생각해요. 극도의 이기심을 나타내는 것이지요. 그래서 수많은 아내들이 눈물을 흘리지요. 참으로 안타까운 일이라 생각합니다. 이것을 신앙적인 차원에서 보면 거듭나지 못한 남자들에게 있는 불행이지요.

반면에 부인이 남편과 그의 가족이나 친척들을 돌보지 않는 경우도 있어요. 아마 이 경우가 더 많을 것이라 생각해요. 이러한 일들은 모두 하나님과 원수 되는 일이지요."

"여사님, 사실은 그런 여자를 만날까봐 두려워 결혼도 못하겠어요. 마음속을 알 수가 있어야지요."

"그것도 사실이에요. 교회에 잘 나가고 성가대로, 주일학교 교사로 봉사한다고 해도 확실히 알 수 없지요. 단지 우리가 알 수 있는 것은 그의 생활을 통해서이지요. 그 사람의 말과 행동은 물론 학교에서나 가정에서, 사회에서, 교회에서의 태도를 보면 어느 정도 알 수 있겠지요."

우리는 동시에 웃었다. 더욱 가까워진 느낌이었다.

"셋째로, 어머니의 소천에 관한 문제인데요, 어머니께서는 예수님을 믿으셨나요?"

"그럼요. 제 어머니는 기도하실 때마다 우셨어요. 마음이 아프고 상하셔서 그랬을 것이라고 생각해요. 그래서 제 동생도 어릴 때부터 우울해하고 울기를 잘했어요. 한국에서 일하던 미군이 동생을 사랑하여 결혼했어요. 그가 미국으로 돌아올 무렵이었죠. 당시 동생은 어렸어요. 제 동생도 나이가 어렸을 때부터 아버지를 싫어했어요. 아버지께서는 우리가 어렸을 때는 사랑해 주셨지만 재산을 물려받으신 후부터는 달라졌어요."

"그래도 부친은 두 남매를 사랑하실 거예요."

"그럴지도 모르지만 우리는 아버지를 미워합니다."

"도 군은 어머니께서 지금 얼마나 기뻐하시는지 모를 거예요. 어머니는 지금 고향집에 가신 셈이에요. 세상에 심부름 와서 도 군과 동생을 낳고 잘 길러 주셨어요. 그런데 세상 때문에, 곧 남편 때문에 늘 상심하셨지요. 하나님은 상심한 자의 마음에 계신답니다. 어머니가 늘 기도하시며 우신 것은 마음이 아프고 억울해서라기보다 하나님께서 그 마음을 위로하셨기 때문이에요. 생각해 봐요. 어머니께서 기도하신 후 그 얼굴이 어땠어요?"

"어머니의 얼굴이 환해지셨던 것 같아요. 우리 어머니는 아름다우셔서 동네사람들이 천사라고 했어요."

"아마 그분은 슬퍼서도 우셨지만 감사해서 더 많이 우셨을 거예요. 그리고 그분은 천국에 가셨으니 이 감옥살이 같은 세상에서 벗어나신 거지요. 얼마나 자유롭고 기쁘시겠어요? 그러니까 어머니의 소천을 축하해야 마땅하겠지요? 그것 때문에 마음이 상한다면 어리석은 일이에요. 어머니께서는 가야 할 길을 먼저 가신 거라고 생각하세요. 어머니께서는 승리하신 분이에요."

도 군은 어머니가 어떻게 주님을 사랑했으며, 교회에서 어떻게 봉사했는가를 이야기했다. 나는 그의 어머니에 대한 기억이 신앙과 연결되어 있음을 알고 기뻤다.

"넷째 문제는 부친의 위선이지요. 벼슬에 굶주린 사람들은 교회 장로 직분을 무슨 벼슬인 양 착각하는 경우가 많아요. 사람들이 '장로님'이라고 부르고 섬기니까 우쭐대고 싶기도 하겠지요. 더욱이 건축헌금이니 특별헌금이니 감사헌금이니 하면서 돈이 필요할 때마다 척척 내는 것이 굉장해 보이거든요. 이런 분들은 예수님을 믿는 것이 아니라 예수님을 빙자하여 자신의 위치를 올리는 사람들이에요. 이것이 목적인 만큼 그들은 예수님의 말씀대로 살지도 않고 말씀을 중요하게 생각하지도 않아요."

그는 내 말을 들으며 동의한다는 듯 고개를 끄덕였다.

"그런 위선자들 때문에 참 신자들과 참 목자들이 손가락질을 받아요. 그래서 그들은 괴로워하고 염려하지요. 그러나 세상 일은 잠시에요. 어느 누구에게나 죽음은 찾아오지요. 나이가 많아 죽는 것은 자연적인 일이지만 젊어서 죽는 경우도 많아요. 병으로, 사고로, 전쟁으로 생각지도 않은 죽음이 찾아오지요. 죽는 날을 자신있게 말하는 사람은 한 사람도 없어요. 죽음을 도외시하고 자기의 쾌락이나 명예나 물질에만 관심을 두는 사람은 불쌍한 사람이에요. 예수님을 자기의 목적을 이루기 위한 수단으로만 생각한다면 이것은 참으로 어리석고 위험한 생각이지요. 인간은 어떤 식으로든 한 번은 죽게 돼요. 그 후에는 영원한 세계에서 살게 되지요. 그 세계가 천국이든 지옥이든 말이죠. 그렇기 때문에 위선자들은 불쌍해요. 그들은 지옥에서 살게 되니까요.

우리는 이 세상을 정직하고 지혜롭게 살아야 해요. 또 그렇게 살 수 있어요. 하나님께서는 인간을 창조하실 때 완전한 자유를 주셨어요. 쉽게 말해, 인간에게 선택의 자유를 허락하셨다는 말이지요. 우리 인간은 동물이 아니에요. 이상과 꿈이 있고, 계획이 있고, 성취감이 있지요. 인간은 하면 할 수 있고 안 하면 안 되는 생령이에요. 위선자는 거짓으로 살지만 신자는 믿음으로 살아요. 위선자는 진리를 거슬려 살지만 신자는 진리를 따라 살아요. 그래서 위선자의 종국은 지옥이지만 신자의 종국은 하늘나라에요."

도 군은 참으로 진지하게 내 말에 귀를 기울였다. 나는 많은 사람들 앞에 서 있는 웅변가처럼 단호하게 그리고 열정적으로 말했다.

"도 군, 미움은 가장 무서운 독소를 가진 감정의 병이에요. 아세요?"

"감정의 병이라구요?"

"네. 심장병, 정신병, 골수병 등과 같이 미움은 독이 강한 감정의 병이에요."

"그런 말은 처음 듣는데요?"

"그럴 거예요. 그렇게 말하는 의사나 선생님은 없을 테니까요. 제가 하는 말이거든요. 어떤 병이든지 걸리면 아프고 상하고 여러 모로 손해가 나지요. 그렇죠?"

"네. 그렇습니다."

"미움을 질병이라고 한 이유는, 그 미움의 대상은 전혀 피해를 보지 않는데 마음을 품고 있는 당사자만 피해를 보기 때문이에요. 내가 누구를 미워하면 그 미움의 상대에게는 아무 손해가 없지요. 앞에서 말했던 병처럼 말이에요. 미움에는 암세포보다 더 독한 독이 있어서 모든 신경이 엉키고 상하고 망가져요. 그래서 미움병에 걸리면 우선 기쁨이 없어져요. 그리고 이해와 너그러움이 죽어버리지요. 무슨 일이나 용서하지 못하고 얼굴은 흉하고 보기 싫게 돼요."

그의 좋지 못한 인상을 빗대어 하는 말 같아서 왠지 미안했지만 그는 신중하게 듣는 태도였다.

"인간은 감정의 동물이기 때문에 미움이 없을 수는 없지요. 그러나 일단 미움을 맘 속에 심으면 자라나기 마련이고 그렇게 되면 불행해지지요."

"미움이 자란다구요?"

"그래요. 미움은 고치거나 없애버리지 않으면 자꾸 커진답니다. 처음에는 말씨가 미웠는데, 다음에는 행동이 밉고, 나아가 먹는 것이나 웃는 것까지 미워지게 된답니다. 심지어 이름만 들어도 미워진답니다. 그런데 그 미움을 사랑으로 바꾸면 굉장한 변화가 일어난답니다. 즉 깊은 사랑이 되어 커지고 깊어지고 마음은 창공을 나는 새처럼 가벼워진답니다. 또 평강이 넘치고 세상사람의 상태를 잘 이해하게 된답니다."

"어떻게 미움을 사랑으로 바꿀 수 있나요?"

"세상에는 원해도 안 되는 일이 참 많지요? 마음으로는 원해도 그렇게 되지 않지요. 이것은 누구에게나 마찬가지에요. 그래서 우리는 성경을 배우지요. 전능하시고 전지하신 하나님을 아는 것이 행복의 근원이지요. 도 군은 성경을 알고 있지요?"

"잘 안다고는 할 수 없지만 주일학교에서 배웠고 또 제 어머니께 배웠어요. 그렇지만 상식적인 선에서 배웠을 뿐이지요."

"그렇다면 예수님께서 십자가에서 죽임당하시기 전 겟세마네 동산에서 기도하신 것을 알고 있나요?"

"그럼요."

"무엇을 알고 있나요?"

"예수님께서 피땀을 흘리시며 기도하신 것으로 아는데요."

"맞아요. 그 때 예수님은 누구와 같이 기도하셨나요?"

"예수님 혼자 하신 걸로 알고 있는데요."

"그렇지 않아요. 제자들이 모두 그 동산에 있었어요."

"그런가요?"

"예수님이 계신 자리에서 멀지 않은 곳에 베드로와 야고보, 요한이 자고 있었고, 조금 더 떨어진 곳에서는 나머지 일곱 제자들이 자고 있었어요. 가룟 유다는 그곳에 없었지요. 나중에 나타났지만 말이에요. 예수님은 겟세마네 동산에 오시기 전 이미 제자들에게 자신이 어떻게 고난을 받고 죽임을 당할 것인지 말씀하시고, 부활하셔서 갈릴리에서 다시 만나리란 것도 일러주셨어요. 또 예수님이 잡히실 때, 제자들이 다 도망칠 것도 말씀하셨어요. 그 때 베드로는 주님과 같이 죽을지언정 그런 일은 하지 않겠다고 말했고, 다른 제자들도 똑같이 주님께 약속했어요. 그러나 먼 거리를 걸어온 탓인지 피곤한 그들은 깨어 기도하라고 하신 그 말씀을 저버리고 잠만 잤어요. 예수님께 큰 소리로 약속한 것을 잊어버린 셈이지요. 그 마음을 아신 예수님은 '마음은 원이로되 육신이 약하구나' 하시고 혼자 피땀을 흘리며 기도하셨어요. '그럴 수도 있지!' 하고 이해하신 거예요. 그렇죠?"

"네, 그렇습니다."

"이 세상에는 그럴 수도 있는 일이 많아요. 어쩌면 모든 일이 그런 것 같아요."

"그런 것 같습니다."

"예수 믿는 사람들은, 예수님께서 가르치신 말씀을 공부하고 그 말씀대로 살려고 하지요. 적극적으로 살아야 참 신자가 되지요. 그러면 행복하고 그 마음에 화평이 가득하게 되지요. 마음으로 원했지만 안 될 때 그럴 수도 있다는 생각으로 생활한다면 원수 될 사람이 아무도 없답니다."

"그렇지요. 그럼요."

"또한 예수님께서는 베드로가 형제의 죄를 일곱 번까지 용서해 주면 되겠느냐고 물었을 때, 일흔 번씩 일곱 번이라도 용서하라고 하셨어요. 이것은 끝도 없이 용서하라는 뜻이에요. 이는 늘 '그럴 수도 있지!' 하는 자세를 가지라는 말이지요. 그렇게 하다 보면 무한히 용서할 수 있겠지요?"

"네, 정말 그렇겠습니다."

"성경에 네 부모를 공경하라는 말씀이 여러 군데 있어요. 구약시대의 모세는 부모를 공경치 않는 자는 돌로 쳐죽이라고 했어요."

도 군의 얼굴이 붉어졌다. 그는 나를 바로 쳐다보지 못했다.

"하나님 말씀은 언제 어디서나 하나님 말씀이에요. 더하지도 빼지도 못하는 절대적인 말씀이지요. 부모님의 행동은 모든 것을 아시는 하나님께서 친히 처리하실 것입니다. 따라서 자녀는 부모를 판단하거나 시비하거나 미워해서는 안 됩니다. 자녀는 자녀의 역할을 다해야 합니다."

그는 한편으로 심하고 무리하기까지 한 내 말을 잘 받아들였다. 그런 그를 나는 위로하고 싶었다.

"도 군! 장가를 가야지요?"

그가 웃으며 말했다.

"여자가 없습니다."

"행복하려면 부인을 잘 만나야 해요."

"좋은 여자 좀 소개해 주세요, 여사님."

도 군의 얼굴이 밝아져 보기에 좋았다.

"장가 갈 나이가 됐죠?"

"넘었습니다. 너무 늦은 셈이지요. 여사님이 소개해 주시면 눈을 감고라도 가겠습니다."

"나를 그만큼 믿는다는 말이에요?"

"네, 절대적으로 여사님을 믿겠습니다."

"우리 교회 성도들도 나를 믿지 않는데 도 군이 나를 언제부터 알았다고 믿어요?"

"네?"

"나는 믿을 만한 사람이 못 된다구요."

"그럴 리가 있겠어요?"

"있고 말고요. 우리 교회 성도들은 내가 아무리 말해도 내 말을 결코 믿지 않는다고요."

도 군이 내 말을 믿을 수 없었던지 고개를 갸우뚱했다.

"내 말이 거짓말 같지요?"

"네, 정말 그렇습니다."

"쉽게 말해 사람을 보는 기준이 다르다는 말이에요."

"기준이요?"

그는 여전히 알아차리지 못한 것 같았다. 내가 웃음을 띠며 말했다.

"모든 사람들이 예쁘다든가 잘 생겼다든가 하는 기준을 어디다 두는지 아세요?"

"글쎄요. 잘 모르겠는데요."

"헐리우드 영화배우가 기준이에요. 그 영화배우들과 비슷하면 예쁘고 잘 생긴 것이고 그들과 비교해서 못 생기면 밉다고 하는 거예요."

"그럴까요. 여사님?"

"그렇지 않아요? 남자는 키가 후리후리하게 크고 얼굴이 멋진 조각상처럼 생기면 미남이라고 하고, 여자도 키가 늘씬하게 크고 눈, 코, 입이 뚜렷하면 예쁘다고 해요. 영화배우와 비슷하면 예쁘고 잘 생겼다고 하지요."

"그런데 여사님의 기준은 무엇입니까?"

"나는 모든 사람을 하나님이 아름답게 만드신 피조물이라고 생각해요. 마치 꽃처럼 말이에요. 꽃은 종류별로 그 형태와 색깔과 키가 다르지요. 꽃송이가 큰 것이 있는가 하면 작은 것도 있지요. 어떤 사람은 송이가 작은 들국화나 제비꽃 등을 좋아하는가 하면 어떤 사람은 송이가 큰 국화나 목련 등을 좋아해요. 또 다알리아나 장미를 좋아하는 사람이 있는가 하면 백합이나 안개꽃을 좋아하는 사람도 있어요. 마찬가지로 사람도 모두 아름다워요. 하나님께서는 사람을 예쁘고 멋지게 만드셨어요. 따라서 키가 크면 커서 좋고, 작으면 작아서 좋고, 뚱뚱하면 뚱뚱해서 좋고, 빼빼하면 빼빼해서 좋아요. 모두가 하나님의 멋진 작품이니까요. 나는 누구나 다 예쁘고 잘생겼다고 생각해요. 물론 사람들마다 그 기준이 다르지만요. 그래서 내가 예쁘다고 해도 어떤 사람은 밉다고 해요. 즉 나를 믿지 않는다는 말이에요."

"이제야 무슨 뜻인지 알았습니다. 그럼 여사님은 밉거나 못생긴 사람은 한 사람도 보지 못하셨다는 말씀입니까?"

"예쁘지 않은 사람도 보이지요."

"어떤 사람인가요?"

"사탄에게 사로잡혀 사탄의 일을 도모하는 사람이에요."

"알겠습니다."

어느덧 밤이 깊었다. 도 군은 집에 돌아가는 것을 잊어버린 것 같았다. 우리는 아주 가까운 사이가 되었다.

"밤이 너무 깊었어요. 이제 일어나야지요?"

"아이구, 벌써 시간이…, 죄송합니다."

도 군은 자리에서 벌떡 일어났다.

"한 번만 더 앉으세요."

도 군이 의아한 눈빛으로 나를 쳐다보면서 다시 앉았다.

"내가 기도할 테니까 따라하시겠어요?"

그제서야 그는 내 의도를 알아차렸다는 듯 눈을 감고 내 기도를 기다렸다.

"하나님 아버지, 이렇게 귀한 시간을 주셔서 감사합니다."

그가 따라서 했다.

"주님! 저는 죄인입니다. 이제 죄에서 돌이켜 회개합니다. 저를 용서해 주시고 도와주소서. 다시는 사탄의 꾀임에 넘어가지 않고 한발 한발 하나님을 향해 나아가게 하소서. 하나님의 말씀만 생각하며 살아가겠습니다. 제가 넘어지고 실수할 때 일으켜 주시고 인도해 주소서. 그리고 제 아버지를 대할 때 '그럴 수도 있지' 하고 이해하며 사랑하게 해주소서. 효자가 되도록 노력하겠습니다."

그는 나를 따라 한 마디씩 기도하며 흐느껴 울었다.

"예수님의 이름으로 기도합니다."

그는 더 이상 따라할 수 없었는지 울먹이기만 했다. 얼마 동안 있다가 그는 자리에서 일어났다. 그 얼굴은 밝았고 사랑이 가득했다. 그는 내게 연신 허리를 굽히며 절한 후 문을 향했다. 그의 뒷모습을 보면서 사람이 저렇게 변화될 수 있는가 싶었다.

미움을 사랑으로

추억이 많았던 대학시절을 동경에서 보낸 탓인지 나는 한국을 방문할 때면 으레 동경에 들른다. 상당히 오래 전 일로 기억되는데 나는 대만에서 「죽으면 죽으리라」의 원고를 쓴 다음 미국에 가기 전 잠시 동경에 머문 적이 있었다. 그 때의 일이 문득 생각난다.

나는 곧장 미국으로 가야 했지만 동경에 들러서 쉬고 싶었다. 으레 습관이 되어버린 그 일이 내게는 자연스러웠던 것이다. 동경에서 쉬고 싶었던 이유 중 또 하나는 우리 선교부에서 일본에 호텔 같은 좋은 빌딩을 가지고 있었기 때문이다. 그 빌딩은 선교사들에게 조용하고 깨끗한 휴식처로 큰 도움이 되었는데 그리 비싸지도 않았다. 나는 미국 국내선교사 자격으로 그 빌딩을 사용할 수 있었다. 나는 미리 전화로 빈 방을 예약해 놓고 동경에 도착한 즉시 그 빌딩으로 갔다. 숙박료는 엄청나게 비싸면서도 협소하고 불편한 일본의 호텔보다 부담스럽지도 않으면서 편리하게 사용할 수 있는 그 빌딩은 언제나 조용하고 깨끗한 분위기였다. 그런데 그 빌딩을 맡아 운영하는 관리인이나 종업원들은 모두 일본사람이었다.

당시 내 방을 청소하던 여자는 전에 없었던 젊은 여자였다. 그 여자는 몸집이 아주 작은데다가 차갑고 웃음기 없는 얼굴을 하고 있어 내게 그리 호감을 주는 편이 아니었다. 어떻게 보면 싸움을 하고 그 억울함을 억지로 참고 있는 듯한 인상이었다.

나는 친절한 말씨로 그녀에게 인사를 건넸다.

"안녕하세요?"

그녀는 대답은커녕 쳐다보지도 않았다.

나는 기분이 상했지만 그녀를 이해하는 태도를 보였다.

'그럴 수도 있지. 무슨 언짢은 일이 있는지도 모르지. 그녀가 대답을 했든 안 했든 내게 손해난 것은 없으니까 덮어버리자.'

그리고 나는 잊어버렸다.

이튿날 그녀가 노크를 하고 들어왔다. 나는 좀더 친절한 목소리로 인사했다.

"안녕하세요? 잠깐 이리로 좀 와주실래요!"

그녀는 들은 척 만 척했다. 나는 순간 '아, 귀머거리구나' 생각하며, 선교사 빌딩이니까 특별히 어려운 사람들이 일하러 올 수도 있겠다고 여겼다.

"듣지 못하세요?"

그녀가 내 말을 듣고 나를 쏘아보다가 곧 자기의 일을 계속하였다. 나는 그녀가 들을 수는 있는가보다 생각하고 다시 말했다.

"들을 수는 있으세요?"

그녀는 알아들었는지 매서운 표정으로 나가버렸다. 순간 기분이 상했다. 그 고추같이 맵고 모진 얼굴이 내 머리 속에서 지워지지 않았다. '나는 여기에 쉬러 온 것이지 이렇게 속상하기 위해 온 것이 아니다'고 생각했다. 내 마음은 마치 전쟁하러 나온 심정이었다. 나는 하나님께 불평하기 시작했다.

"주님, 저 여자가 왜 저러지요. 벙어리인 것 같은데 어떻게 듣고 방을 나가버렸는지요. 청소부라면 최소한 손님에게 인사는 해야 하지 않겠어요? 참 못된 여자네요. 쉬기 위해 이곳에 왔는데 오히려 기분이 상하니 내일이라도 떠나고 싶어지네요. 정말 기분이 나빠요!"

이렇게 불평을 늘어놓은 뒤 다시 한 번 생각했다. '그 여자는 나를 한국사람으로 알고 그렇게 대했을까? 비록 내가 미국 시민이고 영어로 이름을 기록했지만 말이다. 그런데 많은 사람들은 내가 일본어로 말하면 일본인으로 알고 대하는데 유독 저 여자만 왜 이렇게 나를 아무렇게나 대하지?

나는 또다시 주님께 불평을 늘어놓았다.

"주님, 새앙쥐 같은 그 일본 여자가 보기 싫어요. 정말이지 보기 싫어요."

나는 그 여자를 향해 좀더 심한 욕설을 퍼붓고 싶었다. 순간 나는 양심의 소리를 들었다.

"너는 변했어."

마치 누가 내 귀에 대고 직접 말한 것 같았다. 충격적인 말이었다.

'변했어? 내가? 어떻게?

갑자기 물먹은 솜처럼 마음이 무거워져 갔다.

'내가 변했다구? 이 말은 길이 달라졌다는 뜻일 텐데. 가령 동쪽으로 가던 내가 서쪽을 향해 간다든지, 바른 길을 가다가 그릇된 길로 간다는 것일 게다. 나는 지금도 주님을 여전히 사랑하고 있고 말씀대로 순종하기 위해 기도와 성경 읽는 것과 성경 암송하는 것을 쉬지 않고 있는데 무엇이 변했다는 것일까? 그리고 돈이라면 주님께 바치고 나 자신에게는 인색하리만치 정확하게 계산하고 생각해서 쓰는데 이게 웬말인가? 말할 때도 가려서 조심스럽게 하려고 하는데…. 내가 변했다면 오히려 더 좋게 변했을 텐데, 설마 나쁘게 변했을라구?

맥이 풀려 나는 그만 침대에 드러누워 버렸다. 멀뚱멀뚱 천정을 바라보기도 하고, 창 밖으로 옆의 빌딩을 쳐다보기도 했다. 이리 뒤척 저리 뒤척 하다가 눈을 감아버렸다.

마음 속 깊은 곳에서 고요하게 떠오르는 그 무엇이 있었다. 평양 형무소, 변소 같은 감방이 점점 선명하게 보이는 것이었다. 나는 뼈만 남은 초췌한 얼굴을 하고 종일 무릎을 꿇고 있었다. 무지한 간수들이 내 앞으로 지나갈 때마다 나는 그들에게 절하고 있었다. 그 모습이 그림같이, 아니 사진보다 더 선명하고 확실하게 보였다. 그리고 또 다른 모습이 떠올랐다. 그것은 바로 죄수들에게 복음을 전하려고 온갖 노력을 기울이는 모습이었다. 어떻게 하면 복음을 전할 수 있을까 연구하며 애쓰고 있었다. 마치 어려운 문제를 풀려고 진땀을 빼는 오늘날의 수험생과 같았다.

'아, 맞아. 바로 그거야. 감방에 있을 때는 죄수 한 사람 한 사람에게 어떻게 하면 복음을 전할 수 있을까 골똘히 연구를 했는데, 이제는 그러한 열심이 없어졌구나. 단지 눈에 보이는 것으로 판단하고 밉게 굴면 미워하고 잘 해 주면 기뻐하는구나. 연구하지 않는다는 것은 사랑하지 않는다는 뜻이다. 사랑이 없으면 상대방을 행동으로만 판단하고 그 속에 있는 영혼의 상태에 대해서는 무관심하게 된다. 소경이 된다는 뜻이다. 감방에 있을 때 나는 어떠했던가? 그 만주 여자, 정부와 서로 짜고 자기 남편을 열두 조각으로 토막살인을 해 강물에 버린 그 만주 여자를 나는 어떻게 대했던가? 그녀의 저주 담긴 욕설에 재수없다고 상대조차 하지 않았던 다른 죄수들에 비해 나의 태도는 어떠했던가? 그녀를 내 방으로 데려오기 위해 기도하고 간수들에게 사정하지 않았던가? 그것은 참으로 그녀에게 복음을 전하고 싶었던 열정이었으리라. 그러나 이제는 비행기도 마음대로 타고, 호텔에서 여정을 풀 수 있고, 산 순교자랍시고 성도들에게 극진한 대접을 받고, 먹고 싶은 것 입고 싶은 것 다 먹고 입을 수 있지 않은가? 그뿐인가? 가지고 싶은 것도 다 주셨고, 누리고 싶은 것도 다 주시지 않았는가? 감독자도 없는 이러한 자유, 이러한 축복을 거저 받지 않았는가? 아! 나는 정말 변했구나. 변해 버렸어.'

나는 침대에서 벌떡 일어났다. '그렇다면 내 생활을 고쳐야 한다. 내 태도와 말씨도 달라져야 한다. 무엇부터 바꾸어야 하나? 우선 이 여자에 대한 미움을 사랑으로 바꾸어야 한다. 사랑스럽지 않기 때문에 사랑해야 하는 것이다.'

나는 하나님께 결심을 말씀드렸다.

"주님, 지켜보세요. 저는 회개했어요. 제게 지혜를 주셔서 사랑하는 법을 지키게 하소서."

나는 즉시 아래층 사무실로 내려갔다. 사랑할 수 있다는 흥분으로 마음이 들떠 있었다. 사무실 문을 열고 들어가 맨 앞 책상에서 일하고 있는 일본사람에게 내 방을 청소하는 젊은 여자의 이름을 물었다. 그 직원은 상기된 내 얼굴을 보더니 무례한 일이 일어났는가 하는 궁금증으로 반문했다.

"왜 그러세요? 무슨 좋지 않은 일이라도 있나요? 그 여자 대신 다른 사람으로 바꾸어 드릴까요?"

나는 고개를 저으며 웃는 얼굴로 말했다.

"천만에요. 나는 그분과 친구에요. 그런데 이름을 모르니 말이 되겠어요?"

"친구요? 그게 정말입니까?"

"자세한 말씀은 나중에 해드릴게요."

그는 3층을 맡아 일하고 있는 청소부 명단을 훑어보더니 찾았다는 듯 고개를 끄덕였다.

"에미꼬 상이네요."

"아, 네. 감사합니다. 정말 감사해요."

나는 에미꼬 상의 모든 것을 안 듯 기뻤다. 아니, 에미꼬 상을 알게 될 것이라는 기대 때문이었을지도 모른다. 나는 '에미꼬, 에미꼬' 하면서 연신 되뇌였다. 엘리베이터를 타는 것도 잊어버리고 계단으로 올라갔다.

그런데 이게 웬일인가! 에미꼬가 계단에서 내려오고 있지 않는가. 나는 몹시 흥분되었다. 미움을 사랑으로 바꿀 기회가 온 것이라 생각했기 때문이다. 우리는 서로 마주쳤다. 그녀는 분명히 나를 알아보았다. 나는 눈치를 챘지만 일단 모른 체하고 발만 보며 계단을 올라갔다. 드디어 바로 앞에서 마주치게 되었다. 나는 그녀를 가로막고 섰다. 그녀가 왼쪽으로 가면 나도 왼쪽으로 갔고, 그녀가 오른쪽으로 가면 나도 오른쪽으로 갔다. 그녀는 매서운 눈초리로 나를 노려보았다. 나는 활짝 웃으며 그녀의 이름을 불렀다.

"에미꼬 상!"

그녀가 놀라면서 나를 쳐다보았다. 하지만 여전히 입은 열지 않았다.

"에미꼬 상은 이유도 없이 나를 미워하고 있지요? 내가 미워 죽을 지경인 것 같아요. 그런데 나는 에미꼬 상을 잘 알기 때문에 좋아 죽을 지경이에요. 믿어져요?"

"나를 아신다구요?"

날카로운 그녀의 음성이 얼음같이 차갑고 싸늘했다. 그러나 나는 밝게 웃으며 말했다.

"그럼요. 알지요. 그러니까 이렇게 당신의 이름을 부르지요. 언제 당신이 내게 이름을 가르쳐준 적 있어요? 없지요?"

그녀는 어처구니가 없다는 표정으로 대답했다.

"없어요."

"그것 보세요. 그런데 내가 어떻게 당신의 이름을 알겠어요? 그것은 내가 당신을 좋아하기 때문이에요. 내가 애써서 당신의 이름을 알게 된 거예요. 아시겠어요?"

그녀의 음성은 여전히 싸늘해서 마치 겨울바람이 불어오는 듯했다. 그녀의 태도가 그럴수록 나는 더욱 사랑할 마음이 커갔다.

"내가 어떻게 당신의 이름을 알게 되었고, 또 내가 왜 당신이 좋아 죽을 지경인지 그 이유를 알고 싶지 않으세요? 알고 싶으면 내 방에 찾아오세요. 설명해 줄게요."

그렇게 말하면서도 나는 그녀의 냉정한 태도에 정이 떨어지는 것 같았다. 그리고 씁쓸한 표정을 지으며 내 방으로 돌아왔다. 여전히 기분이 좋지 않았다. 언제 그녀를 사랑하리라는 생각을 가졌던가 싶었다.

'어찌 저런 사람도 있담.' 사람이 인정이 없다면 동물과 무슨 차이가 있겠는가? 단지 먹고 자고 새끼 낳고 하다가 죽을 뿐이다. 어찌 그러고도 이 세상을 살아갈 수 있단 말인가? 그리고 나는 왜 이런 사람을 상대로 쉬어야 할 시간을 허비해야 되는가? 그 동안 책을 쓰느라 신경이 곤두서 있는 판국에 사소한 일로 다시 긴장해야 한다는 게 갑자기 짜증이 났다. 즉시 미국으로 가야 했는데 그렇게 하지 못한 것이 후회되었다. 미국에서 할 많은 일을 뒤로 하고 동경에 온 것은 그 동안 쌓였던 긴장을 풀고 새 힘을 얻어 더욱 열심히 일하겠다는 생각 때문이었다. 그런데 생각지도 않은 일이 나를 긴장 속으로 몰아넣는 것이었다. 그러나 나는 마음을 바꾸기로 했다.

'투쟁은 이미 시작되었다. 나는 이 투쟁을 단념할 수 없다. 한 번 선언된 투쟁은 되무를 수 없는 법이다. 나는 이 투쟁에서 이겨야 한다. 내가 이겨야 나의 것이 된다. 나를 살려두시는 주님의 기대에 어긋나지 않게 해야 한다.'

 그러는 사이 아침을 먹지 않아 시장기가 돌았다. 나는 비싸고 맛있는 음식을 사 먹고, 멋있는 옷도 한 벌 사고 구두와 핸드백도 한 세트 구입해야겠다고 생각했다. 그렇게 하려면 우선 지갑에 돈이 두둑해야 했다. 있는 돈을 다 꺼내 보았다. 그런데 내가 가진 돈은 숙박비를 치를 정도밖에 되지 않았다. 모든 게 사치밖에 안 되었던 것이다. 그래서 나는 열흘 정도 머물려고 했던 계획을 사흘로 줄이고 남은 돈을 쓸 수 있는 만큼 쓰기로 했다. 그러나 옷이나 핸드백 따위를 구입하는 것은 단념하고 '투쟁하는 데' 투자하기로 했다.

 우선 근처의 유명한 우동집에 가서 가장 비싼 우동을 시켜 먹었다. 그리고 전철을 이용하여 동경을 한 바퀴 돌았다. 그 옛날 젊었을 때, 즐거운 추억을 만들었던 때와는 다르게 그저 죄악의 도시를 순찰한다는 기분으로 다녔다. 전철 안에서는 대부분의 사람들이 책이나 신문을 읽고 있었다. 나는 그들의 얼굴을 찬찬히 바라보면서 탄식하지 않을 수 없었다.

 "세상의 일은 일점일획이라도 모르는 것 없이 다 알기 원하는 소위 일본 지식인들이여, 그대들은 세상의 일보다 더 중요하고 더 큰 문제인 죽음이나 죽음 후의 일에 대해서는 왜 그리 캄캄한가?"

 제일 중요하고 큰 사건은 영원히 죽지 않는 세계이다. 그러나 일본인들은 언제 찾아올지 모르는 죽음에 대해서는 전혀 인식이 없는 것 같았다. 단지 그때 그때 눈앞에 닥치는 일에만 매이고 흔들리고 연연해하는 것 같았다.

그들에게는 이미 내려진 채찍이 의식되지 않았던 것이다. 그 채찍은 무서운 원자탄이었다. 그들은 그 채찍에 대해 마치 남의 일인 양, 아니면 지나가는 바람소리인 양 무감각했다. 깨달음이 없으면 짐승과 같다고 성경에서 말하고 있다. 이 말은 참으로 진리이다.

'과거에는 주님이 하라고 하신 대로 순종했는데 이 청소부 한 사람으로 인해 이렇게 기분이 상하고 상처받다니…. 내가 정말 변했나보다.'

나는 다시 한 번 결단을 내렸다. 전철이 내가 내릴 역에서 섰다.

"다시 한 번 해보는 거야. 그럼 하고 말고. 하고야 말리라."

나는 흰 구름이 가득한 하늘을 보았다. 그리고 그 구름 너머 창공에 계신 하나님을 우러러보았다.

"늘 나와 함께하시는 아버지! 죽으면 죽으리라는 결심으로 오늘도 순종하겠습니다. 지켜봐 주세요. 그리고 저를 도와주세요."

나는 숙소에 들어가기 전에 제과점에 들렀다. 거기에서 제일 비싸고 보기에도 좋은 생과자를 여러 종류로 골라 한 상자 만들었다. 포장도 특별하게 했다. "사랑하는 에미꼬 상에게"라고 카드까지 썼다.

내 이름은 쓰지 않았다. 리본으로 장식한 선물상자를 들고 아래층으로 다시 내려갔다. 사무실 바로 뒤쪽에 청소하는 여자들이 쉬는 방이 있었다. 나는 선물상자를 방문 앞에다 놓고 내 방으로 돌아왔다. 웬일인지 피곤이 느껴지지 않았다. 도리어 샘솟는 기쁨이 있었다. 나는 에미꼬가 그 선물을 받고 어떠한 반응을 보일지 궁금해하면서 잔뜩 기대했다. 그러나 시간이 갈수록 부정적인 생각이 짙어져 갔다.

'그 맹꽁이 아가씨가 어쩌면 생과자를 먹지도 않고 내게 도로 가져다줄지 모를 일이다. 그렇게 하면 어떻게 해야 하나? 만일 에미꼬가 내게 와서 "난 이런 것 먹지 않아요"하면, 나는 그녀의 손을 잡고 애원하듯이 "그러지 말아요. 에미꼬! 그것은 에미꼬를 위해 내가 특별히 사온 거예요. 먹어봐요?"라고 말해야겠지? 아냐, 그렇게 사정까지 할 필요가 있을까? 차라리 "그래요? 잘 됐군요. 내가 먹지요. 뭐"하면서 문을 꽝 닫아버릴까? 그러나 또 다른 생각이 뇌리를 스치고 지나갔다.

'그 과자를 사기 전에 나는 무엇이라고 하나님께 기도했던가? 하늘을 높이 바라보며 주님께 지켜봐 달라고 그리고 도와달라고 기도하지 않았던가?'

변덕스러운 내 모습이 초라해져 부끄러웠고 심지어 미워지기까지 했다.

에미꼬가 나를 대하는 태도와 내가 주님을 대하는 태도가 똑같지 않은가?

나는 마룻바닥에 엎드렸다.

"아버지, 제 모습을 보았습니다. 저의 이런 모습을 용서하시고 당신의 자녀답게 행동하도록 도와주세요."

나는 간절한 마음으로 기도드리고 다시 에미꼬의 태도에 대해 생각했다. 이런저런 생각을 하다가 피곤 탓인지 잠이 들었다. 편안한 마음으로 눈을 붙인 것이었다.

다음 날 아침 상쾌한 기분으로 하루를 맞이하였다. 아침식사는 호텔에서 제공되었다. 나는 식당으로 내려가 과일주스를 마셨다. 그리고 잘 아는 선교사들과 대화를 했다. 특히 그 전날 도착했다는 어떤 선교사의 누님이 동생을 만나러 왔다고 하면서 미국 이야기를 했다. 긴 이야기를 나누고 내 방으로 돌아오니 10시가 넘어 있었다. 그 날도 에미꼬는 제 시간에 방 청소를 하고 있었다. 새 수건을 걸어놓고 휴지통을 비우고 있었다. 그런데 에미꼬의 표정이 달라져 있었다. 무슨 말인가 하고 싶은 표정이었다. 순간 나는 너무 기뻐서 에미꼬를 유심히 쳐다보았다. 에미꼬가 갑자기 카페트에 무릎을 꿇으며 인사를 했다.

"선생님, 고맙습니다."

그 말을 듣고 나는 너무 기뻤다.

"어머, 그래요? 정말 좋아요."

나는 활짝 웃으며 말했다. 에미꼬도 생긋 웃었다. '그녀가 웃다니!' 정말 놀라웠다.

"에미꼬 상, 당신은 정말 미인이에요. 정말 예쁘다구요."

에미꼬는 부끄러운 듯 몸을 조금 움츠렸다. 그러나 곧 그 말에 반응했다.

"우소데쇼(거짓말이지요). 저는 예쁘지 않아요. 세상에서 제일 못 생겼어요."

동경 말씨가 아니었다. 지방색이 짙은 사투리였다. 생과자 한 상자가 그렇게 놀라운 결과를 가져오리라고 기대하지 못했다. 시골에서 자라서인지 그런 생과자를 맛본 적이 없었던 것 같다. 우리는 금세 가까워졌다. 나는 내 책 「만일 그렇지 않을지라도」를 에미꼬에게 주고 싶었다.

"에미꼬 상, 책 읽는 것을 좋아해요?"

"하이."

나는 선뜻 책을 선물했다.

"에미꼬 상, 그런데 이 책은 좀 색다른 책이에요. 읽어보면 알게 될 거예요. 읽을 시간이 있겠어요?"

"네, 저녁에는 시간이 많으니까 읽을 수 있어요."

에미꼬 상이 두 팔로 책을 꼭 안은 채 인사를 하고 문을 나섰다. 에미꼬로 인해 신경이 곤두섰었는데 이제 마음이 평안해졌다. 나는 주님께 감사했다. 그런데 여전히 에미꼬에 대한 궁금증이 내 마음을 사로잡고 있었다.

'에미꼬가 그 책을 다 읽은 후 어떤 느낌을 갖게 될까?'

그런 생각을 하고 있는데 갑자기 전화벨이 울렸다. 미국에서 온 도리스 씨였다. 함께 쇼핑을 가자고 했다.

"그래요? 저는 쇼핑할 돈이 없어요. 그렇지만 점심은 사 먹어야 하니까 같이 가요."

"동경에서 제일 유명한 거리를 아시지요?"

"그럼요. 알고 말고요. 동경이 넓긴 하지만. 나만 따라오세요."

우리는 동경에서 유명한 거리 긴자로 향했다. 전철 속에서 우리는 호텔 종업원들에 대해서 이야기를 나누었다. 도리스 씨가 내게 물었다. "숙소는 조용하고 깨끗해요. 값도 싸구요. 그런데 종업원들이 모두 일본인이고 그들 중 대부분은 무표정하지요. 게다가 불친절해요. 어떻게 생각하세요?"

나는 순간 에미꼬를 떠올렸다.

"글쎄요. 일본에 있는 것이니 종업원들이 일본인일 수밖에 없잖아요? 사실 일본인들은 친절하지만 우리와 언어 소통이 안 되기 때문에 그렇게 불친절하게 보일지도 모르죠."

도리스 씨는 그렇지 않다는 듯이 어깨를 으쓱하며 말했다.

"말은 통하지 않는다고 하더라도 태도나 표정으로는 충분히 친절할 수 있잖아요?"

도리스 씨는 이해할 수 없다는 태도였지만 나는 일본인을 변호하는 사람처럼 그들의 입장에서 말하고 있었다.

"글쎄요. 아마 그 종업원들은 주님을 모르는 불신자들일 거예요. 일본인

중 기독교인은 얼마 되지 않으니까요. 주님을 모시지 않은 사람들은 친절에 대한 관심이 부족하겠지요. 그렇지 않을까요?"

"그 사람들은 아직 패전의 비굴함을 삭이지 못하고 승전한 미국인에게 반감을 가지고 있는지도 모르죠."

도리스 씨의 말을 듣고 보니 에미꼬의 태도가 생각났다. 에미꼬에게도 그런 의식이 있어 내게 그렇게 쌀쌀맞게 굴었는지도 모른다는 생각이 들었다. 그러나 다르게도 생각해 보았다. 에미꼬가 일본인으로서 미국인들이 묵는 숙소에서 일하는 것은 뭔가 미국인과 관계가 있기 때문이 아닌가 싶었다. 도리스 씨는 조금 비판적인 성격을 가지고 있었다.

"제 동생은 미국에서 좋은 직장에 다니고 있었어요. 그런데 그 좋은 직장을 포기하고 일본인들의 영혼을 구원하는 비전을 가지고 이곳에 왔어요. 일본에 온 지 3년 6개월이나 되었는데도 아직 한 사람도 구원시키지 못했대요. 세월만 보낸 셈이 됐지 뭐예요? 동생이 알고 있는 대학교수 한 분도 일본인의 구령사업을 위해 오셔서 영어과목을 강의하신대요. 글쎄 지금까지 11년이나 되었는데도 가르친 학생들 중에서 주님을 영접한 사람은 세 명도 못 된대요."

나는 놀라며 물었다.

"세 명도 못 되다니요? 세 명도 안 된다는 뜻인가요?"

"믿는다고 해놓고서 후에 만나보면 믿음을 바로 가지고 있지 않다는 것이지요. 그 교수는 참다못해 금년 말에 미국으로 돌아간대요. 일본인의 마음은 마치 돌처럼 딱딱한 모양이에요."

"마음이 딱딱하기보다는 마음에 우상이 꽉 차 있어서 그럴 거예요."

도리스 씨가 놀란 듯 눈을 크게 떴다.

"우상이 그렇게도 많아요? 정말 일본에서는 복음 전하기가 힘들겠어요."
"그래요. 그러나 동경대학의 야나이 하라 학장이라든가 후꾸다 간 조 선생이라든가 가가와 도요히꼬 같은 성자도 있어요. 이분들은 모두 훌륭한 크리스천이었어요. 그러나 그들의 교훈이나 신앙만으로는 이 민족에게 큰 영향을 끼칠 수 없는 것 같아요."
"왜 그런가요?"
"이 민족은 돈을 참 좋아한답니다. 그래서 어떻게 하면 부자가 될까 하는 생각으로 가득 차 있어요. 게다가 2000여 년 동안 내려온 우상숭배가 몸과 영혼에 배어 있어요. 이 우상들이 800만이나 된답니다. 일본인은 조상 대대로 이 우상들을 섬기기 때문에 미국인이나 한국인과는 달리 하나님에 대한 관심이 없답니다.

믿는 사람이 너무 적어서 그런지 모르지만 일본에는 교회나 신학교에 십자가가 우뚝 서 있는 경우가 거의 없을 정도에요. 도리스 씨, 한국에 한 번 가보세요. 높은 빌딩 가운데 교회도 많구요, 산 속에 세워진 기도원도 많지요. 그리고 아무 데서고 울려퍼지는 찬송소리를 들을 수 있을 거예요. 한국인들은 하나님을 당연히 섬겨야 할 분으로 생각한답니다. 심지어 어린아이들까지도 그렇게 생각하고 있어요."

도리스 씨는 내 열변에 몰입되었는지 고개를 끄덕이는 것조차 잊어버린 듯했다. 나는 계속 우리 나라의 교회 수와 성도들에 대해 이야기했다.

"한국에 가면 거리마다 골목마다 교회가 세워져 있어요. 교회 안에 들어가면 성도들이 꽉 차 있어요. 또 신학교도 많아요. 거기서 젊고 씩씩하고 훌륭한 신학생들이 열심히 공부하고 있어요. 물론 죄도 많고 악한 사람도 많고 우상이나 잡신을 숭배하는 사람들도 많아요. 일본보다 생활수준이 좀 떨어지고 제도도 다소 뒤진 면이 있고요. 도리스 씨, 한번 가보세요."

"아! 에스더(나의 이름)는 한국인이라면서요? 그러니까 한국에 대해서 잘 알고 계시군요. 한국이 자랑스럽겠군요."

"제가 한국을 자랑한 것처럼 들렸어요? 저는 한국을 자랑했다기보다 한국인들의 신앙에 대해서 말했을 뿐이에요."

우리는 긴자 거리를 걸었지만 이야기에 몰두했기 때문에 쇼핑을 완전히 잊어버리고 말았다. 사실 도리스 씨도 물건을 구입할 마음이 없는 것 같았다. 더군다나 그는 돈을 헤프게 쓰는 사람 같지가 않았다. 우리는 영어로 말했기 때문에 다른 사람들이 우리의 이야기를 들을까 염려할 필요가 없었다. 우리는 마음놓고 이야기할 수 있었다. 도리스 씨가 내게 일본에 대한 심정을 물었다.

"에스더, 당신은 일본인들에 대해 어떻게 생각해요? 그들은 에스더를 6년 동안이나 감옥살이를 시키면서 사형하려고까지 했잖아요. 당신의 청춘을 망쳐놓았잖아요. 솔직하게 말씀해 보세요. 일본이 괘씸하거나 싫지 않아요?"

"솔직하게 말해 보라고 하니 말할게요. 저는 일본인, 한국인, 미국인, 흑인 등을 나누는 인종차별 의식이 없답니다. 왜 그런지 아세요?"

내 물음이 끝나기가 무섭게 도리스 씨가 물었다.

"왜 그러신가요?"

"로스앤젤레스에는 우리 부부가 섬기는 교회가 있지요. 우리 교회에는 한국인, 미국인, 일본인, 흑인, 유대인, 인디언, 남미인, 중국인, 서반아인, 유럽인 등 여러 인종이 있어요. 모두가 한 형제요, 자매이지요. 한가족같이 가깝지요. 어떤 민족이든 예수를 믿으면 한가족같이 감정이 통하고 서로 아끼고 사랑하게 되지요. 그분들은 우리를 한국인으로 여기지 않고 목자로 여긴답니다. 마찬가지로 우리 부부도 그분들을 일가붙이처럼 여기구요."

"그렇습니다. 그렇구 말구요."

도리스 씨가 고개를 끄덕이며 내 말에 동의했다.

"그러니까 예수님을 믿으면 서로 허물을 가려주고 사랑하게 되지요. 그러나 예수님을 믿지 않는 사람들은 불쌍하고 안타까워요. 외인같이 느껴져요. 일본인들을 바라볼 때 불쌍하고 안타까워요. 일본인뿐만 아니라 예수 믿지 않는 사람은 누구나 다 불쌍해요. 한국인이든 미국인이든 말예요."

우리는 백화점에 들어가 이것 저것 구경만 한 후 식당가로 가 양식을 먹었다.

도리스 씨는 좀 뚱뚱한 편이어서 걸어다니는 것이 힘들었던지 더 이상 걷지 못했다. 우리는 택시를 타고 숙소로 돌아왔다. 방으로 돌아와 목욕준비를 하던 나는 책상 위에 놓여 있는 나무 도시락을 보았다. 열어보니 맛있는 김밥이었다. 에미꼬가 놓고 간 것이 분명했다. 나는 기뻐 '할렐루야!'를 외쳤다.

김밥이 있어서 기쁜 것이 아니라 에미꼬가 변화되었다는 증거였기 때문이다. 나는 목욕을 하면서 감사의 찬송을 힘차게 불렀다. 그리고 목욕 후 김밥을 앞에 놓고 주님께 기도했다.

그런데 이미 점심을 먹은 터라 그저 맛이나 볼까 하여 김밥을 한 개 먹어 본 나는 주저없이 절반 정도를 마구 먹어버렸다. 김밥이 너무 맛있었기 때문이다. 나는 에미꼬의 정성과 변화를 생각했다. 그 날 밤 나는 어린아이같이 달게 잘 수 있었다.

이튿날 아침 나는 기도하고 찬송하며 성경을 묵상하고 있었다. 갑자기 노크 소리가 나더니 에미꼬가 들어왔다. 그녀의 두 손에는 음식이 들려 있었다. 맛있는 된장국 냄새가 방 안에 퍼지는 것 같았다. 나는 에미꼬가 가지고 온 음식을 자세히 들여다보았다. 두부 된장국과 노란 무 그리고 따끈따끈한 밥이었다. 그리고 거기에 생선초밥까지 곁들여 있었다.

"에미꼬 상, 이게 웬 거예요? 이렇게까지 수고할 필요가 없는데."

"이렇게 하고 싶어요, 선생님."

에미꼬가 웃으며 말했다. 나도 미소를 띠며 말했다.

"왜 그럴까요?"

"저도 모르겠어요. 그저 이렇게 하고만 싶은 걸요."

"아니, 이렇게 요리를 하려면 재료도 있어야 하고 시간도 내야 할 텐데…. 이렇게 해도 되는 거예요?"

"다른 사람들의 아침식사가 끝난 후 재빨리 부엌에서 준비하면 괜찮아요."

"그렇게 하다가 무슨 말이라도 들으면 어떻게 하려구요. 에미꼬 상, 정말 고맙고 감사해요. 점심이나 저녁은 식당가에서 먹으면 돼요."

에미꼬는 미소를 띠면서 내 말을 듣기만 했다. 그녀가 어찌나 사랑스러운지 내 가슴은 사랑으로 가득 찼다.

'그렇게도 밉고 싫던 에미꼬였는데 이제는 너무나 사랑스럽다. 어찌 저렇게 아릅답고 사랑스러운 꽃송이 같을까? 안아주고 싶다. 업어주고 싶다. 볼을 대고 비벼주고 싶다.'

마음 속에서 에미꼬를 향한 사랑이 한없이 넘쳐났다. 나는 에미꼬를 기쁘게 해주기 위해 가져온 음식을 그 앞에서 먹기로 했다. 그리고 눈을 감고 큰 소리로 일본어로 기도했다. "아버지, 어찌하여 에미꼬 상을 제 친구로 만들어주셨는가요. 당신이 이렇게 변화시켜 주셨음을 감사드립니다. 에미꼬를 많이 사랑하고 자랑하며 살겠습니다."

 나는 눈을 뜨고 에미꼬를 보았다. 에미꼬도 함박웃음을 지으며 나를 바라보았다.

"선생님!"

에미꼬는 나를 불러놓고서 아무 말 없이 방긋 웃기만 했다.

"왜 그래요? 말해 봐요."

"그 때 주신 책 말이에요."

"그 책이 왜요?"

"밤을 새워 그 책을 읽었어요. 시간 가는 줄도 모르고요."

"그랬어요? 그러니까 그 책이 좋았다는 뜻인가요?"

"얼마나 감명깊었는지 몰라요. 그리고 얼마나 울었다구요."

"울었어요?"

"그 책을 쓴 분이 아직 살아 계신가요?"

"물론 살아 있지요."

"어디에 계셔요?"

"여기."

"일본에 계신다는 말씀이에요?"

"그럼요."

"일본 어디에요?"

"여기라니까."

"동경에요?"

"아니, 바로 여기."

"여기라뇨?"

"여기 이 방 말예요."

"이방에요?"

에미꼬가 놀라 손으로 입을 막으며, 말 못하는 사람처럼 한동안 나를 쳐다보았다.

"그럼, 선생님이? 그분이세요?"

"이 방에 나 말고 또 누가 있어요?"

에미꼬는 다시 한 번 나를 뚫어져라 쳐다보았다. 그리고 에미꼬의 두 뺨에 눈물이 흘러내렸다. 나도 그녀와 함께 울었다. 나는 에미꼬를 붙잡아 의자로 인도했다. 에미꼬는 내 곁에 앉아서 고개를 숙인 채 두 손을 모아 무릎에다 놓았다. 그리고 내 말을 기다리고 있었다.

"에미꼬 상, 나는 참으로 놀랍고 기뻐요. 왜 그런지 알아요?"

"왜 그러셔요?"

"그 높고 위대하시고 존귀하신 하나님께서 에미꼬 당신을 너무너무 사랑하신다는 사실이 놀라운 거예요.

"하나님께서 저를 사랑하신다구요?"

"그럼요."

"왜요?"

"에미꼬 상을 천국에 보내주시려고 나를 미국에서 아니 대만에서 여기까지 보내신 거예요. 나는 대만에서 원고를 다 쓴 다음 미국으로 돌아갔어야 하는데 동경에 들러 쉬고 가야겠다는 마음이 간절했어요. 그리고 여기서 당신을 만난 거구요. 처음엔 에미꼬 상이 내게 어찌나 냉랭했던지 기분이 상했어요. 그래서 에미꼬 상을 보지도 않고 말하고 싶지도 않았어요. 솔직하게 말하는 거예요. 사실 나는 에미꼬 상이 친절하든 친절하지 않든 며칠 동안 묵고 떠나면 되지요. 에미꼬 상에게 신경을 써야 할 이유가 전혀 없다는 말이지요."

에미꼬는 머리를 끄덕이면서 내 말을 조심스럽게 들었다.

"하나님께서는 내게 무거운 짐을 주셨어요. 여하튼 하나님께서 에미꼬 상을 내 친구로 만들지 않으면 안 되도록 내게 역사하신 거예요. 그래서 나는 에미꼬 상과 친해지기 위해 여러 일을 시도했지요. 처음엔 내가 먼저 밝은 웃음을 보였지요. 그 다음에는 계단에서 당신의 길을 막고 나를 쳐다보게 했지요. 그런데 그렇게 해도 안 되었을 땐 포기하고 싶었어요. 그러나 마지막으로 내가 당신에게 관심이 있었다는 것을 표시해 놓고 떠나려고 과자와 카드를 선물했어요. 당신이 그 카드와 과자에 항복했지요. 하하하…."

"그런데요, 선생님. 저는 그것을 보았을 때 도로 가지고 올라와서 선생님께 갖다 드리려고 했어요. 그런데 그 상자를 들고 올라오다가 그만 떨어뜨려 부서져 버렸어요. 그래서 똑같은 것으로 사려고 나가 보았는데 너무 비싸서 살 수가 없었어요. 할 수 없이 돌아와 선생님의 정성을 생각하며 부서진 과자를 먹었어요. 그리고 생각했어요. 평생 내게 이런 과자를 사준 사람이 있는가 하고 말이에요. 그러자 선생님의 인자하신 얼굴이 떠오르는 것이었어요."

"뭐라구요? 내 얼굴을 보지도 않았을 텐데?"

"아침식사 때 식당에서도 보았고, 제가 안 보는 것 같아도 다 보았는 걸요."

"그래요? 그래서요?"

"너무 고마운 생각이 들었어요. 그래서 정성을 다하여 김밥을 만들었지요. 제가 시골에 있을 때 그런 김밥은 명절 때나 먹곤 했어요. 그 김밥은 시골식이에요. 여기서 만드는 것과는 달리 만들어요."

"아, 그래서 그렇게 맛이 있었군요. 너무 맛이 있어 정신없이 먹었어요."

"그 후부턴 자꾸 선생님께 뭔가를 해드리고 싶었어요. 말씀만 하시면 제가 해드릴게요."

"나한테 더 해줄 필요없어요. 나는 곧 미국으로 돌아갑니다. 또 먹는 것에 별로 관심이 없거든요. 단지 내가 기뻐하는 일은 내 말을 잘 들어주고 알아주는 거예요. 그것이 내가 에미꼬에게 가장 원하는 거예요. 이젠 에미꼬 상도 나를 좋아하게 되었으니까 우리가 친구가 된 것이지요. 그러니까 내 말을 기꺼이 들어준다면 그게 더 기쁘고 감사하겠어요."

"네, 말씀하세요."

"세상에 있는 그 누구보다 에미꼬 상을 잘 아시는 분은 하나님이세요. 에미꼬 상의 부모님도 물론 에미꼬 상이 잘 되기를 바라시지만 하나님은 더욱 더 에미꼬 상이 잘 되고 영원히 행복하기를 바라세요."

에미꼬가 질문을 하려는 듯 나를 쳐다보았다. 나는 즉시 말을 막았다. "에미꼬 상, 내가 말하는 동안에는 가만히 듣고만 있어요. 그리고 하고 싶은 말이 있으면 내 말이 끝난 다음에 얼마든지 해요. 알겠어요?"

"네."

"자, 잘 들으세요. 에미꼬 상의 부모님은 에미꼬 상이 잘 되고 행복하기를 원하지요. 그러나 그게 마음대로 되지 않아요. 하나님은 전능한 분이셔서 천지와 그 가운데 있는 만물을 만드시고, 운행하는 분이세요. 하나님은 천지만물의 주인이시기 때문에 무엇이나 하실 수 있어요. 또한 에미꼬를 이 세상에 보내신 분은 하나님이세요. 부모님은 몸을 빌려준 것이지요. 그 중거가 무엇인지 아세요? 사람이 아들을 낳기 원한다고 아들을 낳고, 딸을 원한다고 딸을 마음대로 낳을 수 있는 게 아니잖아요? 다만 하나님께서 주시는 대로 된다구요. 하나님은 어느 민족 어느 나라든지 하나님의 사랑하는 자녀가 모두 잘 되고 행복하기를 원하신답니다."

에미꼬가 내 얼굴을 주시했다. 나는 그 뜻을 알아차리고 재빨리 말을 이었다.

"하나님께서 원하시는 것은 그분의 독생자 그러니까 하나밖에 없는 아들 예수님을 모든 사람들이 믿는 거예요. 내가 쓴 책을 읽었으니 내 말을 이해할 거예요."

에미꼬는 쉴 새 없이 계속되는 내 말에 빠진 듯했다.

"자, 에미꼬 상, 당신은 안이숙 친구죠? 그러나 그것은 아무것도 아니에요. 무엇보다 중요한 것은 하나님께서 에미꼬를 사랑하시며, 에미꼬가 예수님을 믿고 잘 되는 거예요. 하나님께서는 에미꼬가 행복하기를 원하세요."

내 말이 끝나자마자 에미꼬가 말을 이었다.

"제가 시골에서 생활할 때 미국 선교사님이 선생님과 똑같은 말씀을 하셨어요. 저는 그 말씀을 좋아했어요. 여기에서 일하게 된 것도 그 선교사님이 소개해 주신 덕분이에요."

"아니, 그러면 에미꼬 상은 예수님을 구주로 믿는다는 말이에요?"

"교회에 다니고 있어요."

나는 적잖이 놀랐다. 에미꼬를 교회와는 상관없는 사람으로 생각했기 때문이다.

"교회에는 왜 나가지요?"

"예수님을 믿으니까 나가는 것 아니겠어요?"

"아니, 그러면 믿는 사람이 그렇게…."

"죄송해요. 선생님께서 무슨 말씀을 하고 싶은지 알겠어요. 하지만 저는 너무 못생기고 몸집도 작아서 사람들을 대하는 것이 두려워요. 그래서 자연히 피하게 되지요. 교회에 가서도 어느 누구와 인사해 본 적이 없어요. 그저 몰래 들어갔다가 예배가 끝나기가 무섭게 나와버리거든요. 제 자신이 부끄러워서요."

"아휴, 딱해라. 에미꼬 상, 대부분의 사람들이 다 그래요! 그러나 에미꼬 상은 지금 달라졌잖아요?"

"그것은 선생님이 너무 좋아서 그래요."

"그렇지 않아요. 내가 얼마나 못된 사람이었는지 에미꼬 상은 모를 거예요. 나도 에미꼬가 했던 것처럼 누구에게나 친절하지 못하고 낙심할 때가 많았어요. 그러나 예수님은 우리를 하나님의 딸로 만들어주셨어요. 이 사실 때문에 우리가 강해질 수 있고 또 다른 사람을 사랑할 수 있는 거예요."

"선생님은 그러세요?"

"에미꼬 상도 그렇지 않아요?"

"저야 뭐 본래 못생겼으니까요."

"못 생긴 사람이 하나님의 딸이 되어 예뻐졌고 사랑스러워졌다는 사실이 얼마나 기쁜 소식이에요."

우리는 손을 잡고 기도했다. 에미꼬는 청소하는 일을 잊어버렸는지 계속 나와 함께 있었다.

"에미꼬 상, 교회에 나가고 예수님을 믿는데도 왜 마음에 기쁨이 없는 줄 알아요?"

"마음으로 믿지 않아서 그런 것 같아요, 선생님."

"잘 알고 있군요. 믿는 것 같았지만 사실 믿지 않은 것이었어요. 하나님이 아버지 되심을 믿고, 예수님을 그 마음에 모시면 새 마음이 생기지요. 보는 것, 생각하는 방식, 하는 일까지 모두 바뀌게 되지요. 말하자면 하나님의 자녀라는 인식이 생기는 거예요."

에미꼬는 선생님의 가르침을 받는 학생처럼 내 말에 귀를 기울였다. 그녀의 태도는 진지했지만 말씀을 실행할 자신은 없는 듯 실망스러운 표정을 짓고 있었다. 나는 힘주어 말했다.

"에미꼬 상! 예수님을 모신 사람은 예수님을 모시기 전의 생활과 달라지게 되어 있어요. 가령 불친절했거나 좌절했거나 사랑이 없었다면 예수님을 모시고 변화되어 친절과 용기와 사랑이 가득 찬 생활을 하게 되지요. 따라서 세상사람들과 같지 않아요. 항상 하나님의 자녀로서 더 나은 삶을 살도록 힘쓰지요. 그리고 하나님을 인식하면서 살아요. 하나님의 딸이라면 모름지기 그렇게 되어야 하지 않겠어요? 하나님은 언제 어디서나 동일하시지요. 그분을 사랑하며 그분의 말씀에 순종하면 이 세상을 밝은 마음으로 살 수 있지요."

나는 순식간에 많은 말을 빨리 해버려 숨이 가빴다. 나는 에미꼬가 스스로 변화할 수 있다는 생각을 품고 희망을 가졌으면 하고 바랐다.

"저 같은 것도 그렇게 될 수 있어요?"

"저 같은 것이라니? 하나님께서 에미꼬를 사랑하셔서 나를 이곳까지 오게 하셔서 친구삼아 주셨는데. 하나님께서는 에미꼬를 도와주세요. 그러니까 에미꼬도 변화할 수 있어요. 예수님을 사랑하세요. 그리고 하나님께 더욱 가까이 가세요. 자기 마음대로 살아간다면 아무 유익이 없어요. 알겠어요?"

　나는 그녀의 유독 작은 몸집과 꾸밀 줄 모르는 몸가짐을 보면서 새로운 동정 같은 것을 느꼈다.

　'그럴 수도 있지!'

　그러나 나는 주님께서 에미꼬를 사랑하심을 볼 수 있었다.

　예수님께서도 '그럴 수도 있지' 하시는 것일까?

남편이 변했어요

"여기는 서울이에요. 선생님, 꼭 드릴 말씀이 있는데 지금 바쁘세요?"
"바쁘진 않지만 장거리 전화인데 괜찮겠어요?"
"그 점은 염려하지 마세요. 그리고 아무리 길어도 꼭 들어주시고 도와주세요. 출판사에서 선생님의 전화번호를 알아냈을 때 너무 감사하고 고마웠어요."
"그래요? 오히려 제가 고맙네요. 그런데 어떤 일로 전화를 하셨나요?"
"저는 칠 년 전에 결혼했어요. 그런데 저와 결혼하기 전에 제 남편은 어릴 때 같이 자란 여자와 이미 약혼한 사람이었어요. 집안끼리 매우 가까운 사이여서 어릴 때부터 결혼을 약속해 놓았었나봐요. 저는 대학 도서관에서 남편을 자연스럽게 만나면서 인사도 하고 이야기도 자주 나누는 사이가 되었어요. 우리가 서로 가까워지자 저를 좋아하던 남학생이 약혼한 남편을 의심하기 시작했어요. 두 남자가 저를 가운데 두고 농담도 하고 장난도 쳤지만 그러면 그럴수록 저는 두 남자 사이에 끼어 사랑받는 내 입장이 싫지 않았어요. 어떤 때는 도리어 기분이 좋기까지 했어요. 그런데 가만히 눈치를 보니까 남편이 정말 저를 좋아하는 것 같았어요. 두 사람 다 괜찮은 사람들이었지만 제 마음은 남편에게 더 끌렸어요. 하지만 남편에겐 약혼자가 있었기에 그러면 안 된다고 생각해서 의도적으로 남편이 보는 데서 저를 좋아하는 남학생과 데이트 약속을 해버렸어요. 그런데 그 남자가 약속시간 보다 늦게 와서 기다리고 있는데 남편이 달려와 데이트를 취소하라는 거예요. 그리고 자기와 데이트하자고 하는 바람에 어쩔 수 없이 그렇게 했어요. 물론 저도 기분이 좋았고요. 그것을 계기로 우리 사이는 더 가까워졌고 급하게 결혼을 서두르는 데까지 이르게 되었어요. 남편의 집에서 크게 반대했지만 결국 우리는 결혼하게 되었어요.

그런데 학생 때부터 예수님을 믿은 저와는 달리 남편 집안은 유교 전통을 따랐고, 그 많은 형제들 중 믿는 사람은 하나도 없었어요. 저는 어릴 때 어머님이 병환으로 돌아가셨지만 새어머니의 보살핌 아래서 친어머니 못지 않은 사랑을 받으면서 자랐어요. 새어머니도 예수님을 믿는 신앙인이었기에 저를 친딸처럼 여기며 키우셨어요. 아버지는 사업이 바쁘다는 핑계로 신앙생활을 게을리하셨지만 하나님을 믿는 것을 반대하지는 않으셨어요. 그런데 시집 식구들은 예수님을 믿는 우리 집안을 싫어했고, 더군다나 제가 그 집 아들을 꼬여 결혼해서 친구 집안과 원수가 되게 했다고 여간 말을 많이 하는 게 아니었어요. 그런데다가 결혼한 지 칠 년이 되었는데도 저는 아직도 자식이 없어요. 시집에서는 제 남편에게 좋은 색시 마다하고 예수쟁이 데려와서 벌 받는다고 말해요. 요즘엔 부모님 생신 때나 조상들 제삿날에도 가지 않았더니 불효막심한 며느리라고 남편에게 언짢은 소리를 마구 해대는 거예요."

"아니, 부모님 생신인데도 안 가세요?"

"네. 그 때에는 온 식구가 다 모이는데 저만 자식이 없어요. 시부모님들의 냉랭한 태도를 도무지 견딜 수가 없어서 지금은 일체 가지 않아요. 갔다 오면 너무 속상하거든요. 그런데 선생님! 더 큰 문제가 생겼어요."

"더 큰 문제라뇨?"

"제 남편이 변했어요."

그녀의 말소리가 가늘게 떨리고 있었다. 그리고는 한참 후에야 입을 열었다.

"선생님, 제 남편이 너무 많이 변했어요."

"어떻게 변했는데요?"

"저를 쳐다보려고도 하지 않아요."

"그래요?"

"집에 들어와도 저를 보지 않고 그냥 방에 쑥 들어가요. 밥 먹을 때도 그렇고 말도 안 해요."

"전혀 말을 안 하세요?"

"고작 한다는 소리가 당신은 왜 다른 사람 같지 않아? 하는 거예요."

"자매님, 자매님은 그게 무슨 뜻이라고 생각해요."

"뻔하지요. 저를 보지 않는 것은 제가 싫어진 것이고, 다른 사람 같지 않다는 것은 애기를 못 낳는다는 뜻이겠지요."

"글쎄요. 내 생각은 좀 다른데요."

"선생님은 어떻게 생각하시는데요?"

"사람은 누구나 아름다운 것을 좋아하지요. 약혼까지 한 사람이 당신에게 매력을 느꼈다는 것은 자매님이 그만큼 아름다웠기 때문이 아니겠어요?"

"네. 남편은 저를 굉장히 좋아했어요. 그래서 언제나 제 곁을 떠나지 않으려고 했어요."

"그렇지요? 그 땐 신경써서 멋도 내고 상냥하고 남편이 좋아할 만한 매력이 충분히 있었을 거예요. 지금도 그 때처럼 남편에게 잘 보이기 위해 노력하시나요?"

"이렇게 마음이 상하는데 어떻게 그럴 수가 있어요. 지금은 밤낮 울기만 하고 머리도 제대로 손질하지 못하는 형편이에요."

"내 생각으론 남편이 변한 게 아니라 자매님이 변했어요."

"제가요?"

"자매님은 예수님을 믿지요?"

"물론이지요. 주님을 믿지 않았다면 벌써 자살하거나 이 집에서 나가버렸을 거예요."

"예수님을 믿는 사람은 그 말씀대로 순종하면서 살아야 해요. 자매님은 순종하면서 살아간다고 생각하세요?"

"글쎄요."

"어려운 일이 있을 때 예수님이 걱정하고 낙심하라고 하셨나요?"

"너무 마음이 상해서 그래요."

"물론 견디기 힘들 거예요. 하지만 예수님은 어려울 때 모든 염려를 주님께 맡기고 기도하라고 하셨지요? 그대로 하셨나요?"

"아니요."

"그렇게 다 알면서 행하지 않으면 무슨 소용이 있겠어요. 또 예수님을 믿지 않는 것과 무엇이 다르겠어요. 믿는 사람답게 사셔야죠. 애기를 낳고 못 낳는 것은 주님께 맡기세요. 자매님은 그 옛날 약혼한 남자의 마음을 변화시켰던 것과 같이 계속해서 남편의 눈이 자매님에게서 떠나지 않게 했어야지요. 바로 이 점에서 당신이 변한 거예요. 또 '왜 당신은 다른 사람 같지 않으냐'는 말은 왜 애기를 못 낳느냐는 말이 아니라 피곤해서 돌아온 남편에게 좀더 따뜻하게 대해 줄 수 없느냐는 말이 아닐까요? 아직 당신네들은 젊고 결혼한 지 칠 년밖에 안 되었는 데 뭐가 그렇게 조급해요. 결혼한 지 십 년 만에 애기를 낳는 분도 있지 않습니까? 애기를 얻고자 기도하고 있다면 먼저 믿고 기다려야지요. 오히려 그것을 계기로 기도할 수 있는 특권을 주신 것에 감사해야 하지 않을까요? 내가 보기에는 당신보다 당신 남편이 더 불쌍해요. 그분은 부모가 좋아하는 여자를 버리고 다른 여자와 결혼해서 부모에게 신용을 잃어버렸어요. 게다가 상냥하고 매력적인 아내는 전과 같지 않고 걱정과 근심 속에 있으니 말이에요. 더욱이 그는 하나님도 믿지 않으니 의지할 데도 없지 않습니까? 또 시부모도 부모예요. '네 부모를 공경하라'는 말씀대로 사셔야지요. 생일이 아니더라도 기회를 만들어 맛있는 것이나 귀한 선물을 사 가지고 가서 정중히 인사하고 존경하고 높여 드리세요. 그러면 노인들의 마음이 풀어지고 아이 없는 며느리가 더 안쓰러워 사랑하게 되지 않을까요? 예수님 믿는 사람이 잘 해야지 주님이 비방 받지 않아요. 내 생각으로는 자매님이 변했어요. 우선 그 옛날 모습을 다시 찾으시고 부모님에게 마음에서 우러나오는 효도를 하면서 믿음으로 기도하고 기다리세요. 분명히 모든 상황에 변화가 있을 거예요."

"그렇게 해 보겠어요. 왜 그렇게 쉬운 것을 몰랐을까요, 선생님!"

"됐어요. 용기를 내세요. 아무리 어려워도 믿는 사람은 다 할 수 있으니까요."

5. 가슴아픈 사랑

마리나

마리나는 열두 살 때부터 청소부로 멕시코와 미국을 오가면서 돈을 벌었다. 어렸을 때부터 배운 기술이라 청소하는 데는 비상한 재주가 있었다. 그녀는 얼굴도 예쁘지만 말하는 소리가 꼭 꾀꼬리 같았다.

일단 마리나에게 청소를 시켜 본 사람이면 꼭 그녀를 다시 불렀기 때문에 그녀는 고객이 많아졌고 또 아는 사람도 적잖이 되었다.

열여덟 살 되던 해, 그녀는 미국 청년의 열렬한 구애로 결혼을 했지만, 남편이 별다른 기술이 없었기 때문에 가난한 살림을 할 수밖에 없었다.

그들이 이웃 아파트에 살고 있었기 때문에 우리는 만날 때마다 인사를 나누곤 했는데, 나는 그녀의 음성에 매력을 느껴 한참씩 이야기를 하곤 했다.

어느 날부터인지 그녀가 매일 한가롭게 뒷마당에 나와 앉아 있었다.

그녀의 목소리를 듣는 것이 좋아 내가 말을 건넸다.

"마리나, 웬일이야? 요즘엔 일을 안 가는 모양이지?"

"네. 어찌 된 일인지 일자리를 한꺼번에 다 잃었어요."

"잃다니?"

"한 집은 15년이나 일해 주었는데 집 주인이 돌아가셔서 더 이상 내가 필요치 않고요, 또 한 집은 동부로 이사를 가버렸어요. 김 부인!"

그리곤 더 하고 싶은 얘기가 있는지 내게 가까이 다가왔다.

나는 그녀가 비상한 청소 솜씨를 가졌다는 이야기를 그녀의 남편에게서 몇 번인가 들었다. 그래서 그녀에게 나를 도와달라고 할 마음이 생겼다.

"마리나, 나를 좀 도와줄 수 있겠어요?"

그녀는 몹시 기쁜 얼굴을 하면서 그녀 특유의 아름다운 음성으로 말했다.

"그러믄요, 청소일 말씀이지요?"

"그래요."

그 때부터 그녀는 나를 도와 일 주일에 두 번씩 우리집 청소를 하게 되었다. 과연 그녀는 청소 전문가였다. 보통 청소부들은 다섯 시간 이상 걸리는 일을 마리나는 두 시간이면 거뜬히 해냈고, 청소가 끝난 후에는 구석구석까지 얼마나 깨끗하고 신선해지는지 청소도 정말 기술이 필요함을 실감할 수 있었다. 집에 찾아오는 사람들마다 "사모님은 참 깨끗하시네요" 하고 말했다. 부엌은 말할 것도 없고 찬장이나 냉장고나 어디든지 반짝반짝 빛나고 방들도 모두 말끔해졌다. 현관이나 마당은 물론 화장실까지도 반들반들하게 만들어 놓았다.

마리나는 청소에 사용하는 약품을 잘 알았기 때문에 힘들게 일하지 않았다. 그래도 끝난 후에 보면 거의 완벽했다.

노인 아파트에 사시는 우리 교회 집사님이나 권사님들도 말이 전혀 통하지 않았지만 마리나가 얼마나 애교를 떨며 잘 사귀는지 모두들 마리나와 금방 친해져 버렸다.

그녀는 요리도 빠르게 잘했다. 맛도 일품이고, 먹고 난 후에는 치우기도 잘해서 그녀가 요리한 날이면 부엌이 온통 환해지는 기분이었다. 그녀는 머리도 잘 만졌다. 그녀는 태어나면서부터 곱슬머리이기 때문에 파마를 할 필요가 없었고, 자연 곱슬머리는 그녀의 희고 맑은 얼굴을 한층 아름답게 해주는 것 같았다.

  그녀는 파마하는 기술도 있어서 내가 미장원에 가려고 하면 자기가 해주겠다며 어느 미용사들 못지않게 잘 만져주었고, 스타일도 내 맘에 쏙들게 해주었다.

  그런 모든 일들을 선수같이 잘하는 마리나가 바느질만은 전혀 할 줄 몰랐다. 그녀에게는 어린 남매가 있었는데, 단추가 떨어지면 어린 딸이 직접 달고 꿰맨다고 했다. 그 정도로 마리나는 바느질엔 재주가 없었다.

  마리나는 차츰 나에게는 없어서는 안될 존재가 되었다. 하나에서 열까지 그녀의 도움은 내 생활을 쉽게 해주었고 기쁘게 해주었다.

  뿐만 아니라 마리나는 우리 집에 자주 출입하는 집사님, 권사님들에게도 친절하고 상냥해서 늘 기쁨을 주는 존재가 되었다. 또 그녀의 체구가 나와 비슷해서 내 옷과 구두도 같이 쓸 수 있었다. 내가 주는 옷이나 구두를 받아들고 기뻐하는 그녀의 모습은 사랑스럽기 그지없었다. 그녀의 남편 또한 마리나가 정말로 나를 좋아한다고 말하며 집에 큰일이 있을 때는 늘 쓰레기를 치워주었다.

  교회에서 특별행사가 있을 때는 어린애들을 맡아보는 사람을 쓰는데, 그럴 때면 마리나는 물론 그 남편과 딸까지 와서 아이들을 돌봐주었다. 마리나는 무엇이나 재치있게 잘 하였으므로 교회에서도 다른 사람들보다 더 많은 사례를 지불했고, 아이 어머니들과도 친근해져서 사랑을 받았다.

  우리 아파트에는 여러 차례 도둑이 들어 큰 문제가 되었는데, 마리나의 남편이 총을 갖고 도둑이 올 만한 시간에 꼭 밖에 나가 지키고 서 있기도 했다. 그래서 나는 그들에게 지불하는 돈의 액수가 얼마가 되든 간에 그들을 돕는 일에 너그러울 수밖에 없었다. 그 남편은 우체국에서 일했지만 항상 일이 있는 것이 아니고 바쁠 때 부르면 가서 돕는 정도였다. 그래서 그들의 생활은 항상 넉넉하지 않았다. 그들은 늘 정부에서 주는 구호 식품표를 사용하고 있었다. 그렇지만 자동차는 남편 차와 마리나의 차가 따로 있었다. 마리나는 운전도 잘해서 곧잘 내 차를 타고 가 사 오라는 것을 사 오기도 했다. 그녀는 우리 집안에 무엇이 있는지 나보다 더 잘 알 만큼 집안일에 대해 모르는 것이 없었다. 이따금 현금이 어디에 있는지 마리나가 알고 있어도 나는 염려하지 않았다. 그만큼 마리나를 신뢰했던 것이다. 마리나는 매번 습관처럼 내게 말했다.

"김 부인! 나는 김 부인이 너무 좋아요. 물론 목사님도 좋아하지만 목사님이라서 어렵기도 해요. 그렇지만 김 부인에 대해서는 좀 달라요. 남편과 저는 늘 김 부인 곁을 떠나지 말자고 말하곤 해요."

나는 그녀의 말을 들을 때마다 고맙고 또 대견했다. 그리고 그들이 그럴 것이라고 생각했고, 나도 그들이 그러기를 원했다. 그래서 우리 집에 오시는 집사님들과 권사님들은 이렇게 말하곤 했다.

"마리나네는 하나님이 보내신 사람들이에요. 어떻게 외국인인데도 저렇게 다정하고 충직스러울 수가 있어요."

"그럼요. 사모님이 주님 위해 고생하셨다고 주님께서 이런 사람들을 보내주신 거지요."

나도 으레 그렇게 생각했다. 여하튼 그들과 그렇게 가까운 사이가 된 것이다.

그렇게 살아온 지가 11년이 넘었다. 나는 마리나네 집 열쇠를 가지지 않았지만 마리나는 우리 집 열쇠를 가지고 내가 집회하러 출타했을 때에도 맘대로 내 집에 들어와 청소하고 정리했다. 사실 우리 집에는 귀금속이나 돈이나 뭐 탐낼 만한 것이 많지 않으니 마리나가 우리 집 열쇠를 가지고 있다고 해도 그다지 위험한 일은 아니었다. 내게는 결혼반지와 약혼반지, 제법 좋은 다이아가 박힌 백금 반지 한 쌍이 있었다. 그리고 선물받은 금목걸이 세 개와 보석반지 등 몇 가지 귀금속을 한 데 모아 반지함에 보관하고 있었다.

집회에 갈 때 번쩍거리는 금목걸이를 하는 것이 맘이 편치 않아서 그것을 함 속에 넣어두었고, 또 다이아반지는 무거운 백금에 박혀 있어서 그것을 끼면 오래 견디지 못했다. 팔이 당기는 것 같은 불편감 때문에 자주 끼지 못하고 함 속에 처박아두곤 했다. 그것은 블루 다이아라 빛이 굉장히 찬란했다.

한번은 멀지 않은 데로 집회를 갔다가 돌아오면서 반갑게 맞아줄 마리나를 기대했다. 그런데 나를 반겨주어야 할 마리나가 없었다. 그래서 남편에게 물었다.

"마리나가 안 보이네요."

"요즘 통 안 보이던데, 어딜 간 게지."

나는 곧 전화를 걸었다. 마리나가 받았다. "마리나! 내가 돌아왔어. 내가 이 때 돌아온다는 것을 잊어버렸어? 왜 나를 맞아주지 않았어. 응?"

그녀의 대답이 시원치 않고 우물쭈물하는 게 이상했다.

"마리나! 왜 그러는 거야! 그 명랑하고 아름다운 음성이. 왜, 어디 아파? 못 오겠어?"

"조금 후에 갈게요."

나는 수화기를 놓고 짐을 풀면서 어째 맘이 찜찜하고 개운치 않은 것을 느꼈지만 '아마 부부싸움을 했나 보다' 하고 잊어버리려고 했다.

마리나는 결국 그 날 우리 집에 오지 않았다. 이튿날도 그녀는 남편과 어딜 가야 한다며 전화만 하고는 내 앞에 나타나지 않았다.

청소하는 날이 되어 마리나가 우리 집에 왔는데 명랑하고 재치있던 평상시의 그녀의 모습이 아니었다. 뭔가 슬슬 나를 피하려는 눈치였다.

'무엇 때문일까? 저런 태도는 11년간 본 일이 없었는데!' 아이 때문에 걱정하는 것도 아닌 것 같았고, 남편과 부부싸움을 한 것도 아닌 것 같았다. 뭔가 나와 관련된 일같이 느껴져 그녀가 청소하는 동안 나는 뒷마당으로 나가 화초를 만지작거리며 생각을 하고 또 했다. '뭘까?'

그녀가 청소를 대충하고 말았는지 생각보다 빨리 마치고 자기 집으로 가려고 나왔다. 역시 그녀의 눈은 나를 피하고 있었다. 나도 말없이 그녀를 집으로 보냈다. 그런데 우리 아파트 위층에 살고 있는 친척 자매가 나를 보더니 말했다.

"언니! 마리나 나빠요. 그녀가 도둑질하는 것을 모르세요?"

그 말을 듣고 나는 단번에 기분이 상했다.

"애린은 무슨 그런 말을 하는 거야. 마리나는 나와 11년 이상을 살았는데, 내게서 손수건 한 장 가져간 일이 없어요. 애린, 말을 조심해서 해야지 나오는 대로 마구하는 것 아니에요."

"아이, 언니는 사람을 너무 믿는 게 문제에요. 마리나가 우리 집에 와서 구경한 뒤 쓸 만한 것을 몽땅 가져갔는데도 그래요?"

"쓸 만한 것이 뭐였는데?"

"도자기병과 화분이 없어졌고 또 예쁜 컵이 두 개 없어졌어요. 언니!"

"그런 소리 하는 것 아니라니까. 마리나한테 그런 것이 뭐 그리 중요하겠어? 마리나는 그런 사람이 아니라니까."

"언니 집도 잘 찾아보세요. 없어진 게 있어도 놀라지 마시구요."

"우리 집에는 없어질 것도 없고, 또 없어졌을 것이라고 생각하기도 싫다니까!"

말은 그렇게 했지만 나는 방에 들어와 반지함을 찾아보았다. 역시 없었다. 아주 함께로 보이지 않았다. 그 함은 언제나 문갑 위 구석진 곳에 있었는데, 그 자리가 텅 비어 있고 어느 곳에도 보이지 않았다. 나는 깜짝 놀랐다. 마음이 아득해졌다. 사실 나는 반지와 금목걸이를 잃어버려서 아깝다는 생각보다 마리나를 잃었다는 충격이 더 컸다. 나는 내 감정을 주님께 다 털어놓고 의논한 후에 일어나 앉아 곰곰이 생각해 보았다.

마리나가 그 반지함을 가져간 것은 의심할 나위가 없었다. 그렇지만 마리나는 심성이 착하고 아름다웠으며 나를 잘 따르고 좋아하지 않았던가! 일생 동안 나를 돕겠다고 늘 다짐하지 않았던가! 그런데 왜 이런 일이 생겼을까? 나는 답답한 마음을 가눌 길 없어 뒤뜰로 나왔다. 눈을 들어 하늘을 쳐다보니 조각구름 몇이 둥실둥실 떠가고 있었다. '넓은 아량과 이해하는 마음을 가져야겠는데!' 하늘같이 높고 구름같이 자유로운 마음이 그리워졌다. 벤치에 앉아 하늘만 쳐다보고 있는데 웬일인지 마리나가 다가왔다. 나는 그녀를 쳐다보지 않으려고 하늘만 바라보고 있었다.

그녀는 멀찌감치 떨어진 곳에 한참 서 있다가 자기 집으로 돌아가 버렸다. 내 마음에 풍랑이 이는 것 같았다. 사흘이 지나갔다. 마리나는 한 번도 보이지 않았다. 다시 청소하는 날이 되어 마리나가 왔다. 명랑하고 밝은 그녀의 얼굴은 찾아볼 수 없었고 청소만 끝내고는 말없이 가버렸다. 나 역시 아무 말도 하지 않았다. 한 시간도 채 안 되어 마리나가 다시 내 집으로 왔다. 그리고 내게 말했다.

"김 부인! 왜 그렇게 갑자기 달라지셨나요?"

"내가?"

"그럼 누구겠어요? 저를 무시하시는 건가요? 아무 말도 없으시잖아요."

나는 그녀의 음성이 떨리는 것을 듣고 어떻게 해야 할지 당황했다. 나는 그녀를 사랑했다.

"김 부인, 저는 슬퍼요. 김 부인은 제 어머니보다 더 가깝고 다정했잖아요? 그런데 이제는 절 미워하세요? 저는 다 안다구요. 저를 무시하고 미워하는 것 아니에요."

"마리나, 내가 고민이 있어서 그러는 거야."

"고민이라구요?"

"그래, 무슨 고민인지 알고 싶지?"

"네."

"내가 결혼할 때 김 목사님이 내게 결혼기념으로 다이아반지를 해주었어요. 수십 년 동안 나는 그 반지를 보면서 그 때의 사랑을 생각하곤 했는데 그것을 잃어버린 거야. 그러니까 남편에게 죄인이 된 기분이 아니겠어? 또 그건 다른 반지와 다르잖아. 결혼반지는 죽는 순간까지 간직해야 하는 것인데 버젓이 살아 있으면서 결혼반지가 없다는 것은 말이 되지 않잖아. 그래서 마음이 답답해 하늘만 쳐다보고 있는 거야!"

마리나는 내 말을 듣고 황급히 나가버렸다. 그녀에게 그렇게 말하고 나니 맘이 가벼워지고 감사한 마음까지 생겼다.

그 백금반지엔 비싼 다이아가 박혀 있지만 마리나가 끼어 팔이 아프지 않다면 그것도 그렇게 나쁘지 않다는 생각이 들었다. 내가 죽으면 누가 가져가도 가져갈 것인데 사랑하는 마리나에게 미리 주었다고 생각하자고 맘을

정하니 다시 내 마음에 평화가 찾아왔다.

어느 날 마리나가 내 집에 찾아와 눈물을 쏟으며 흐느껴 울었다. 나는 놀랐지만 바라보고만 있었다. 나는 절대로 우는 사람에게 울지 말라고 하는 성격이 아니다. 우는 사람은 울어야 할 일이 있기 때문에 우는 것인데, 그만 울라고 하면 우는 사람의 심정을 무시하는 것 같고 듣기 싫다고 말하는 것 같기 때문이다. 실컷 울고 나면 마음이 시원해지는데 왜 울지 말라고 하는 것일까! 나는 주님 앞에서 우는 것을 내게 주어진 가장 큰 축복 중 하나로 여긴다. 주님 앞에서 감격의 눈물을 흘리고 나면 나는 한없이 기쁘고 만족스러워진다. 내 신앙생활에 눈물이 없었다면 얼마나 메마르고 살벌했을까!

그래서 나는 어떠한 경우에라도 우는 사람을 달래지 않을 뿐더러, 달래는 사람들을 보면 오히려 무정해 보인다. 말리는 것보다는 같이 울어주기를 바라는 심정이다. 나는 울보인가? 왜 그렇게 남의 일에도 잘 우는 걸까? 병신인가?

감옥에서도 다른 성도들은 눈이 얼지 않았는데 나만 눈이 얼었다. 늘 울었기 때문에 눈물이 얼어서 그렇게 된 것이다. 그리고 마침내는 실명의 위기까지 이르지 않았던가! 그래도 나는 배고프거나 춥거나 감옥살이가 싫어서 운 일은 한 번도 없었다. 생각하면 할수록 예수님이 나를 다스리시고 내가 예수님을 믿어 순종하는 자리에 있다는 사실이 너무 영광스러워 감사와 감격의 눈물을 흘렸고, 또 청춘을 주님께 드려 예수 이름 때문에 죽는다는 것이 나를 극도로 감격시켜 운 것이었다.

한번 얼어버린 내 눈은 봄이 되면 고름이 줄곧 흘러 뿌옇게 되기를 해마다 거듭하다가 그 당시에는 결국 눈이 멀어버렸다. 지금도 그렇게 감사해서 눈물을 흘리는 것이 내겐 기쁘고 만족스럽기만 하다.

나는 일찍이 마리나가 우는 것을 본 일이 없었으므로 내 가슴 깊이 그녀에 대한 사랑이 더해져 마냥 같이 울었다. 그 일이 있은 후, 나는 또 먼 데로 집회를 가기 위해 떠났다. 돌아와서 마리나를 보려고 했으나 보이지 않았다. 보고 싶은 마음에 전화를 했으나 전화도 불통이었다.

김 목사님에게 물어보았지만 그는 교회 일에만 몰두해 있는 까닭에 마리나가 어디에 있는지, 어디에 갔는지 관심이 없었다.

그러던 차에 박 권사님이 오셨다. 그분의 표정이 무슨 큰일이나 있는 것처럼 상기되어 있었다. 한참 숨을 고르신 박 권사님이 입을 여셨다.

"사모님, 마리나가 가버렸어요."

말을 채 끝내기도 전에 권사님의 눈에서 눈물이 흘렀다.

"뭐라구요? 마리나가 가버리다니요? 어디로 갔다는 말씀이세요?"

"마리나가 내게 찾아와서 한참을 울면서 뭐라고 말을 하는데, 도무지 무슨 말인지 알아들을 수가 있어야죠. 그래서 영어를 좀 하는 양딸을 데려다 알아보니 멀리 이사를 간다지 뭡니까?"

"멀리라니요? 어디라고는 말하지 않던가요?"

"뭐라고 했지만, 미국 땅 이름을 알아야 말이죠. 저 동남쪽 어디라던데, 땅 끝인가봐요. 그렇게 멀리 가버렸으니…"

"주소나 전화번호는 말해 주지 않던가요?"

"어디에 있을지는 가봐야 안다고 하던데요. 무작정 떠난 모양이에요. 그러나저러나 사모님께서 어떻게 지내시죠? 마리나의 도움 없이는 힘드실 텐데…"

나는 할 말을 잃고 멍하니 박 권사님을 쳐다볼 뿐이었다.

'그랬구나, 그래서 마리나가 그렇게 울었구나!'

그 날 마리나가 울던 것에 생각이 미치자 내 눈에서도 눈물이 자꾸만 흘러내려 그칠 줄 몰랐다.

후에 나는 우연한 일로 방에 들어갔다가 서랍을 열었는데, 그 속에 반지함이 있었다. 무척 놀라지 않을 수 없었다. 반지함 속에는 원래 있던 것들이 그대로 들어 있었다.

그러나 반지함 속의 반지와 목걸이를 본 순간 반가움도 잠시, 깊은 자괴감과 자책감이 등 뒤로부터 스멀거리며 올라왔다. '이것들 때문에 마리나를 잃어버렸구나! 마리나의 도움 없이 앞으로 얼마나 힘들고 쓸쓸하게 지낼까. 이런 것은 있어도 살고 없어도 그만인 것을…!'

비단 청소일, 집안일들 때문만은 아니었다. 마리나가 있을 때와 없을 때의 내 생활을 비교해 보니 너무도 막막하고 답답했다. 나는 원망스레 반지함을 바라보았다. '왜 진작 그 속에 있는 목걸이나 보석반지를 젊은 마리나에게 집어줄 생각을 하지 못 했을까? 그랬다면 얼마나 좋았을까? 마리나가 얼마나 기뻐하며 즐거워했을 것인가?'

생각이 꼬리를 물고 나를 어지럽혔고, 마리나의 얼굴이 보석 빛깔과 뒤섞여 돌아갔다.

'나는 인정머리 없는 사람이다. 지리한 인색함과 욕심이 내 속 깊은 곳에 뿌리를 내리고 있다는 증거가 아닐까?'

점점 괴롭기만 했다. '결혼반지야 줄 수 없다고 해도 다른 것들은 얼마든지 줄 수 있지 않았을까? 그녀의 마음을 조금만 헤아렸더라면….'

'이제라도 마리나를 따라가서 보석을 주고 사과할까? 마리나의 기쁨에 찬 얼굴을 다시 보면 얼마나 좋을까?'

마리나는 내게 습관처럼 말하곤 했다.

"나는 김 부인 옆에 꼭 붙어서 살 거예요. 나는 김 부인이 참 좋아요. 김 부인이 저보고 가라고 하셔도 저는 절대로 떠나지 못할 거예요. 두고 보세요. 정말이니까요."

나는 그녀가 습관처럼 되뇌이던 약속의 말을 다시 들을 수 있을까 생각해 봤다. 그 일로 인하여 내 머릿속에 주님의 말씀 한 구절이 떠올랐다. 내 마음을 쪼개고 찌르기에 충분하며 저리고 쓰리도록 깊이 다가온 그 말씀은 이미 잘 알고 있던 말씀이었다.

"주는 것이 받는 것보다 복 되다."

주는 것은 받는 것보다 복 되며 가지고 있는 것보다도 복 되다. 남에게 받지 않고 자족하며 사는 것만이 능사는 아니다. 가지고 있으면 주어야 한다. 소유에만 연연해하며 필요한 사람을 생각지 못하는 사람은 언젠가 재산을 잃거나 손해 볼 경우 두 배 세 배 이상으로 마음의 고통을 당한다.

반지함을 들고 내가 알게 된 진리의 말씀을 떠올리며, 마리나가 곁에 있다면 반지를 끼워주고, 목걸이를 걸어주며, 서로 주는 기쁨과 받는 기쁨을 맛보며 사랑을 나누었으리라 생각하니 진작 그렇게 하지 못한 내 자신이 자꾸만 싫어졌다.

더군다나 그 보석들 대부분이 선물받은 것이라는 생각이 들자, 거저 받은 것들을 마리나에게 선물로 주지 못한 내 마음 씁쓸이가 안타깝기만 했다.

나는 마리나가 반지함을 가져갔다는 말을 아무에게도 하지 않았다. 마리나를 믿고 사랑해 온 사람들이 실망할지 모른다고 생각했기 때문이다. 또 다른 사람들이 마리나를 미워하거나 업신여길 것을 두려워한 이유도 있었다.

그래서 마리나가 반지함을 도로 가져다 놓았다는 말도 할 필요가 없었다. 마리나를 사랑하여 그녀가 떠난 것을 슬퍼하는 권사님과 또 다른 분들에게 계속 마리나에 대한 사랑을 잃지 않도록 해주고 싶었기 때문이다. 또 나는 결혼반지를 끼고 다니기로 작정했다. 무겁고 팔이 저려서 두고 다녔지만, 습관이 되면 괜찮으리라는 생각이 든 것이다.

그리고 얼마 후, 우리 부부는 근방에서 큰 식당을 하는 한 교인의 초대를 받아 저녁식사를 하게 되었다. 우리뿐만 아니라 교회 집사님들도 초대되어 식사를 하고 이야기를 나누며 즐거운 시간을 가졌다. 모두 헤어질 즈음에 식당 주인이 장식으로 놓았던 꽃을 내게 주었다.

"이 꽃들은 사모님을 위해서 특별히 주문해 온 것들이니 사모님이 가져 가셔야 되겠습니다."

그분이 꽃을 광주리에 담아 우리 차 뒷좌석에 실어주었다. 차 뒷좌석에서 나는 향기로운 꽃내음을 맡으며 집으로 돌아오는 길이었다.

밤 열 시쯤 되었던 것 같다. 큰 길인 올림픽가를 운전하는데 빨간 신호등이 켜졌다. 남편이 곧 차를 멈추었다. 그 때, 갑자기 흑인 한 사람이 달려오더니 차 뒷문을 덜컥 열고 꽃이 실려 있는 뒷좌석에 들어와 앉았다. 그러더니 안 주머니에서 시퍼런 칼을 꺼내 위협하며 말했다.

"계속 차를 몰앗!"

푸른 신호등이 켜지자 차는 움직였다.

"지갑, 반지, 시계 모두 다 내놔. 양복도 벗어. 어서!"

강도가 칼을 휘두르며 하는 말에, 우리는 시계며 반지 심지어는 남편의 양복 윗도리까지 벗어주었다.

강도는 물건을 허둥지둥 챙긴 다음 우리를 차 밖으로 팽개치곤 차까지 강탈해 달아났다.

　주위를 돌아보니 자동차들은 쏜살같이 달리고 가로등과 상점의 불빛들은 거리를 대낮처럼 밝히고 있었다.

　복잡하고 훤한 도로 한복판에서 강도를 만났다는 사실이 어이가 없어서, 그 자리에서 도무지 어찌 할 바를 몰랐다. 어찌되었든 결국 나는 마리나가 가져갔던 결혼반지를 강도에게 빼앗기고 만 것이다. 그런데 어찌된 영문인지 강도에게 준 셈이 되어버린 그 반지에 대해 별 애착이 생기지 않았다. 그것은 나 자신에게도 놀라운 일이었다.

　마리나가 반지를 가져갔을 때와 느낌이 영 달랐다. 그런데 문득 떠오른 생각이 내 가슴을 쳤다. '아! 마리나에게 줄 반지인데!'

　그리고 얼마가 지났을까? 마리나에 대한 아쉬움과 미안함이 채 가시지 않았을 때였다. 집회를 인도하기 위해 지방에 갔는데, 그곳 교회에 나를 무척 사랑하고 아껴주는 내 친구 부부가 있었다. 남편은 대학에서 학생들을 가르치고, 부인은 대학 도서관에서 일하는 사람이었다. 두 사람 모두 신앙이 좋고 훌륭한 분들이었다. 그분들과 만나면 시간 가는 줄도 몰랐고 식사도 항상 같이 했다.

　그 날도 함께 식사를 하는 중이었다.

　"사모님, 사모님께서는 왜 결혼반지를 끼지 않으셨어요? 반지가 무겁다고 하시더니, 팔이 아프셔서 끼지 않으셨나요?"

　"반지요? 그 반지는 강도에게 빼앗겼답니다."

　"강도에게 빼앗기셨다구요? 언제요?"

　"얼마 전에요. 제가 인색한 탓이었어요."

　"사모님이 인색하신 탓이라니요? 무슨 말씀이신지 모르겠는데요. 사모님께서야 하나님의 것을 도둑질하지 않으면—십일조를 드린다는 뜻—도둑을 맞지 않는다고 믿으시는 분이잖아요? 그런데 강도라니요?"

한참 어리둥절해 있는 부부에게 나는 '반지사건'의 전모를 모두 이야기했다. 마리나에 대한 이야기까지 숨김없이 말하고 나서 나는 두 사람이 어떻게 반응할지 궁금해졌다.

남편이 먼저 말문을 열었다.

"아니, 사모님은 그런 일에까지 죄책감이 드십니까? 누가 자기 보석을 척척 내주겠습니까? 게다가 그것들은 사모님을 극진히 사랑하시는 분들의 정성스런 선물이 아닙니까?"

그가 첫마디부터 흥분하더니 차츰 진정하면서 혼잣말처럼 중얼거렸다.

"하긴, 사모님이시라면, 결혼반지를 하녀에게 내어주실 수 있는 일이겠지요."

그의 말이 끝나자 그의 부인이 말을 꺼냈다.

"사모님, 하나님께서 사모님을 무척 사랑하시나봐요. 그러니까 팔이 저리고 힘이 드는 반지를 없애버리지 않으셨겠어요? 주님이 사모님을 끔찍이 사랑하셔서 가볍고 더 좋은 반지를 해주시려고 하신 일일 거예요."

나는 언제나 그들의 말을 신뢰하고 귀하게 여겼지만 그 날 그들의 위로의 말에는 더욱 감사할 수밖에 없었다.

교회에서 창립 25주년 기념행사로 큰 잔치를 준비중이었다. 25년 동안 쉬지 않고 애쓰고 일해서 교회를 신축하고 성도들도 많아졌으며, 남미선교 및 국내, 한국, 벽촌전도 등 하나님의 역사에 동참한 것이 크다는 기쁨으로 축제가 벌어진 것이다. 멀리 떠나 있던 교인과 교역자까지 포함한 전 교인이 풍성한 잔치에 참여했다. 그리고 며칠 간의 대부흥회도 가졌다.

이 때 김 목사님과 내게도 후한 선물이 있었다. 내게는 잃어버린 결혼반지를 대신할 새 반지가 주어졌는데, 매우 가볍고 아름다운 반지였다. 잃어버린 반지보다 더 좋고 귀한 것으로 주님께서 채워주신 것이다. 그뿐 아니다. 해마다 자동차 보험회사에 보험료를 지불하고도 한번도 혜택을 받지 못했는데, 차를 강도당한 그 사건으로 인해 보험회사에서 보상금이 나왔다.

자동차는 후에 찾게 되었다. 하지만 우리는 더 크고 좋은 최신형 자동차를 사서 감사해하며 몰고 다닐 수 있었다. 그 후 5년이 지나갔다. 마리나에 대한 기억은 희미해졌다. 그러나 마리나를 대신하여 나를 돕고, 나를 위해 시간과 정성을 아끼지 않는 수많은 딸과 아들을 주셔서 힘들거나 쓸쓸한 마음이 없다. 믿는 자들에게 불행이란 더 큰 행복과 기쁜 일의 신호이자 기회 아닐까?

그래서 솔로몬은 아가서에서 이렇게 노래했나보다.

> 북풍아 일어나라
> 남풍아 오라
> 나의 동산에 불어서 향기를 날리라
> 나의 사랑하는 자가 그 동산에 들어가서
> 그 아름다운 실과 먹기를 원하노라.
>
> (아가 4장 16절)

죠지 죠

죠지는 뛰어난 요리사다. 그는 미국으로 부임해 오는 대사를 따라 워싱턴의 한국 대사관 요리사로 뽑혀 왔다. 그는 겨우 스물 여섯밖에 안 되었는데도, 몇 십 년 경험자보다 재치있고 능란한 요리솜씨를 가지고 있었다. 서양 음식을 주로 하였으나 한국 음식도 남이 못 따라갈 정도로 맛있고 보기 좋게 만드는 재주를 가졌다.

그는 삼 년 동안 워싱턴 대사관에서 요리사로 일하면서 대사를 섬겼다. 그런데 대사의 근무기간이 끝나 대사 일가족이 귀국하게 되었다. 한국 대사관의 요리사로 충실히 일하던 그 역시 귀국할 수밖에 없었다.

그런 그가 대사관 근무시절 우연히 우리 부부 얘기를 들었다며 귀국 길에 우리를 찾아왔다. 그는 보기 드물게 잘 생긴 청년이었다. 한국 말은 제대로 하지 못했으나 영어는 잘했다.

그는 국민학교에 가야 할 어린 나이에 월남하는 동네사람들을 따라 남쪽으로 내려왔다. 미국이 통치하는 남쪽에 가야 살 수 있지 공산주의자들 속에서는 도저히 살 길이 없다는 동네어른들의 말을 듣고 월남할 의사가 전혀 없는 가족들을 뒤로 한 채 무작정 따라 나섰던 것이다.

그렇게 해서 서울로 내려오긴 했지만 잘 곳도 먹을 것도 없었다. 그래서 거리를 떠돌아다니는 거지 신세가 되어버렸다.

그런데 하루는 미군이 그의 잘 생긴 얼굴을 한참 보더니 미군부대로 데리고 갔다. 그는 그곳에서 영어도 배우고 또 미군들의 시중도 잘 들어주었다. 그래서 미군들의 귀여움을 독차지했다. 그리고 부엌에 들어갈 기회가 자주 생겨 요리를 배우게 되었다. 미군들은 부엌에서 눈치 빠르게 일을 도와주는 귀염성 있는 그에게 '죠지'라는 이름을 지어 주었다. 미군들에게는 그의 생김생김이 죠지 워싱턴 같아 보였던 모양이다. 그래서 그는 그 때부터 죠지 죠가 되었다. 그는 그냥 '죠'라고만 불렸는데, 사실 그의 성이 조씨인 까닭에 죠지 죠가 된 셈이다.

그는 학교에 가본 일이 없었다. 그러나 미군들이 영어를 가르쳐주어 읽을 줄도 알고 말하고 알아들을 수도 있었다. 또 산수도 배워 숫자도 어지간히 익혔지만, 한글은 한 자도 몰라 읽고 쓰지를 못했다.

그는 학교를 다니지 못한 까닭에 자신이 무식하고 불행한 사람이라는 열등감이 심했다. 그 때문에 누구를 만나려고도 하지 않았다. 그는 본래 말이 없는 성격이라 필요한 말 외에는 절대로 하지 않았으며, 누구와 대화하는 일도 전혀 없고 또 말하는 사람들 사이에 끼는 것도 아주 싫어했다.

그는 우리를 찾아온 날부터 부엌에 출입했다. 간단하게 자신을 소개한 후에 부엌청소를 하고 요리를 만들기 시작했다. 냉장고에 있는 채소와 고기를 꺼내 맛있는 요리를 만들고 밥을 했다. 우리는 그의 음식솜씨에 깜짝 놀랐다.

그 당시 나는 쉴새없이 찾아오는 손님들, 특히 식사 때문에 찾아오는 유학생들 때문에 힘이 들어 죽을 지경이었다. 그런데 죠는 나처럼 애를 쓰지 않고도 아주 쉽게 음식을 만들어 놓았다.

고마운 마음을 말로는 다 표현할 수 없었다. 새벽기도를 마치고 집에 오면 그가 벌써 아침식사를 다 만들어 놓았고, 점심과 저녁도 집에 있는 재료로 맛있는 음식들을 만들어 먹게 해주었다. 내가 대사가 된 기분이었다. 나는 하나님께 감사해서 견딜 수가 없었다.

그는 부엌에서 요리만 하는 것이 아니었다. 방마다 깨끗이 쓸고 닦았으며 또 밖에 나가 마당도 쓸었다. 꽃밭에 물을 주고, 죽은 풀이나 꽃은 잘라내어 예쁘게 단장해 놓았다. 그뿐 아니었다. 유학생들에게 주일마다 식사를 대접하는 일도 척척 해냈다. 하늘에서 내게 보내주신 천사가 아닌가 하는 생각이 들 정도였다.

식사가 끝난 후에도 그는 혼자서 그 많은 설거지를 다 했다.

"죠! 이렇게 많은 일을 해줘서 정말 고맙지만 미안한 생각이 들어 마음이 편치 않네요."

"사모님! 그렇게 생각하지 마세요. 대사관에 있을 때는 매일 이것보다 더 많은 그릇들을 씻었어요. 이 정도는 아무것도 아니에요."

그는 내가 고마워하는 것이 부담이 되었던지 일을 다 한 후에는 언제나 사라져버렸다. 그에게 고맙다는 말도 할 새 없이 어디론가 피해 버리곤 했다. 이런 일은 정말 하나님이 하시지 않으면 있을 수 없는 일이라고 생각되었다.

그러는 동안 추수감사절이 되었다. 해마다 추수감사절에는 온 교인들을 위해 칠면조를 열 마리 정도 굽곤 했다. 나는 너무 힘이 들어 그 일을 못 하고 김 목사님이 밤을 지새며 구웠다. 그런데 이번에는 죠가 우리더러 집에 가라고 하더니 자기 혼자서 모두 구워 놓았다. 그 외에 필요한 음식들도 모두 해놓았다.

얼마나 고맙고 좋던지 눈물이 날 지경이었다. 그렇게 음식준비를 해놓고 그는 또 어디론가 사라져버려 찾을 수가 없었다.

그는 우리와 함께 식사하는 일이 없었다. 나는 그것이 제일 마음에 걸리고 안타까웠다. 그는 자기 혼자서 아무 것이나 먹는데 어떻게나 빨리 먹는지 죠가 뭘 좀 먹는가보다 하면 벌써 다 먹어치운 후 그릇이 깨끗이 닦여 있었다. 간식은 절대로 안 먹었고, 좋은 것도 먹지 않았다. 아무것이나 먹기만 하면 된다는 식의 습관이 몸에 배어 있는 것 같았다.

나는 시간을 내서 죠와 이야기를 좀 해야겠다고 생각했다. 그러던 차에 마침 기회가 생겼다.

"죠! 죠는 나를 위해서 이렇게 고생하는데, 나는 아무런 보답도 못하고 도와주지도 못하니 어떻게 하면 좋아요?"

"사모님! 제가 사모님을 꼭 어머님으로 삼고 싶은데 괜찮으시겠어요?"

"좋지요. 좋다뿐이겠어요. 고마워요."

"제가 무식하기 때문에 사모님이 싫어하실까봐 속으로 걱정을 했어요."

"천만에요! 이곳에서 미국말 잘하는 것이 어딘데요. 대학 나왔어도 미국말 못하는 사람들이 얼마나 많은데…. 죠는 무식한 것이 아니에요. 또 죠는 요리의 대가가 아니에요? 그것은 대학을 나온 것이나 다름없이 훌륭한 재능이에요. 조금도 자신이 무식하다고 생각지 말아요."

"감사합니다. 저를 아들로 생각하시고 말씀을 낮춰주세요. 어머니!"

그 때부터 죠는 사람이 없을 때면 나를 꼭 어머니라고 불렀다. 물론 사람들이 있을 때는 사모님이라는 호칭을 사용했다.

"죠! 이렇게 나를 도와주니 참 고마워요. 죠는 우리가 왜 이렇게 고생하면서 식사를 대접하고 또 차로 데려오고 데려다주는지 알아요?"

"왜 그렇게 살지요? 정말 그 이유를 모르겠어요."

"그것은 이 사람들이 모두 하나님의 아들과 딸이 되게 하기 위해서에요. 그래서 우선 그들의 배고픔부터 해결해 주는 거예요. 하나님의 사랑을 가르쳐주기 위해서 우리의 힘과 정성을 쏟는 것이지요. 그들은 기숙사에 있기 때문에 양식만 먹거든요. 그러니 얼마나 한국 음식이 먹고 싶겠어요. 한국 식당이 있다 해도 가서 먹을 수 있는 형편도 아니구요. 그런데 우리가 이렇게 차로 데리고 와서 음식을 먹인 후 다시 데려다주면 돈도 들지 않고 시간도 절약되지 않겠어요? 또 우리와 가까워져서 친구가 되면 우리 말을 잘 알아들을 수 있지 않겠어요? 그래서 하는 일이에요. 내가 몸이 건강해서 체력이 따라준다면 더 잘 해먹이고 더 자주 아니, 매일이라도 초청하고 싶어요. 하지만 몸이 약해서 못해요. 그런데 죠가 와서 도와주니 얼마나 고마운지 몰라요. 그렇지만 죠가 아무런 대가 없이 너무 고생하고 수고하니 미안해서 죽을 지경이에요."

"어머니! 제가 지금껏 한 고생에 비하면 이 정도는 아무것도 아니에요. 저는 고생을 너무 많이 했어요."

그렇게 말하는 죠를 보니 비록 얼굴이 잘 생기고 몸매가 훌륭했지만, 인생을 어렵게 살아 온 사람의 티가 그늘처럼 배어 있음을 새삼 느꼈다. 얼마나 고생을 하며 살았으면 그렇게 일만 하는 사람이 되었겠나 싶어 측은하기만 했다.

"죠는 예수님이 누구신지 알지?"

"네, 미군부대에 있을 때 늘 들었어요."

"그래! 예수님이 죠와 어떤 관계가 있지?"

"그건 잘 모르겠어요. 예수님이 하나님이시라고는 들었어요."

"죠는 그 하나님이신 예수님을 마음 속으로 믿나?"

"잘 모르겠어요."

"이 사람아! 자신이 믿는지 안 믿는지 모르는 사람이 어디 있어? 예수님이 하나님의 아들로 믿어지느냐 말이야!"

"잘 모르겠어요."

"하나님은 믿어지지?"

"네."

"그럼, 들어봐. 소 새끼는 뭐지?"

"소 새끼는 소가 아닌가요?"

"그래! 소 새끼는 소야. 그럼 말 새끼는 뭐지?"

"말이지요."

"좋아! 그럼 독수리 새끼는?"

"독수리지요."

"맞았어. 사람의 아들은 뭐지?"

"사람이지요."

"하나님의 아들은?"

"하나님이라는 말씀이세요?"

"그래! 그래! 예수님은 하나님의 아들이시기 때문에 하나님이신 거야. 사람이 하나님을 믿으면 곧 예수님을 믿는 것이 된단 말이야. 하나님은 영이시지. 그분은 육신을 가진 우리를 살리고 도우시기 위해 육신을 가진 사람으로 내려오셨단 말이야. 왁새(왜가리)하고 잠자리하고 대화가 되겠어? 안 되지! 왁새가 잠자리를 도와주려면 잠자리가 되어야겠지. 그러나 왁새는 잠자리가 될 수 없지. 그렇지만 하나님은 하늘과 땅과 그 가운데 있는 모든 것을 지으시고 다스리시고 운행하시는 분이시지. 사람을 만드신 하나님은 친히 사람도 될 수 있으시지. 그분이 우리와 똑같은 육신을 입고 갓난애기로 이 세상에 오셨단 말이야. 그래야 우리와 대화가 되거든. 육신을 입고 오신 하나님은 우리를 가르치시고 도와주셨을 뿐 아니라 우리 대신 죽어주셨지. 그러나 하나님이시기 때문에 부활하셨고 다시 하늘로 돌아가셨지. 지금도 성령으로 우리 믿는 자들의 마음 속에 살아 계시는 하나님이란 말이야. 그 예수님을 마음으로 믿느냐 말이야?"

"네! 믿어요."

"됐어. 믿으면 되는 거야."

"네."

그렇게 말은 했지만 죠는 늘 예배시간이면 구석에 앉아 안절부절 못하였다. 글을 읽을 줄 몰랐기 때문에 찬송도 부르지 못했다. 설교시간에는 전혀 듣는 것 같지도 않았다. 나는 그 문제에 대해서 이야기했다.

"설교내용을 얼마나 알아들을 수 있나, 죠?"

"모르겠어요."

"조금은 알아듣지?"

"네."

"오늘 무슨 설교를 했는지 기억해?"

"모르겠어요."

"영어로 하면 알아들을 수 있을 것 같아?"

"모르겠어요."

"아, 이 사람아!"

우리는 더 이상 할 말이 없었다. 나는 그에게 영어성경을 주며, 붉게 줄친 부분만 읽으라고 했다. 그러나 그는 읽지 않는 것 같았다.

"내가 읽으라고 준 성경 좀 읽었어?"

"읽지 않았어요."

"잘 모르겠던가?"

"네."

그럴 것이라는 생각이 들었다. 그는 영어를 글로 배운 것이 아니라, 말로 배웠고, 또 미군이 읽게 한 책도 동화책이었으니 성경을 읽을 수 없는 것이 정상이었다.

우리집 앞마당에 큰 소나무가 있었다. 오래 된 나무여서 가지가 온 마당을 덮을 정도로 우거져 있었다. 그 소나무 때문에 마당에 그늘이 지고 거실도 어두웠다. 나는 거실도 환하게 하고, 또 솔잎으로 인해 자라지 못하는 마당의 잔디 때문에 나무를 없애고 싶었다. 그렇지만 큰 나무를 없애려면 시청의 허가를 받아야 했고, 또 사람을 고용하여 치우는 데만 800불 이상이 든다고 해 엄두도 못 내고 있었다. 그래서 그 소나무는 내 마음 한 구석에 항상 문제거리로 남아 있었다. 그것을 눈치챈 죠가 어느 날 톱과 망치와 사다리를 사 가지고 왔다. 그리고는 사다리에 올라가 가지부터 자르기 시작했다. 매일 진땀을 흘리면서 힘을 다해 소나무를 잘라냈다. 특히, 굵직하고 깊게 자리잡은 뿌리를 캐고 자르는 일은 이미 잘려 나간 가지 만큼이나 힘이 들었다. 나는 애쓰는 죠의 모습을 보기가 민망했다. 죠는 거의 삼 주 동안 하루 종일 그 일을 했다. 나무를 모두 처리했을 때 죠의 얼굴에 환한 웃음이 떠올랐다. 집안이 환해지고 마당이 깨끗해졌다.

"죠! 일하는 죠 만큼이나 옆에서 보는 나도 힘들었어. 죠가 너무 고생을 하니 안쓰러워서 말이야."

"집에서 우리 손으로 하면 시청의 허가를 받지 않아도 된다는데 왜 안 하겠어요."

그가 만족스런 표정을 지었다. 자른 나무는 토막을 내어 쓰레기와 함께 버렸기 때문에 돈이 하나도 들지 않았다.

'만약 내가 아들을 낳아 길렀다면 그 아들이 과연 이런 일까지도 해주었을까?'

하나님이 하시는 일은 사람의 지혜와 조건을 초월한다. 일하는 동안 팔이 몹시 아팠을 텐데도 죠는 한 번도 아프다는 말을 하지 않았다. 비용도 비용이지만 그의 정성은 일생에 잊을 수 없는 뜨거운 감동이 되어 내 가슴에 새겨졌다.

"죠! 고맙다는 말만으로는 도저히 내 마음을 표현할 수가 없어 내 마음이 더 아픈 것 같아."

"어머님은 하나님의 딸이기 때문에 제가 어머님께 잘하면 하나님이 알아주실 거예요."

그 말에 깜짝 놀랐다. '죠가 그런 생각을 하면서 그렇게 희생을 했구나!' 그가 한 말을 되새겨보니 내가 열심히 수고하는 것을 주님이 아시고 더 열심으로 돕는 자를 보내주셨다고 여겨졌다. '내가 죠를 보면서 느끼는 것같이, 약한 몸을 가지고 봉사하는 내 모습이 주님께도 그렇게 느껴진 것일까!'

그 후에 죠는 양식 전문 식당에 취직했다. 그는 우리에게 식당에 와서 양식을 먹으라고 간절히 권했다. 김 목사님은 바빠서 못 가고, 나 혼자 가 보았다. 그는 바쁜 중에도 나를 위해 특별한 스테이크를 만들어 주었다. 그는 일을 열심히 잘 했기 때문에 주급도 많이 받았다. 그래서 돈도 생각했던 것만큼 벌게 되었다. 그런데 무슨 까닭에선지 그가 그 식당을 그만두고 나갔다. 나는 몹시 궁금해서 그가 오기만을 기다렸다.

그로부터 일 년도 더 지난 어느 날, 그가 우리 집에 다시 왔다. 그는 그 동안 어떤 사람의 꾀임에 넘어가 노름에 빠졌다고 했다. 물론 그 동안 번 돈은 말할 것도 없고 워싱턴 대사관에서 번 돈까지 모두 잃었다고 했다. 이야기를 하는 죠의 눈에서 눈물이 비오듯 쏟아졌다. 그는 여자의 꾀임에 빠졌었는지 이렇게 하소연했다.

"어머님! 미국에 사는 여자는 독사에요."

'아! 여자에게 속았구나.' 나는 그렇게 느꼈지만 여자에 대해서는 묻지 않았다.

사실 그는 한국에서 떠날 때, 어떤 시골 여자와 약식으로 결혼한 처지였다. 미국에 와서 돈을 번 후에 돌아가서 그 여자와 가정을 이루려고 했지만 별로 정이 든 사이가 아니어서 그만 잊고 말았다. 그는 더 좋은 처지가 되면 더 좋은 여자와 결혼을 할 생각이었다.

"죠! 너와 결혼한 시골 색시가 어떻게 되었는지 모르니?"

"워싱턴에 있을 때 편지가 왔는데 읽어보지 않았어요."

"그 편지 어디 있어?"

"제 가방 속에 있어요."

"꺼내봐. 내가 읽어줄게."

그가 가방 속에서 몇 해나 묵은 편지 한 통을 꺼내 내게 주었다. 그 속에는 사진도 있었다. 어린아이와 그 애의 엄마인 것 같았다.

"죠! 이것봐. 색시뿐 아니고 아들까지… 죠는 아버지요 남편이야. 이 색시 정말 순진해 보이는데 좋은 아내가 되겠구나. 아이도 꼭 죠를 닮았구나!"

나는 그 편지를 죠가 듣도록 크게 읽어주었다.

"미국에 가시면서 삼 년 후에는 꼭 돌아온다고 하셨는데, 대사님은 돌아오셨건만 당신은 왜 돌아오지 않습니까? 아들을 낳았지만 이름을 뭐라 지을지 몰라 아직 이름이 없습니다. 굶어도 죽지 않고, 살 길은 막막하고 앞으로 어떻게 해야 할지 눈앞이 캄캄하기만 합니다."

죠는 그 편지내용을 듣고 얼굴이 변했다. 그리고 말했다.

"어머니! 그 여자는 너무 촌색시이고 못생겨서 사람 앞에 같이 나서기가 부끄러워요. 또 아이도 제 아이가 아닐 거예요."

"그럼 이런 순진한 색시가 무슨 딴 짓을 했을 거란 말인가?"

"가난하면 무슨 짓이든 못 하겠어요?"

"이 사람이 일 년 사이에 아주 나쁜 사람이 됐군. 어떻게 그런 말을 할 수 있지? 자기 아내에게, 더욱이 몇 해 동안을 돌아보지도 않고 편지 한 장 하지 않았으면서 말이야. 그 가난한 처지에 애기를 낳았으니 얼마나 고생을 했겠나? 또 제대로 먹이지도 못하니 마음이 오죽 아팠겠어. 그런데 그걸 몰라주고 그런 말을 할 수 있는 거야?"

김 목사님이 들어왔다.

"뭐야? 아, 죠! 오래간만이군. 참 잘 왔어. 여간 궁금해하질 않았는데. 왜 무슨 일이 생겼나?"

김 목사님이 탁자에 놓여 있는 사진과 편지를 보더니 말했다.

"야! 이 어린애는 꼭 죠 같은데! 정말 꼭 닮았어!"

김 목사님이 편지를 읽더니 죠의 맞은편에 앉아서 말했다.

"죠! 한번 결혼하면 다른 길은 없는 거야. 이 세상에 아무리 여자가 많고 많아도 다 소용이 없어. 일단 결혼을 했으면 좋든 나쁘든 그 사람만이 자신의 짝이지. 그것을 부정하면 그 이후의 인생은 가시밭길이 되는 거야. 죠!

이 색시는 정말 순진하고 착해 보여. 이런 색시가 아내로서 남편을 섬기면 일편단심이지. 그야말로 양처가 되고 아이도 잘 길러서 부모를 공경하는 자식이 되게 할 거야. 속히 수속해서 데려오도록 해. 어서 가정을 이루어 죠도 안정해야지!"

 죠는 김 목사님의 말에 수긍하고 그 색시를 데려오기로 마음을 정했다. 죠는 그 색시에게 편지를 썼다. 물론 내가 대필을 해주었다. 편지에 내가 두 달 후에 한국에 가니 꼭 나를 만나러 오라는 말도 썼다. 그리고 내가 있게 될 주소도 알려주었다.

 그 후에 죠는 다시 식당에 취직을 했다. 그러나 주급을 받는 즉시 노름집으로 달려가 다 날려버리고 빈털터리가 되어 집으로 돌아왔다. 그는 집에 와서 부엌일과 청소를 정성껏 도왔다.

 두 달 후, 나는 한국에 가게 되었다. 거기서 호텔로 찾아온 죠의 아내와 아들을 만났다. 젊은 여자가 고생에 찌들어서인지 얼굴이 말이 아니었다. 아이도 걸어다니기는 했지만 비척비척거리고 몸과 얼굴은 바짝 말라 있었다. 너무 가엾어서 차마 볼 수가 없었다. 아이 엄마는 마치 검사 앞에 끌려온 죄수처럼 고개를 푹 숙이고 있었다.

 "이것 봐요. 나는 죠의 어머니에요. 시어머니가 아니라 좋고 좋은 정말 좋은 어머니니까 어려워하지 말아요. 나는 당신을 도와주려고 온건데 뭐가 어려워서 그래요. 자, 이제 내 말 잘 들어요."

 "말씀 낮추세요."

 "그래. 말을 낮추지. 내 말 잘 들어봐. 내가 돈을 줄 테니 우선 맛있는 음식을 여러 날 계속 먹어, 응? 그리고 옷도 사 입고 또 크림도 사서 바르고 미장원에 가서 얼굴도 맛사지하고 머리도 파마하고 잘라서 예쁘게 해. 다른 여자들이 어떻게 입고 다니고 행동하는지 살펴보면 좋을 텐데, 교회에 가서 보면 어떨까? 교회에 가본 일 있어?"

"가고 싶었지만 옷이 없어서 못 갔어요."

"그럼 하나님이 누구신지 아나?"

"네. 하나님은 알아요."

"그럼 예수님을 믿는다는 말이지?"

"믿어야지요."

"믿을 마음이 있나?"

"네."

"예수님을 믿어야 사는 거야. 우린 언제 죽을지 몰라. 그렇기 때문에 이 세상에서 가장 똑똑한 사람은 가난하든지 부유하든지 상관없이 예수님을 믿고 언제 죽더라도 갈 곳을 준비하는 사람이야. 하나님은 우리를 세상에 태어나게도 하시고 또 데려가기도 하시지. 그런데 언제 데려감을 받을지 모르는 우리가 하나님을 모르고 산다면 어떻게 되겠느냐 말이야. 어떠한 어려운 처지에 있더라도 예수님을 믿고 하나님께 붙어 있으면 언제나 도와주시기 때문에 살 길이 열리는 거야, 알겠어?"

"교회에 가서 배우면 잘 알게 되겠지요."

그녀는 국민학교를 졸업했다고 했다. 그래서인지 말도 조리있게 잘 하고 또 보기보다는 훨씬 똑똑했다. 단지 가난에 너무 쪼들려 좀 비굴해 보였을 뿐이다. 그녀에게 주려고 준비했던 돈을 주었다. 그녀가 깜짝 놀라면서 주저하는 표정을 지었다.

"이렇게 많은 돈을, 애기 아빠가 보낸 거예요?"

"애기 아빠는 지금 돈을 버는 대로 모두 노름으로 없애고 귀가 축 늘어져서 꼴이 말이 아니야. 내가 이렇게 솔직하게 말하는 까닭은, 죠가 지금 어떤 나쁜 사람의 꾀임에 빠져 정신을 못 차리는 상태이기 때문이야. 죠는 미남이고 또 성품도 좋아. 요리 만드는 기술도 최고인데, 단지 가정이 없기 때문에 안정을 못하고 방황하는 거란 말이야."

"그러면 어떻게 해야 할까요, 사모님?"

"애기 엄마가 속히 미국에 와서 그가 마음을 잡도록 좋은 가정을 이루는 길 밖에는 없어. 그런데 죠는 자기가 뛰어난 미남이라고 생각해. 그렇기 때문에 여자도 예쁜 여자만 눈에 드는 모양이야. 그러니 애기 엄마가 외모에 좀 신경을 써서 모양을 내도록 해. 그렇지 않으면 죠가 딴 짓을 할지도 모르겠어. 예수님을 마음 속에 모시고 하나님께 도와달라고 기도해. 모든 일을 하나님께 의논하고 또 애원하면서 미국에 갈 준비를 하고 기다리고 있어야 해."

"이 많은 돈을 다 받아도 되나요?"

"많다고 한꺼번에 다 쓰지는 말구. 죠는 지금 돈을 송금해 줄 형편이 못되니까. 알겠지?"

"네, 아껴서 잘 쓰겠어요."

그녀는 인사를 한 후 아이를 데리고 방에서 나갔다. 한 달 후, 미국으로 돌아와 죠에게 그의 아내를 만났던 이야기를 모두 해주었다.

"죠! 그 색시는 정말로 좋은 아내가 되겠더라. 보기와는 달리 아주 똑똑하고 말도 조리있게 잘 하더군. 미국에 데려오면 영어도 바로 배울 수 있겠어. 돈도 잘 벌게 생겼더라. 아이는 먹지를 못해 제대로 걷지도 못하더라만 죠를 닮아서 잘 생겼던데!"

죠는 별로 믿기지 않는다는 표정이었지만 내 이야기는 열심히 들었다.

그 후에 그는 배 타는 직업을 갖게 되었다. 짐을 실어 나르는 큰 기선이었는데, 주로 알래스카를 운항하는 미국 배였다. 동양인으로서는 그런 일자리를 쉽게 얻을 수 없었다. 그러나 죠는 요리솜씨가 뛰어나고 영어도 능숙했기 때문에 무난히 시험에 합격된 것이다. 그는 돈도 많이 받았다. 배에서 먹고 잤기 때문에 일해서 받은 돈은 쓰지 않고 다 모을 수가 있었다. 그렇게 모은 돈이 큰 돈이 되었다.

그는 마침내 알래스카에 정착하게 되었다. 그 동안 모은 돈으로 조그마한 식당을 경영하게 되었기 때문이다. 그는 열심히 일했다. 손님이 손님을 데리고 와서 식당은 나날이 번창했다.

그는 거기서 영주권을 얻었다. 그리고 한국에 있는 아내와 아이를 데려왔다. 아내는 참으로 똑똑했다. 그녀는 내가 일러준 대로 외모에 신경을 써서 모양도 냈다. 죠가 그녀를 촌색시라고 업신여겼던 것이 부끄러워질 정도였다. 죠는 아내와 아들을 만나서인지 한결 의젓해지고 생활도 안정되었다. 아내는 식당 일을 열심히 도왔다. 그녀는 돈 계산과 살림을 무척 잘했다.

한번은 옷장만한 큰 소포가 왔다. 장도리로 그것을 열어보니 그 안에는 어린애 만한 큰 연어가 있었다. 나무로 싼 상자는 3미터나 되어 보였고, 생선은 드라이아이스로 냉동되어 있었다. 그것을 비행기로 부쳤으니 우송료만 해도 수백 불이 되었을 것이다. 죠가 보낸 것이었다. 알이 무척 많이 나왔다. 교회의 모든 사람이 나누어 먹을 수 있었다.

그 후에는 또 소금에 절인 연어를 큰 술통에 넣어서 네 짝이나 비행기로 부쳐왔다. 나는 그것을 교회 식구들에게 다 나누어주었다. 그 후에도 또 보낸다고 해서 다시는 보내지 말라고 했더니 다시 오지 않았다. 우리를 향한 죠의 사랑이 아직도 변하지 않았다는 증거였다. 우리를 잊지 않고 그런 대단한 선물을 보내 오는 정성이 참 고맙고 기특하였다.

죠와 아내는 밤낮없이 죽어라 일을 했다. 많은 돈을 모은 그들은 집과 땅을 샀다. 또 산도 사고 아담한 별장도 마련했다.

어느 날 나는 죠가 보낸 두툼한 편지를 받았다. 그의 아내가 쓴 편지였는데, 그 동안 지내 온 이야기와 함께 그곳으로 나를 초청하는 내용이었다.

얼마 후에 나는 알래스카로 전도여행을 떠나게 되었다. 성가대원 십 여명과 몇 분의 집사님이 함께 갔다. 우리 일행은 알래스카의 큰 도시 세 군데서 집회를 인도하였다. 앵커리지 집회가 끝난 후, 나는 죠에게 전화를 걸었다. 죠가 살고 있는 곳은 앵커리지에서 조금 떨어진 해안도시였다. 비행기로 가면 이십 분 정도 걸리고 차로는 두 시간 반이나 가야 했다. 그는 즉시 내가 있는 곳으로 왔다. 나를 만나 너무 좋았는지 그는 말도 못하고 한참을 멀거니 쳐다만 보았다.

눈에 눈물이 잔뜩 고였다. '아! 죠는 큰 부자가 되었지만 변하지 않았구나' 생각하니 나도 반갑기 짝이 없었다.

"우선 어머님을 별장으로 모시겠어요."

"별장? 별장보다는 그 유명하다는 식당에를 먼저 가지. 애기 엄마는 어디 있지?"

"식당에 있어요."

"그럼 식당으로 가."

우리는 조그마한 비행기를 타고 죠가 사는 도시로 갔다. 비행기에서 내려 그의 차를 타고 조금 달리자 식당이 나타났다. 식당은 무척 컸는데 사람들로 꽉 차 있었다. 어떤 여자가 카운터에 앉아 있다가 우리를 보더니 깜짝 놀라 뛰어 나왔다. 자세히 보니 죠의 아내였다. 모습이 너무 달라져서 금방 알아볼 수가 없었다.

"이게 누구야?"

"저예요. 사모님!"

"어머나! 이렇게 달라질 수가!"

"아주 딴 사람이야! 정말!"

그녀는 카운터 일을 아주 잘해 냈다. 손님들과 대화도 제법 했으며 계산하는 태도도 능수능란했다. 검사 앞에 끌려온 죄인같이 주저하던 태도는 사라지고 없었다. 활짝 웃으며 영어로 말하는 그녀의 차림새가 미국사람에 하나도 뒤지지 않았다. 내가 호텔에서 보았던 아이, 비척거리며 제대로 걷지도 못하던 그 아이는 어느새 대학에 다니고 있었으며, 그 밑으로 중학교에 다니는 동생이 하나 더 있었다.

식당을 둘러본 후, 나는 죠가 운전하는 크고 깨끗한 차를 타고 별장으로 갔다. 바닷가에 있는 아름다운 별장에 도착했을 때 나는 깜짝 놀랐다. 지금까지 여러 군데의 별장을 가보았지만 그처럼 좋은 별장은 처음 보았기 때문이다. 누가 지었는지는 모르지만 참으로 호화스러운 별장이었다. 가구와 장식이 모두 전문가의 손을 빌린 것 같았고, 두 겹으로 된 창문이 모두 바다를 향해 나 있었다. 창문을 열고 그 자리에 앉아 낚시도 할 수 있게 되어 있었는데, 다른 데서 보지 못하던 특이한 구조였다. 죠는 싣고 온 요리감으로 음식을 만들었다. 나를 위한 특별요리였다.

"이 사람아! 큰 식당의 주인이 식당일은 돌보지 않고 왜 나 한 사람을 위해서 이렇게 시간을 보내는 건가? 이렇게 할 필요가 어디 있어? 식당에서 그냥 먹으면 되지. 귀찮게 왜 재료를 가지고 와서 이 야단을 치는가 말이야!"

"식당은 무척 복잡해요. 또 만든 즉시 바로 잡수셔야 맛있기 때문에 그러는 거예요. 어머니! 제가 오랜만에 해드리는 양식이니, 옛날같이 맛있게 잡쉬주세요. 정말 해드리고 싶었어요."

"그래, 죠! 아내가 너무 많이 변해서 처음에는 몰라 봤어."

"어머님이 그렇게 만들어 주셨어요."

"에이, 이 사람아! 내가 뭘 했다구. 나는 자네 아내를 정말 똑똑한 사람으로 보았어. 그대로 된 것뿐이야."

"어머님을 만나지 않았더라면 그렇게 못 되었을 거예요."

"죠! 이제 돈도 벌었지, 아내도 얻었지, 아들도 둘 씩이나 얻었지. 하나님과의 관계는 어때?"

사실 말은 안 했지만 나는 그 때까지도 계속 죠의 신앙상태가 어떤지 궁금했다. 그러나 추궁하듯 묻고 싶지는 않았다.

"네."

"'네'가 뭐야? 대체 하나님을 잘 믿는 거야, 안 믿는 거야?"

"잘 믿어야 하지 않겠어요?"

"그렇구말구. 하나님이 죠를 축복해 주셨다는 것은 믿지?"

"어머님께 봉사했기 때문에 축복받았어요."

"예끼! 이 사람아! 그런 대답이 어디 있어? 예수님께 감사해서 교회에도 가고 예배도 드려야지."

"네. 그래야 한다고 생각하고 있어요."

"생각만 하는 거야?"

"어머님! 교회에 가려면 비행기로 가야 해요."

"하나님이 돈을 많이 주셨는데 비행기 타고 예배드리러 가는 것이 당연하지 않아? 그러면 얼마나 좋아!"

"식당이 너무 바빠요. 또 다른 일을 벌여놓아서 잠잘 시간도 부족해요."

"죠! 이것봐. 내 말 잘 들어. 하나님은 사람을 축복해 주시기 좋아하셔. 또 그 축복을 받아 누리는 사람이 하나님 앞에 나와 경배드리고 감사함으로 증거하는 것을 기뻐하시고 기다리는 분이셔. 하나님께 많이 받았는데도 모른 척하거나 자신의 일에만 전념하면 하나님이 정말 섭섭해하시고 속상해하신단 말이야. '네가 원하는 것을 다 주었는데 일 주일에 한 번도 내 앞에 나오기가 싫으냐?' 하신단 말이야. 한번 바꿔 생각해 봐. 죠는 아들이 둘 있지? 그 애들이 달라는 것 다 주고 원하는 대로 다 해주었는데 엄마 아빠는 아랑곳하지 않고 자기 일만 하고 일절 소식을 끊고 산다고 생각해 봐. 죠의 마음이 어떻겠어?"

"이제부터는 교회에 다니겠어요."

"비행기 타고?"

"네."

"좋아! 약속했으니 꼭 지키는 거지?"

"네."

"이 사람아! 교회에 나가서 봉사하고 충성하는 일이 아무것도 아닌 것 같겠지만, 그것은 정말로 중요한 일이야. 왜냐하면 교회에 간다는 그 자체가 벌써 세상 일보다는 하나님을 더 중하게 여기는 일이기 때문이지. 또 교회에 가면 말씀을 들어 하나님과 더욱 가까워지고 그분의 뜻을 알게 되지. 그래서 더 잘 섬기게 되고, 복도 받게 된단 말이야."

"네. 꼭 다니겠어요."

나는 꼭 가겠다고 다짐하는 죠의 얼굴을 뚫어지게 쳐다보았다. 말과는 반대로 그의 마음이 온통 돈 버는 데만 쏠려 있는 것 같았다.

"죠! 죠는 아직도 돈을 더 벌어야겠다는 생각이 마음에 가득 차 있는 것 아니야?"

"어머님! 저는 남미에 가서 땅을 많이 사고 싶어요. 그래서 말씀드리는 건데요. 목사님이 남미를 잘 아시니, 저를 좀 도와주실 수 없을까요?"

"그것봐. 이제야 실토를 하는군. 돈만 벌려고 하는 마음이 내 눈에 보이는 것 같더니…."

"목사님께 말씀드려 주시겠어요?"

"죠는 목사님이 뭐 하는 사람인지 아직 모르고 있구만. 목사님은 '세상만 따라가다가는 죽어서 지옥에 갑니다. 그렇게 살면 큰일납니다. 돈은 죽을 때 가지고 가지 못합니다. 그저 잠깐 맡아 가지고 있다가 그대로 놓아두고 죽습니다. 그러니 먹을 것 입을 것 있으면 죽는 길을 위해 준비하십시오' 라고 외치고 가르치는 사람인 것을 몰랐어? 죠! 아직 배가 고파? 옷이 부족해? 아직 침대 놓을 집이 없어? 왜 계속 모으고 쌓아야 하는가 말이야. 돈은 많으면 많을수록 좋을 거라고 생각하지? 하지만 쓰지 않으면 돈의 노예가 되어 돈이 하자는 대로 하게 된단 말이야. 그리고 그 돈 때문에 밤낮 염려하고 불안해하며 죽음을 겁내게 되지. 하루하루의 생활이 꼭 지옥에서 지내는 사람처럼 되는 법이야. 세상에는 위험한 일이 무척 많지만 그 중에서도 부자가 되어 하나님을 무시하는 사람처럼 위험하고 불행한 사람은 다시 없을 거야. 돈 때문에 지옥 길에 발을 내딛을 건가? 돈에 매여 지옥시민증을 받아 놓으면 언제 죽을지 모르는 죠가 어딜 가겠어?"

"네, 잘 알았어요. 교회에 잘 가겠어요."

"죠! 나는 이 집에 오랜만에 와서 아들과 며느리와 손자들을 보니 참 반가웠어. 하지만 죠가 식구들을 모두 다 거느리고 지옥길을 따라가고 있는 것을 보니 슬프기만 해. 생각해 봐 죠! 우리는 서로 헤어지기를 아쉬워할 정도로 가깝고 친근했지 않나? 서로 사랑하고 존경하며 의지하고 살지 않았나? 그러나 언젠가는 다 죽게 되지. 그러면 죠! 나는 주님의 보좌가 있는 찬란한 천국에서 항상 기쁜 마음으로 평안하고 영화롭게 살 텐데, 죠는 돈에 얽매여 있으니 나처럼 되지 못할 거란 말이야. 죽을 때 한 푼도 가져가지 못할 돈 버는 데 얽매여 있다가는 악귀와 그 동무들이 우글거리고 꺼지지 않는 불이 있는 지옥에서 영원히 살게 된단 말이야. 이 사실이 믿어지지 않아?"

"어머니! 이제부터는 정말 교회에 잘 다니겠어요."

죠가 정성껏 만들어놓은 요리를 다시 데운다고 일어났다.

"죠! 나에게 먹는 일이 그렇게 중요한 줄 알아? 나는 먹는 것보다도 오직 하나님을 기쁘시게 하는 것만을 좋아하고 기뻐하는 사람이라는 것 몰랐어? 음식을 가지고는 나를 기쁘게 하지 못해. 나는 죠가 이렇게 부자가 된 것이 한스럽기만 해. 차라리 식당은 하나만 경영하더라도 이 집에 천국향기가 가득해졌으면 좋겠어. 그래서 주님이 죠의 집 때문에 웃고 만족하신다면 얼마나 기쁘겠어."

죠는 내 말에 같은 대답만 반복했다. 나를 대접해 주느라고 그저 하는 말이었다. 내게는 그의 마음 속 깊이 자리잡고 있는 돈에 대한 갈망을 깨뜨릴 능력이 없었다. 내 마음은 어둡고 슬프기만 했다. 그는 나에게 극진한 사랑과 친절을 베풀었지만, 그 사랑과 친절은 그가 돈을 사랑하는 마음과는 비교도 되지 않았다. 그의 마음은 온통 돈을 향해 있었다.

나를 찾아온 날부터 지금 이 시간까지 변함없이 나를 도와주고 내 마음을 감동시켰던 죠! 나는 그에게 무엇을 주었을까? 내가 그렇게도 귀중하게 여기는 복음, 구원의 진리를 그의 마음 속 깊이 심어줄 수 없었다는 사실이 무섭고 슬펐다. 나는 어떻게 이 죄에 대한 벌을 받을 것인가! 언젠가 그는 깨달을까? 아니면 나의 사랑하는 죠는 물거품 같은 물질에 빠져서 영원한 후회의 세계로 흘러가 버릴 것인가? 사람의 인정이란 참으로 이상한 것이다. 왜 이렇게 슬퍼질까? 별장의 화려한 장식과 가구가 다 싫어지고 끝없어 보이는 푸른 바다도 처량하기만 했다. 기도하는 수밖에 없었다.

"아버지! 나는 무능하고 믿음이 약해요. 저렇게 좋은 사람이 지옥에 등록되어 있는데도 꺼내줄 힘도 지혜도 없으니 말입니다."

문득 내 머리 속에서 예수님이 친히 하신 말씀이 떠올랐다.

　　부자가 천국에 들어가는 것이
　　약대가 바늘구멍을 빠져 나가는 것보다 어렵다.

"부자야! 너는 천국이 불가능하다" 하는 무서운 말씀이 한없이 나를 괴롭혔다. 그렇지만 또 다른 말씀이 생각났다.

　　사람으로는 할 수 없어도 하나님의 능력으로 다 할 수 있다.

이 말씀이 없었더라면 나는 그 자리에서 통곡을 하며 울었을 것이다. 나는 언제나 무능하고 불가능하지만, 지금 이 시간까지 살아서 기동하는 것이 다 하나님의 함께하심과 능력임을 안다.

집사님! 당신은 믿음이 있어요?

LA에서 처음 교회를 시작하여 눈코 뜰 새 없이 바쁘게 일할 때였다.

그 무렵 LA 재판소에서 일본어와 한국어를 통역할 수 있는 사람을 구하고 있었다. 변호사로 활동하고 있던 일본인 친구가 그 소식을 전해 주며 김 목사님에게 도와달라고 부탁하였다. 우리는 그의 부탁을 수락하고 그 일을 하게 되었다. 재판소에서 부를 때, 김 목사님과 시간이 맞으면 김 목사님이 나가서 통역을 하고, 그가 출타하여 연락을 취할 수 없을 경우나 시간을 낼 수 없을 때에는 내가 대신 나갈 수밖에 없었다.

그러던 어느 날 재판소에서 급히 와 달라는 전화가 왔다. 마침 김 목사님이 심방을 가고 없었다. 그래서 김 목사님 대신 내가 갔다. 법정으로 들어가니 일본인이 아닌 한국 여인이 나를 기다리고 있었다. 그녀는 40세 정도 되어보였고, 화장을 진하게 하고 있었는데, 별로 교육을 받지 못한 여자 같았다. 나는 그녀가 왜 재판을 받아야 하는지 알아보기 위해 그녀에 대한 기록을 살펴보았다.

그녀의 이름은 미자였다. 미자는 '사우나 걸', 즉 손님이 원하는 대로 해주면서 돈을 버는 여자였다. 그런데 미자가 재판을 받아야 하는 이유는 손님으로 온 미국 남자가 그녀를 고소했기 때문이다. 그 남자는 사우나를 하러 가서 미자의 유혹을 받았는데 어쩌다 성병에 걸리게 되었다는 것이다.

그래서 그 남자는 결국 고소했고, 미자는 재판을 받아 배상금을 내든지 아니면 징역을 살든지 해야 할 처지였다.

사건은 무척 간단했지만, 나는 그 일로 인하여 재판소에 다섯 번이나 가야 했다. 재판시간을 알려주어 그 시간에 재판소에 가도 그들은 정해진 시간과는 상관없이 오래 기다리게 하는 일이 많았다. 또 상대편 남자가 나오지 않아서 기다리다 못해 그냥 돌아온 일도 있었다. 그런 일이 생길 때마다 나는 미자와 이야기를 나누었다. 재판시간을 기다리는 동안 미자의 말을 듣기도 하고 또 나도 하고 싶은 말을 숨김없이 했다.

두번째로 재판소에 갔을 때였다. 미자는 법정에 나왔으나 미국 남자가 제시간에 나타나지 않아 그를 기다릴 수밖에 없었다. 나는 그 동안 미자의 사정 이야기를 들을 수 있었다. 미자는 말하는 것을 대단히 좋아했다.

미자는 자신이 착하고 좋은 가정 부인이었으며, 딸이 둘이나 있고 남편은 미국 교회의 집사직을 맡고 있다고 했다. 물론 미자도 교회에 여러 번 출석했지만 영어를 모르기 때문에 어려운 점이 많았다고 했다. 다같이 찬송을 부를 적에도 가만히 입을 다물고 있어야 했고, 또 설교도 영어로 하겠거니 짐작만 했지, 정작 영어로 하는지 불란서어로 하는지 몰랐을 뿐 아니라, 관심도 없었으며 구경하는 것도 지겨워서 죽을 지경이었다고 했다. 아이는 연년생으로 낳았기 때문에 쌍둥이 같아 보였는데, 그 두 아이를 돌보는 일이 너무도 고생스러웠다고 했다. 그래서 매일 울다시피하며 지냈는데 그때의 일을 생각하면 진저리가 쳐진다고 말했다.

나는 그녀의 얼굴을 바라보며 말했다. "왜 그렇게 고생하며 어렵게 살았어요?"

"남편이 돈을 벌지 못했기 때문이에요. 남편은 중국 요리집에서 접시닦

이를 했는데, 자기만 밖에서 잔뜩 얻어 먹고 가족은 배가 고파 죽든 살든 상관하지 않았어요. 그 사람 얼마나 인색한지 가족을 위해서는 하루 한 끼 사 먹을 돈도 주지 않았어요."

미자는 미간을 찡그리며 나를 쳐다보았다. 그리고는 그 때의 어렵고 힘들었던 생활과 배고파 울다 지친 아이들 생각이 났던지 흥분을 하며 이야기했다.

"우유 살 돈은 없죠, 또 내가 먹지 못하니 젖도 안 나오죠, 그렇다고 남편에게 사정을 이야기하면 거짓말을 한다고 몰아붙이기나 하죠, 그러니 어디 살겠어요? 실컷 먹고도 자기 돈을 빼앗기 위해 제가 거짓말을 한다는 거예요. 결국 저는 일자리를 찾기 시작했어요. 재봉일을 하는 공장에 취직하게 된 저는 어린 것들을 집에 놔둔 채 일하러 다녔지요."

그녀가 깊은 한숨을 토해 내며 인상을 쓰면서 이야기를 계속했다.

미자가 아이들을 집에 두고 일하러 가면 가끔씩 남편이 먹을 것을 가져다가 아이들에게 주기도 하였다. 미자는 공장에 취직해 재봉일을 했지만 일이 서툴고 또 기계가 너무 급하게 돌아갔기 때문에 계속 일을 망치기만 했다. 일 주일, 이 주일이 지나도 재봉질에 익숙해지지 않아 계속 실수만 하고, 돈은 한 푼도 벌지 못했다. 더욱이 먹지 못하고 일을 하니 자주 현기증이 나서 재봉질을 제대로 할 수 없었다.

미자가 점심도 못 먹고 다른 사람들이 먹는 것을 침을 삼키며 바라보고 있자 어떤 멕시코인이 자기가 먹던 빵조각을 주었다. 미자는 그 빵조각을 받아 먹고 배가 꽉 차도록 물을 마셨다.

하루 일을 마치고 기진맥진한 상태로 집에 돌아오면, 기다리고 있던 남편은 일을 했으니 돈을 내놓으라며 눈을 부라렸다. 미자가 사정을 이야기하면 남편은 거짓말하지 말라고 소리를 지르곤 했다. 남편은 언제나 미자를 냉대했다.

미자는 그런 남편이 밉고 또 화가 치밀어올라 눈물도 나오지 않을 지경이었다. 너무 분하면 울지도 못한다더니 꼭 그짝이었다. 정말 죽고만 싶었다. 그래서 정말 죽을 결심을 하고 기회만 엿보면서 공장에 다녔다.

공장에서 미자는 자기에게 빵을 주었던 멕시코 남자가 또다시 먹을 것을 잔뜩 가져다주어 배불리 먹을 수 있었다. 그것을 기회로 그 멕시코 남자와 가까워졌는데, 그 남자는 그 다음 날에도 미자에게 먹을 것을 갖다주었다.

미자는 그가 너무 좋아져서 그를 따라갔다. 물론 집에는 돌아가지 않았다. 그 멕시코 남자는 미자를 사우나탕에 소개해 주었다. 그녀는 그곳에서 돈을 벌기 위해 손님들의 노리개 신세로 전락했다. 그렇게 생활하는 가운데 미자는 성병에 걸려 약을 밥 먹듯 먹어야 했다. 그런데도 돈을 벌기 위해서는 그 일을 그만둘 수 없었다. 미자의 관심사는 오직 돈뿐이었다. 자나 깨나 돈밖에는 모르게 된 것이었다. 담배도 배우고, 술도 마시고, 또 거짓말도 수다스럽게 잘 하게 되었다.

미자가 말을 하다 말고 정색을 하며 나를 쳐다보더니 말했다.

"제가 아무리 거짓말을 잘 한다 해도 선생님에게는 그럴 수 없지요. 선생님은 굉장히 점잖으시고 더욱이 내 속을 다 들여다보시는 것만 같거든요. 그러니 제가 어떻게 선생님께 거짓말을 할 수 있겠어요?"

그렇지만 나는 미자의 말에 어느 정도 신빙성이 있는지 알 수 없다는 생각이 들었다. 그래서 그녀에게 물어보았다.

"남편은 지금 어떻게 되었는지 아세요?"

"모르지요. 그렇지만 오래 전에 교회에서 보았어요. 그 때 저는 아주 멋진 옷을 입고, 다이아몬드 반지를 끼고 그가 다니는 교회에 몰래 갔었지요."

"만나 보았나요?"

"아니요. 심장이 떨려서 멀리서 보기만 했어요. 아이들도 그 교회에 있으리라 생각하고 아이들이 있는 방에 가보니 동양 아이들이 나란히 앉아 있더군요. 마치 쌍둥이처럼 같이 앉아 있었는데 얼마나 예쁜지 몰랐어요. 한참 들여다보고 있으니까 어떤 분이 자꾸 들어오라고 하는 거예요. 그래서 방으로 들어가 그 아이들이 앉아 있는 의자 옆으로 갔어요. 그런데 그 아이들이 저를 보고도 아무런 표정 없이 본 척 만 척하는 것이 아니겠어요? 아이들을 붙들고 울고 싶었지만 예배가 끝나는 것 같아 허둥지둥 그곳에서 나왔어요. 한참 동안 숨어서 아이들을 지켜보는데, 아이들 아빠가 와서 두 아이의 손을 잡고 위층으로 올라가버렸어요.

 나는 모든 사람들이 즐겁고 행복한 모습으로 집에 돌아가는 것을 보면서 갑자기 내 자신이 초라하다는 생각이 들었어요. '아! 저들도 사람이고 나도 사람인데 왜 저 사람들은 천사같이 깨끗하고 화려하고 행복해 보이는가? 그리고 나는 왜 이렇게 천하고 더럽고 비참하게 살아야 하나! 내가 어쩌다 이렇게 되었을까!' 생각하니 내 신세가 서글퍼졌어요. 그래서 차로 돌아와서 대성통곡을 했지요."

"그러니까 남편은 다시 장가가지 않으신 모양이군요."

"그런 것 같았어요. 그 사람은 아내가 먹고 입는 것이 아까워서 장가를 가지 않았을 거예요. 그 사람은 너무 인색해서 살림살이가 뭔지도 모르지요. 또 밥을 먹어도 저울에 달아서 죽지 않을 만큼만 먹지, 배부르게 먹는 법이 없어요. 또 반찬도 꼭 싼 김치여야 하지요. 참으로 무서운 사람이에요."

"어쩌다 그런 분을 만났어요?"

"중매쟁이의 소개로 만났어요. 미국으로 이민 가는 사람인데 아내를 구한다고 해서 굉장히 부자인 줄 알고 따라왔어요. 배가 고파 하늘이 노랗던 일, 기가 막힐 정도로 돈을 아끼는 그 꼴은 지금 생각해도 진저리가 날 지경이에요."

"그러면 앞으로는 어떻게 할 건가요?"

"앞으로요? 저는 중환자에요. 선생님! 저는 감옥에 갈 거예요. 감옥에 들어가서 먹는 거나 실컷 먹고 죽어버릴 거예요. 제 병은 과도기를 훨씬 넘겨서 약으로는 고칠 수가 없어요. 약을 쓰면 조금 나았다가 다시 발병하니 아무래도 이 병으로 몸이 썩어 죽게 될 거예요."

"그래, 죽으면 어디로 갈 건가요?"

"죽으면요? 당연히 지옥에 가겠지요. 남편이 늘 말했듯이 말이에요. 그런데 그 지옥에는 나만 갈까요? 나를 이렇게 만든 그 사람은 안 가구요? 그 사람도 내가 가는 지옥으로 떨어져 올 거예요. 가족은 돌아보지도 않고, 아끼고 감추고 숨겼던 그 돈만 한아름 안고 올 거예요. 그가 무서워하는 지옥으로 말이에요."

미자는 주먹을 불끈 쥐었다. 나는 그녀가 하고 싶은 말을 다 하도록 듣기만 했다. 미자는 고통스러웠던 지난 날의 일들을 계속 이야기했다. 주인의 폭행, 동업자들의 시기와 참소, 거짓, 악담, 싸움 등등해서 미자의 이야기는 끝이 없었다. 나는 미자의 이야기를 들으며 예전에 내가 감옥에 있을 때 창기들의 그 천한 이야기가 듣기 싫어서 손가락으로 귀를 막고 머리를 마구 흔들어대던 일을 생각했다.

"미자! 미자는 내가 어떤 사람으로 보이지요? 통역관이니 딱딱하고 무정하고 사정없고…"

"아니에요! 절대로 안 그래요. 선생님은 정말 선생님 같으세요. 좋은 분이시고 굉장히 많이 배우신 분 같아 보여요. 또 사랑도 많고, 정직하시고, 또…."

"알았어요. 내가 미자보다 더 낫다는 말을 하는 모양인데, 그럼 내가 그 말을 믿겠어요."

"나보다 나으시다니 말도 안 돼요. 너무너무 낫기 때문에 비교도 할 수 없지요."

"그럼 내가 하는 말을 잘 들어봐요. 나는 미자보다 나이도 많고 경험도 더 많으니까요. 물론 미자가 겪은 그런 경험은 아니지만 세상을 더 많이 살았으니 미자보다 아는 것이 많다는 것도 인정하지요?"

"그러믄요. 인정하고 말고요."

"그래, 그러면 내 말을 잘 들어요. 미자!"

"말씀하세요. 듣고 싶으니까요."

"좋아요. 듣고 싶다니 잘 되었네요. 미자! 지옥에 가면 그렇게 좋을 것 같아요?"

"글쎄요. 아무리 나쁘다 해도 창기 세상 같기야 하겠어요. 선생님! 또 인색한 남편과 사는 고통만 하겠어요?"

"그런 것들은 지옥에 비하면 아무것도 아니에요. 예수님은 성경에서 친히 우리에게 지옥에 대해서 일러주셨어요. 그곳은 불이 훨훨 탄다고 말씀하셨지요. 얼마나 뜨겁고 견디기가 힘든지 가슴을 치고 이를 박박 간다고 하셨어요. 또 너무 뜨겁고 목이 타서 혓바닥에 물 한 방울 적시기를 소원하고 부르짖는 곳이라고 하셨어요. 그리고 죽어서 지옥에 가면 그것은 육신이 가는 것이 아니라 영이기에 불에 타도 죽을 수가 없고 조금 있다가 없어지는 일도 아니지요. 언제까지나 그 타오르는 불 속에서 영원히 살아야 하는 곳이란 말이에요.

 이 세상 일은 아무리 고통스럽고 어려워도 변하지 않습니까? 또 늙거나 사고로 죽을 수도 있지 않아요? 그러나 일단 죽으면 육신은 흙으로 돌아가고 영혼은 하나님을 무시하며 산 죄 때문에 타오르는 불꽃 속에서 죽지도 못하고 영원히 살게 되지요.”

 “그렇지만 나만 가는 것은 아니잖아요. 많은 사람들이 갈 텐데, 그 가운데 끼여 살면 견딜 만하지 않을까요?”

 "미자! 그 지옥 이야기도 중요하지만 더 중요한 이야기가 있어요.”

 “천국 말씀이에요?”

 "암! 천국 이야기도 물론 중요하지만 미자가 꼭 알아야 할 굉장히 중요한 말이에요.”

 “그게 뭐지요?”

 "하나님이 미자를 사랑하신다는 거예요.”

 “뭐라구요? 하나님이 저같이 똥파리만도 못한 것을 사랑하신다구요? 아 이참! 선생님도 …, 그런 이야기가 어디 있어요.”

 “정말이에요. 미자! 미자가 아까 뭐라고 했지요? 나는 훌륭하고 정직하고 많이 배우고 마음까지도 들여다보는 사람 같다고 했지요?”

 “그거야 그렇지만…!”

 “그런데도 내가 하는 말을 대수롭지 않게 들어요? 내 말을 대수롭지 않게 듣는 것은 나를 미자와 같은 사람, 아니 미자보다 더 낮고 미련한 사람으로 본다는 뜻 아니에요?”

 “그런 뜻이 아닌데요.”

"그럼 잘 들어봐요. 미자가 살아온 이야기를 듣거나 또 어떻게 살아왔는지를 아는 사람은 모두 미자를 좋아하지 않고, 친구도 되어주지 않고, 서로 수군거리며 슬슬 피할 거예요. 그러나 미자의 사정을 아시고 딱해하시는 분이 계세요. 그분은 미자가 배고파 울며 직업을 얻기 위해 헤매고 다니며 돈 때문에 몸이 썩어 들어가는 고통을 견뎌야 했던 것과, 예쁜 딸들을 자기 품에서 기르지 못하는 슬픔으로 인하여 대성통곡했던 것과, 중병이 들어 몸이 썩는 아픔 속에서도 감옥에 가야 하는 것을 다 아시지요. 위로해 줄 부모도 동생도 친척도 친구도 하나 없이 홀로 밤을 지새며 울고 부르짖는 것을 지켜보시며 '아! 나밖에는 미자를 도와줄 자가 없으니 내게로 데려오자' 하시는 분이 있는데, 그분이 바로 하나님이세요."

미자가 눈을 동그랗게 뜨며 내게 따지듯이 말했다.

"설마! 그럴 리가 있겠어요?"

"그럴 수 있지요. 그런 일이 없으려면 하나님께 나아가야 해요. 하나님께 나아가는 길은 하나님이 보내신 구주 예수님을 마음에 영접하고, 그분을 무시하고 살아 온 지난 날의 모든 죄를 회개하는 거예요. 그러면 지난 날 지었던 죄는 거짓말같이 모두 깨끗해지고 하나님의 딸이 되지요. 그렇게 된 후에는 악한 사람이나 마귀가 와서 온갖 나쁜 짓을 하려 해도 할 수가 없게 되지요. 하나님이 '다치게 하지 마라. 미자는 내 사랑하는 딸이다' 하시며 아무도 건드리지 못하게 하시기 때문이에요. 하나님이 변호해 주시면 어떤 천사라도 꼼짝 못한다는 말이에요."

"나 같은 것을…, 어떻게…, 선생님! 제가 하나님의 딸이 되기에는 너무 더럽고…또 두려워요."

"그건 사람끼리 하는 말이에요. 사람들은 큰 죄, 작은 죄, 몹쓸 죄, 괜찮지 않은 죄 등 온갖 죄목을 다 붙여서 천대하고 학대하지만, 하나님은 자기를 무시하고 부인하면서 사는 것을 죄로 정하셨어요.

 이 죄는 용서되지 않지만, 사람들이 짓는 죄는 회개만 하면 다 없어지지요. 그것들은 하나님의 용서를 쉽게 받을 수 있는 죄목들이니까 하나님을 거역하고 무시하고 부인하는 죄와는 아주 다른 거예요. 지옥에 가는 것은 살인이나 악행을 해서가 아니고, 하나님을 무시하고 부인하고 거역한 죄 때문에 가는 것이란 말이에요. 하나님께 돌아와서 예수님이 나의 구주이신 것을 분명히 믿고 회개하기만 하면, 죄가 지옥으로 끌어갈 수 없게 된다는 말이에요. 미자! 한 가지 방법이 있어요. 예수님만 믿으면 돼요. 감옥에 가든지 이 사회에서 더 살든지 상관없이 죽은 후에는 하나님이 아버지이시니 그분이 계신 곳으로 훨훨 날아 올라가게 될 거예요."

"그렇게 된다면야 얼마나 좋겠어요. 선생님!"

"할 수 있다고 하지 않았어요! 미자는 하나님께 돌아올 마음이 있어요? 없어요?"

"간절해요. 너무 염치가 없지만…."

"지금 염치를 말할 때가 아니에요. 미자는 너무 불행해요. 하나님이 아니면 누가 미자를 돕겠어요? '예수님! 나를 구원해 주세요!' 하고 말씀드리세요."

"어떻게요?"

"'예수님! 저는 염치없는 죄인입니다. 용서하시고 저를 받아주소서. 저를 구원하여 주소서. 주님 믿고 회개합니다' 라고 하세요."

 미자는 내가 하라는 대로 했다. 나는 그녀를 위해 주님께 간절히 기도했다. 기도를 마치고 그녀를 보니, 아직 불안한 표정을 짓고 있었으나 눈빛에는 소망이 있어 보였다.

"미자! 예수님을 마음에 영접했다고 해서 당장에 이상한 변화가 오는 것은 아니에요. 어린아기가 엄마 뱃속에서 나왔을 때 울기만 하지 자기가 엄마 뱃속에서 나왔는지 뱃속에 그대로 있는지 전혀 모르는 것과 마찬가지에요. 미자는 오늘 예수님을 믿고 새롭게 태어났으나 별 변화가 없는 것같이 느껴지지요. 그러나 이제 다른 사람들이 '아! 미자가 달라졌다. 이상하다' 할 거예요. 왜냐하면 예수님을 믿는 순간에 마귀가 쫓겨나고 성령님이 들어오셔서 변화시키기 때문이에요. 이제까지 좋아했던 나쁜 일, 더러운 일은 싫어지고 '언제 나는 거룩해질까!' 하는 생각이 커지기 때문에 습관이 조금씩 달라지고, 먹고 마시는 것도 달라지고, 출입하는 장소도 달라지고, 사귀는 사람도 달라지고, 이전에 하고 싶던 일이 싫어지고, 모든 것이 점점 달라져서 다른 사람들에게 '아! 미자는 예수 믿는 사람이구나!' 하는 말을 듣게 되는 거예요. 내 말 알아듣겠어요?"

"사실 저는 국민학교만 나왔기 때문에 무식해요. 그런데 선생님의 말씀은 알아듣기가 쉬워요."

"됐어요. '이제 나는 예수님의 제자이고 하나님의 딸이다' 는 것과 '하나님은 내 편이시다' 라는 것을 잊지 마세요. 실수하고 또 죄를 짓는 일이 있더라도 예수님은 용서하는 분이시니까 회개하고 일어나 굳게 믿어요. 마귀나 악한 사람이 간혹 '저런 게 다 예수를 믿어?' 하고 말하더라도 '나는 죄를 회개했다. 또 회개한다. 하나님은 언제나 내 편이시다. 나는 예수님의 제자다' 하는 생각을 잊지 마세요."

그 후에 미자는 교회로 나를 찾아왔다. 나는 놀랐지만 한편으로는 반가웠다. 미자는 너무도 달라져 있었다. 겸손하고 조심성이 있어 보였다. 나는 미자를 끌어안았다.

"선생님! 하나님께 헌금하려고 가져왔어요."

미자가 봉투를 내놓으며 말했다.

"미자! 미자 헌금은 내가 벌써 드렸어요. 재판소에서 통역비가 왔기에 그것을 미자 이름으로 드렸어요. 그러니 이 헌금은 가지고 가서 가난한 거지들에게 주어요. 거리에 불쌍한 사람들이 많잖아요? 그런 사람들에게 주면 하나님이 더 좋아하실 거예요."

"사실 제 돈이 더러워서 여러 번 망설였어요. 하지만 너무 드리고 싶었어요."

"알았어요. 미자! 내가 이미 드렸으니까, 이 돈은 배고픈 사람, 또 미자같이 돈 때문에 고생하는 사람들에게 주어요. 응?"

"알았어요. 그렇게 할게요."

그 후 미자는 또 한 번 교회에 왔는데, 그 때는 헌금을 드린다고 하지 않았다. 미자가 감옥에 간 후에도 나는 종종 그녀를 생각했다.

'미국에 오는 남자와 결혼하면 괜찮을 것 같다는 생각에 서둘러 결혼하고 미국으로 왔지만, 그 남자의 인색함으로 인해 창기가 되어 성병으로 몸이 썩어가는 여인! 자기 몸으로 낳은 딸들도 마음대로 볼 수 없고, 그 망측한 사창가에 몸을 던진 미자가 예수님을 영접한 후, 어떻게 믿음을 지키며 살아갈 수 있을까!'

내 마음이 아프고 괴롭기만 했다.

'아! 예수님은 얼마나 초조하실까?'

70인의 제자들을 둘씩 짝지어 각 마을로 전도여행을 보내시며, 예수님은 "양들을 이리 떼 중에 보내는 것 같다"고 말씀하셨다. 그 말씀이 가슴에 스

며드는 것 같았다.

3개월 징역형을 선고받은 미자는 무표정이었다. 미자는 무엇을 생각했을까?

이 미국이라는 땅은 어찌보면 참 야속하다. 자유와 부가 넘치는 나라라고 생각하고 와서 미자같이 되는 사람들이 앞으로도 얼마든지 있을 것 아닌가!

문제는 인색한 남편이었다. 더욱이 집사 직분을 맡을 정도로 믿음이 있는 사람이 그렇게도 야속할 수 있을까?

성경은 신·구약을 막론하고 "네 아내를 사랑하라"고 했다. 신약에는 "네 아내를 사랑하라. 그것이 곧 너 자신을 사랑하는 것이라"고 말씀하지 않았나!

물론 미자의 말이 다 옳다고는 생각지 않는다. 그러나 미자와 오랜 시간 이야기하면서, 그녀가 비록 사창가에 있는 여자로 믿을 만한 사람은 못 되어도 인정이 있는 사람임을 느꼈다. 또 대화하는 가운데 말귀를 잘 알아듣는 사람이라고 생각했다.

완전무결한 인간이 어디 있겠는가! 미자가 비록 불신자라도 이해심이 있는 좋은 남편을 만났더라면 그렇게야 되었겠는가!

글을 쓰는 이 순간에도 나는 답답한 마음에 소리를 치고 싶다.

"여보! 집사님! 당신은 믿음이 있어요? 집사라는 그 딱지 좀 떼어버려요. 아이를 둘씩이나 낳아준 아내, 애써서 잘 살아 보자고 따라온 아내, 그 착한 아내가 배고파 쓰러져도 돈만 벌어 오라고 독촉한 당신이 집사가 되다니! 믿는 자들에게 수치요, 하늘나라 문에 열쇠를 채우는 짓입니다. 지상에 있는 수천 만의 그리스도인들과 하늘에서 봉사하는 천군 천사와 그 영광된

보좌를 둘러싸고 하나님을 찬양하고 경배하는 먼저 간 모든 성도들까지도 당신 같은 집사님이 존재하지 않기를 얼마나 갈망하는지 알아나 주세요. 숨겨 둔 돈이 늘어나는 것에만 관심이 있는 집사님! 그 두 아이만은 굶겨 죽이지 마세요. 지옥에 가게 말란 말이에요."

그렇지만 인색한 자는 죽어도 회개 안 할지 모른다!

다윗의 아내인 아비가엘의 남편 나발같이!

6. 속지 마세요

단골도둑

LA는 도둑이 많기로 유명하다. 우리 아파트 지역도 예외는 아니어서 도둑 맞는 일이 흔하다. 도둑들은 주로 오전 10시경에 집을 턴다.

이 때는 젊은 사람들이 거의 직장이나 학교에 가고 없는 시간이다.

아파트 사람들은 현관이나 방문마다 자물쇠를 채워놓지만 소용이 없는 일이었다. 도둑들은 어떻게 문을 따는지 열고 들어와서는 그들이 원하는 현금이나 보석 등 돈이 될 만한 물건이면 무엇이나 가져간다. 심지어 나이 많은 노인들이 집에 있는데도 불구하고 그들은 노인들을 의식하지 않고 마구잡이로 행동한다.

우리 집도 단골도둑에게 털린 적이 있다. 내가 집에 없을 때였는데, 그 도둑이 들어와서 온 방을 뒤죽박죽 흩어놓고 갔다. 옷을 꺼내놓고 책상서랍을 뒤지고 찬장의 그릇, 침대와 이불까지 샅샅이 다 뒤져놓았다. 심지어 냉장고에서 음식을 꺼내 먹고 싶은 대로 다 먹어 치웠다. 그리고 화장실까지 쓰고 갔다. 참으로 뻔뻔스러운 도둑이었다. 그는 이리저리 다 찾아보았으나 현금을 찾지 못했던지 얼마 들어 있는 돼지저금통만 가지고 갔다. 아마도 그 도둑은 나에게 현금이 많지 않다는 사실을 알고 있었던 것 같다.

다른 아파트에서도 그는 마치 자신의 집처럼 태연하게 행동한다. 노인들은 집에 있어도 아랑곳하지 않고, 돈이 될 만한 보석이나 물건이면 다 가져

갔다.

사람들은 경찰에 신고하지만, 뒤늦게 오는 경관들에게 어떠한 도움도 받지 못한다. 따라서 출입구는 자물쇠를 사용하고 문 뒤편에도 쇠대문을 만들어 특별 자물쇠로 잠근다. 그러나 이 단골도둑에게는 이러한 수고도 소용이 없다. 어쩌면 그에게는 어떤 자물쇠든 열 수 있는 기술이 있을지도 몰랐다.

어느 날, 나는 오전 10시경에 뒤뜰로 나가다가 마침 문을 열고 들어오는 단골도둑과 마주쳤다. 그 단단한 문을 어떻게 열었는지 놀랍기도 하고 당황되기도 했지만 나는 태연하게 대했다. 그 날은 그 단골도둑을 위해 특별히 기도했기 때문에 마음의 준비가 되어 있었던 것이다.

"누구세요? 왜 들어왔어요?"

나는 전에 그를 본 적이 있었지만 낯선 사람을 대하듯 물었다. 그는 활짝 웃으며 인사했다.

"헬로우, 김 부인!"

"어떻게 내 이름을 알죠?"

"우편함에서 이름을 보았지요. 나는 여기에 살고 있는 사람들을 다 알고 있어요."

그는 매우 큰 키에다 번쩍이는 십자가 모양의 금목걸이를 걸고 있는 흑인이었다. 보라색 양복을 입었는데, 꽤 점잖게 보이려고 꾸민 것 같았다.

"그런데 무슨 일로 들어왔어요?"

"아! 네, 제 강아지가 이 집으로 쑥 들어가지 않겠어요? 그래서 강아지를 잡기 위해 따라 들어온 거예요."

"문은 어떻게 열었어요?"

"문요? 문은 활짝 열렸던데요?"

그 말이 거짓인 줄 알았지만 더 이상 따질 수가 없었다.

"여기 강아지가 어디 있다고 그래요? 없잖아요?"

"강아지는 좀 돌아다니다 제게로 올 겁니다. 두고보세요."

그 말도 거짓임을 알았지만 대꾸할 필요도 없었다.

"당신의 이름은 뭐예요?"

"아, 제 이름요? 저는 류이스입니다. 류이스요."

"류이스? 그 목에 번쩍거리는 금목걸이는 십자가인데, 류이스는 그 십자가에서 돌아가신 예수님을 알고 있나요?"

"아, 그러믄입쇼. 저는 예수님을 잘 믿는 독실한 크리스천이에요. 교회에서 성가대도 하고 있는 걸요."

그가 손가락으로 장단을 맞추며 노래를 하기 시작했다. 그러다가 이리저리 몸을 흔들며 목청까지 돋구며 노래를 하는데 무섭기도 하고 걱정도 되었다. 단골도둑이 부르는 노래는 흑인교회에서 부르는 성가였다. 노래 실력이 대단하여 내심 놀랍기도 했다.

'이러한 경우에 나는 어떻게 할 것인가.'

나는 그의 노래를 들으며 생각에 잠겼다. 이 도둑에게 복음을 전한다는 것은 무서운 일일 것이다. 그것은 그가 금십자가를 목에 걸고 크리스천이라고 자랑하면서 성가를 부르고 있기 때문이다. 이는 그가 교회생활을 얼마나 했는지 보여주는 증거이기도 하다. 그런데 그에게는 진실된 면이 보이지 않는다. 그가 아무리 성가를 잘하고 몸짓이 그럴싸하더라도 그의 눈이 나를 똑바로 보지 못하고 있는 것이다.

문득 평양형무소에 갇혀 있던 절도범들이 생각났다. 절도범이나 사기범들은 나와 이야기를 하면서도 나를 똑바로 쳐다보지 않았다. 그들은 나를 보더라도 내 귀 주변이나 이마나 코 주위 또는 뺨을 쳐다보았다. 내 눈은 결코 쳐다보지 않았던 것이다. 내가 그들의 눈을 똑바로 쳐다보면 그들은 벌떡 일어나 변소통으로 가거나 아예 외면해 버리거나 하던 말을 우물쭈물 해 버렸다.

6년 동안 수없이 많은 죄수들과 함께했던 나는 눈을 마주보면서 대화했던 죄수가 그리 많지 않았음을 기억해 냈다. 그 중에서 절도범과 사기범들은 열이면 열 모두가 눈을 마주보면서 이야기하는 경우가 없었다. 거기까지 생각이 미친 나는 이 단골도둑은 어떤 반응을 보일까 싶어 말을 걸기 시작했다.

"헤이, 류이스!"

그는 여전히 신이 난 듯 손가락으로 소리를 내면서 장단을 맞추었다. 그는 아는 노래를 총동원하기로 마음먹은 듯 계속 불러댔다.

"헤이, 류이스! 이제 그만 불러요. 그리고 나와 이야기 좀 해요."

그 때서야 그는 노래를 중단하고 우뚝 서서 나를 쳐다보았다.

"류이스, 나를 좀 쳐다봐요."

나는 그가 내 눈을 똑바로 보는지 유심히 보았다. 아니나 다를까 그가 나를 바라보기는 했지만 내 눈과는 마주치지 않았다. 나는 그의 험상궂은 인상을 보고 왈칵 겁이 났다. 그러나 얼른 표정을 바꾸며 말했다.

"류이스, 노래 부르느라 목이 갈하죠? 뭐 마실 것이라도 사줄까요?"

어쨌거나 나는 그 도둑을 내 집에서 내보내야 했기 때문에 그렇게 말을 했다. 그러나 그는 2층을 힐끗 쳐다보았다.

"강아지가 2층으로 올라갔나봐요. 가서 찾아야겠는데요?"

그의 계획은 노인이 있는 2층에 가서 마음대로 훔치는 것이었다.

나는 하나님께 지혜를 주십사 기도했다. 그리고 이 도둑이 들어가면 놀랄 노인을 생각했다. 이 못된 도둑은 노인을 위협할 것이고, 집안을 온통 아수라장으로 만들어놓고 마음대로 물건을 훔쳐갈 것이다. 무슨 수를 써야 할 것 같았다.

"류이스, 이제 당신의 노래를 들었으니까 이번에는 내가 그 사례로 좋은 것을 가르쳐줄까 하는데 어때요?"

"아뇨. 나쁜 짓을 하면 지옥에 간다고 하실 거죠? 그래서 그런 짓을 하지 말라구요?"

"천만에요. 그것은 류이스가 이미 다 알고 있는 말일 텐데요. 내가 왜 새삼스럽게 그런 말을 하겠어요?"

"그럼 뭔데요?"

"카라데라고 하는 게 있는데 한국에서는 태권도 또는 유도라고 해요."

"그런 것을 당신이 알아요?"

"그럼요. 나는 카라데 사범이에요."

"뭐라구요? 사범이라구요?"

"그렇다니까요. 미국에서는 남자들만 그런 것을 배우지만 동양에서는 여자들도 그런 운동을 배워요. 그래서 여자 사범도 많아요. 왜 그런지 알아요?"

그가 놀란 듯 나를 쳐다보며 눈을 껌벅거렸다.

"여자는 약하니까 폭력배를 상대할 수 없지요. 그래서 생각 있는 부모들이 어릴 때부터 딸에게도 그런 운동을 배우게 해요. 비상 시에 사용할 수 있도록 말이에요."

"어? 그런 말은 처음 듣는데요?"

"그런 것은 모두 비밀로 하기 때문에 알려져 있지 않아요. 내가 태권도 사범이라는 사실도 남편 외에는 아무도 모르지요."

그의 눈빛이 변했다. 나는 사실 진땀이 났지만 내색하지 않았다. 나는 그가 눈치채지 않도록 하기 위해 말을 계속했다.

"이봐요, 류이스! 내가 기초동작부터 가르쳐줄게요. 한번 따라서 해보세요."

굵직한 목소리로 기합과 동시에 양팔과 양손을 앞으로 모으고 다리를 굽혀서 벌렸다.

"야앗!"

그가 놀라서 물끄러미 나만 쳐다보고 있었다. 나는 다시 한 번 기합을 넣었다.

"야앗! 왜 따라하지 않아요?"

"노우, 노우, 노우."

그가 머리를 설레설레 흔들면서 뒷걸음질을 치려고 했다.

"류이스, 내 말을 한번 들어봐요. 태권도를 하면 특별히 총이나 무기가 따로 필요없어요. 이것은 보신운동이기도 하지만 사실 총과 검 대신 사용되는 것이죠. 이 운동은 나쁜 사람을 만났을 때 사용할 수 있어요. 상대방의 허리와 다리 팔 등을 꺾어놓을 수 있고, 심지어 눈알까지도 튀어나오게 만들 수 있어요. 상대방을 칠 때의 동작은 총알이 튕겨 나가듯 굉장히 빠르기 때문에 순간적으로 상대를 쓰러눕힐 수 있어요. 어때요? 자, 한번 따라 해보세요."

"노우, 노우, 노우."

그는 겁에 질린 어린아이처럼 계속 머리를 저었다. 나는 용기가 났다.

"알았어요. 내가 여자라서 깔보는 거죠? 여자한테 배우는 것이 자존심 상하나 보죠? 그럼 우리 교회 교육목사님께 배우면 되겠네요. 그분은 유도가 오 단이에요. 그분을 부를까요?"

그는 더욱 겁에 질려 대문을 향해 걸어 나갔다. 나는 더욱 큰소리로 말했다.

"류이스, 좀 기다리면 그분에게 유도를 배울 수 있을 텐데, 왜 그래요?"

이 말을 들었는지 못 들었는지 그가 대문 밖으로 사라져버렸다. 남들 같으면 진땀을 흘릴 정도로 긴장했겠지만 땀은 흐르지 않았다. 나는 좀체로 땀을 흘리는 법이 없기 때문이다. 그리고 도둑에게 했던 말이 거짓은 아니었다. 사실 나는 매일 운동을 한다. 몇 해 전, 우리와 함께했던 태권도 선수로부터 기본동작을 배워두었던 것이다. 그 때 배워둔 기본동작을 단골도둑에게 써먹은 것이다. 그리고 우리 교회 교육목사님도 실제로 유도선수였었다.

단골도둑이 사라진 후에 나는 그 일들을 곰곰이 생각해 보았다. 그 일을 당할 때는 겁이 나고 긴장되었지만 지나고 보니 그것도 세상을 사는 경험이라 생각된다. 또한 세상을 살기 위해 무엇이나 배우고 알아두면 어떤 면으로도 도움을 받을 수 있다고 생각한다.

그러나 우리에겐 모든 일에서 전적으로 도움을 받을 수 있는 것이 있다. 그것은 바로 기도이다. 기도의 생활화, 이것은 우리의 가장 예리한 무기요, 기계요, 사전이다. 말씀 또한 그렇다. 내가 일본과 맞서 싸운 것 또한 기도의 무기와 말씀의 무기가 있었기 때문이다. 말씀으로 나라를 이겼고, 기도로 잔혹한 고문을 이겼던 것이다. 말씀과 기도로 나는 승리한 것이다.

나는 사명감을 가지고 전세계 모든 민족과 교회와 성도들을 위해 정한 시간에 기도하고 있다. 말씀을 묵상하고 암송하며 써보는 일 또한 나의 일상생활에서 하루도 빠뜨릴 수 없는 일이다.

그 이튿날 나는 남미에서 집회를 하고 오신 김 목사님께 그 일들에 대해 이야기했다. 그 때부터 오전 10시 전후로 김 목사님은 대문 밖에 서서 류이스를 기다렸다. 그런데 김 목사님의 말에 의하면, 키가 큰 흑인 한 사람이 우리 집 쪽으로 오려다가 다른 셋길로 빠져 달아났다고 했다.

송사하렵니까?

집회기간에는 점심과 저녁을 교인 가정의 초청을 받아 하는 경우가 많다. 그 날도 어떤 집사님 댁에서 풍성한 저녁식사를 하였다. 새로 지은 고급주택에서 그 교회 목사님은 물론 여러 성도들이 함께 모여 즐겁게 교제시간을 가졌다.

식사 후, 나는 그 집사님의 차로 바로 교회에 가게 되었다. 차 안에서 집사님이 이렇게 말했다.

"사모님, 제가 꼭 사모님의 조언을 받아야 할 일이 있는데 말씀드려도 괜찮겠습니까?"

"그럼요. 제가 도움이 될 수 있다면 영광으로 알고 듣겠습니다. 무슨 일인데요?"

"다름이 아니라 좀 창피하지만 이해 문제에 대한 일입니다. 저 혼자 고민하는 것보다 선배들의 의향을 물어보고 행동하는 것이 더 좋을 것 같아 그럽니다."

"말씀해 보세요. 지혜 있는 한 사람의 모사보다 미련한 세 사람의 모사가 더 힘이 있다고도 했으니 말이에요."

"저는 주유소를 경영하고 또 가발 도매업을 하는 상인입니다. 저는 15년 전에 기술자로 미국에 이민을 와서 돈을 모아 주유소 하나를 샀습니다. 제가 자동차 기술자인 만큼 정비도 하고, 기름도 팔고, 또 성실하게 일하다 보니 사업이 번창하여 돈을 제법 벌었습니다.

그런데 어느 날 뉴욕에 있는 친구가 와서 돈을 은행에 넣어두어 봤자 이자가 얼마 붙지 않으니 다른 사업을 해보라고 권하면서 마침 가발 도매업을 하는 사람이 팔겠다고 하니 그것을 인수해 보라고 했습니다. 그 이야기를 듣고 솔깃해져 뉴욕에 가보았습니다. 정말 괜찮은 장사가 될 것 같았습니다. 그러나 뉴욕은 너무 멀고 제가 바쁘기 때문에 두 개의 사업을 한다는 것이 불가능하게 여겨져 거절하였습니다. 그런데 그 친구는, 제가 그것을 꼭 사야 한다고 재촉했습니다. 그리고 사람들이 서로 인수하려고 줄을 섰다고 하면서 서두르라고 했습니다. 여하튼 친구의 성화에 못 이겨 그것을 인수하고 그 친구에게 관리를 맡겼습니다."

그 후의 내막은 이러했다. 초기에는 가발 도매상에서 많은 이익을 얻었다. 그래서 친구에게 모든 것을 맡기고 가끔 뉴욕에 가서 경영상태를 확인했다. 모든 것이 순탄하여 만족했고, 그것을 관리하는 친구가 고마워서 모든 것을 일임했다. 자신은 주유소와 자동차 정비소 일에만 전념하였다. 그런데 그렇게 번성하던 주유소와 가발사업이 갑자기 찾아온 경기 침체로 인해 큰 타격을 입게 되었다. 그래서 적자를 해소하기 위해 가발 도매업을 처분하려고 뉴욕에 갔는데, 그 친구가 예전의 친구가 아니었다. 가발 도매상이 어느새 친구의 명의로 바뀌어져 있었는데, 그 친구가 서명을 모방해서 완전히 자기 것으로 만들어놓은 것이었다. 모든 것을 일임받은 친구는 불경기를 핑계삼아 모든 수익을 자기가 챙겼고, 세 들어 있는 건물을 매입하기 일보 직전이었다.

"사모님! 고등학교 때부터 친하게 지내온 친구라 내 형제보다도 더 믿었는데 어떻게 그 친구가 이럴 수 있을까요? 배신감은 말할 것도 없고, 애써 모은 돈을 다 그 사업에 쏟아부었는데, 그것을 몽땅 자기 것으로 만들어놓고 자기 것이라고 우기니 말입니다. 제가 그 상점에 투자한 돈은 이미 다 갚았다는 것입니다. 그 상점 하나를 사기 위해 자기가 이제까지 경제적으로 희생했다는 것입니다. 이럴 수가 있을까요? 너무 분하고 억울해 그 친구를 고소할까 합니다. 그런데 그 친구가 교회에서 장로 직분을 맡게 되었답니다. 저는 안수집사가 아닙니까? 장로인 친구를 걸어서 재판을 한다는 것이 마음에 걸립니다. 그런데 제가 사랑하는 마음을 가지고 좋은 말로 친구를 대하면 그는 도리어 나를 바보 취급하고 악랄한 태도와 언사를 쓰기 때문에 분이 치밀어 오릅니다. 그 거짓서명을 감정 전문가에게 가지고 가자고 하니 그가 오히려 공갈을 치면서 나를 악한 사기꾼으로 몰고 갑니다. 너무 분하고 치가 떨려 잠도 못 자고 일도 손에 잡히지 않습니다. 그래서 결국 제 변호사를 찾아가 이야기를 했더니, 위조서류 하나만으로도 그를 감옥에 보낼 수 있으며, 가게를 다시 찾을 수 있다고 했습니다. 재판을 해서라도 다시 찾고 싶은데, 사모님! 어떻게 하면 좋죠? 그 친구는 장로이고, 저는 안수집사인데 말입니다."

"집사님! 그래서 성경에 이런 일에 대해 기록되어 있지 않습니까? 믿는 자끼리 어려운 일이 있을 때 불신자에게 재판을 맡기는 것이 옳으냐고요. 우리가 송사를 맡길 분은 예수님 한 분이십니다. 예수님께 송사를 하세요."

"예수님께요?"

"네, 예수님께 모든 사연을 낱낱이 고하시라는 것입니다. 예수님께는 말을 잘 못해도 괜찮습니다. 변호사가 없어도 됩니다. 엎드려서 처음부터 된 일을 낱낱이 말씀드리세요. 집사님의 분하고 원통한 마음을 낱낱이 고발하고, 또 그 친구의 못되고 악한 것들을 하나도 남김 없이 모두 아뢰세요. 대재판장이시고 우리의 마음을 훤히 들여다보시는 하나님은 옳고 그른 것을 너무나 확실하게 판단하는 분이십니다."

 나는 계속 말을 이어 나갔다.

 "우리 신자는 언제나 하나님을 의식해야 합니다. 또 동료신자들의 체면을 생각해서 민감하게 행동해야 하며, 나를 둘러싸고 있는 대자연을 의식해야 하는 것입니다. 집사님이 하는 일을 하나님이 보기 싫어하시면, 신자들이 집사님 때문에 실망하게 되고, 믿음이 약한 분이 주님을 떠나는 무서운 일도 생기게 됩니다. 하나님이 만드신 만물은 모두 자라게 됩니다. 무엇이나 심으면 싹이 트고 자라 열매를 맺는 것입니다. 영의 일도 마찬가지입니다. 악을 심으면 악의 열매가 맺힙니다. 그 때는 왜 믿는 내게 이런 일이 생기느냐고 탄식하며 절망하게 되지요. 그러나 의의 씨를 심으면 의의 열매가 맺힙니다. 이것을 먹고 누릴 때는 아! 나 같은 죄인에게 왜 이렇게 복을 주시는가 하고 감사하고 충성하게 되는 것입니다.

 집사님! 미움의 씨를 심지 마세요. 싹이 나고, 자라서 열매를 맺는다고요. 의의 씨, 사랑의 씨를 심으세요. 의의 싹이 트고 자라서 열매가 주렁주렁 달린답니다. 사실 악의 씨는 심지 않아도 저절로 야생 잡초같이 돋아나 자라는 거예요. 그래서 세상에 저주와 불행이 있는 것입니다. 의의 씨, 사랑의 씨를 심는 일은 힘이 들어요. 왜냐하면 개간을 해야 하니까요. 개간을 한다는 것은 땀을 흘리고 잡초를 괭이로 파서 내버리고 돌멩이를 집어내는 일을 말합니다. 뿐만 아니라 좋은 흙을 파서 일으키고 씨를 심고 비료를 주고 물을 주고 잡초를 뽑아주어야 하는 것을 말합니다. 예수님을 믿는 사람은 이렇게 의와 진실과 사랑의 씨를 개간한 마음 속에 심어 자라도록 가꾸어야 합니다. 그러면 풍성한 열매를 먹을 수 있게 됩니다. 자신 있는 신자라 할지라도 마음을 개간하고 좋은 씨를 심어 자라도록 애쓰는 생활을 하지 아니하면 불미스런 죄악이 저절로 생기게 됩니다. 그것이 자라도록 내버려두면 어느 사이에 무섭고 놀랄 만한 악의 열매를 맺게 되며, 결국은 악한 사람이 되어버리는 것이 아니겠어요?

 그러므로 우리는 늘 깨어 우리 마음 속에 가득 찬 것이 무엇인가 살펴야 합니다. 그리고 말씀과 기도로 잘못된 것은 뽑아내고 잘된 것은 가꿔야 합니다. 그러나 일단 일이 심각하게 벌어졌으면 그 때는 곧장 하나님께 가서 하나님과 의논해야지요. 더욱이 송사를 한다는 것은 하나님을 무시하고 불신자를 의지하는 것입니다. 이것은 미련하고 악한 일이 아닐까요?"

 "너무 분하고 억울하다 보니 재판을 걸어 그에게 망신을 주고 빈털터리를 만들어야 속이 풀릴 것 같았습니다. 사모님, 정말 괴로운 일입니다."

 "그 괴로운 것까지 하나님께 솔직히 다 털어놓으세요. 생각하시는 그대로 말입니다. 집사님이 생각하시는 모든 것을 하나님은 이미 훤히 들여다보고 계시니까요. 부끄러울 것 없어요. 오히려 다 아시고 보시는 그분께 숨기고 딴 짓을 하는 것이 더 부끄럽고 어리석은 일이지요. 주님은 다 아시면서도 우리가 솔직하게 이야기해 주는 것을 굉장히 기뻐하는 분이시니까요."

 "그럴까요? 이렇게 모질고 악한 생각을 거룩하신 그분께요?"

 "네. 우리가 말하지 않아도 이미 다 알고 계신 분이 아니신가요. 뭘 감추시려는 겁니까?"

 "하나님께 송사를 하라! 그러고 보니 뭔가 마음이 이상해지는 것 같습니다. 사모님!"

"벌써 마음이 환해지지요. 집사님?"

"네. 그런 것 같습니다."

"하나님께 송사를 하면 하나님은 정확한 재판장이시기 때문에 올바른 재판을 해주실 것입니다. 의를 심는 이에게는 의의 열매로, 악을 심는 이는 악의 열매를 거두게 되는 것 아니겠어요?"

"잘 알았습니다."

"그리고 주님께 말씀드린 후에는 안심하고 기다리세요. 기다리는 것이 곧 믿는 것입니다."

"너무나 믿기지가 않아 지금도 꿈을 꾸고 있는 것 같아요."

"믿지 마세요. 우리는 다 죽는데 왜 죽을 사람을 믿어요? 세상 것은 하나도 내 것이 아니고 다만 잠깐 맡아서 누리고 쓰다가 다 내놓고 가야 하는 것들뿐이지요. 호텔이 아무리 좋아도 집으로 돌아가야 하는 것처럼 우리 인생은 영원하질 않습니다. 무엇이 중요해서 더 갖겠다고 미워하며 싸우고 그러는지 알 수가 없습니다.

믿지 마세요. 사람이나 세상 것은! 죽어서 영원히 사는 영원한 생명을 위해 시간과 물질과 정성을 드려야 합니다. 사람이나 세상은 믿지 마세요. 그러나 사랑하세요. 원수까지도! 우리 생명의 큰 상급이 될 테니까요."

"사모님! 저는 달라질 것입니다. 두고 보세요. 이렇게 쉬운 일을 왜 그렇게 몰랐을까요?"

"집사님은 안수 집사님으로 정말 손색이 없습니다. 실천해 보세요. 놀라운 일들이 벌어질 것입니다."

"네. 꼭 그렇게 될 것입니다."

"그렇게 살면 신앙의 선수가 되어 '북풍아! 일어나거라. 남풍아! 불어서 내 동산에 향기를 날려라. 내 주님이 들어오셔서 그 아름다운 열매를 드시기를 원하노라!' 이런 승리의 노래가 터져 나올 거예요."

"너무 귀한 시간이었습니다. 모험적으로 한번 시작해 보겠습니다."

"그래요. 모험이라는 그 말씀이 맞아요. 어차피 인생은 모험이니까요. 무엇보다도 신앙의 모험은 필요합니다. 말씀과 기도로 꼭 실천해 보세요. 그리고 승리하세요."

"제가 꼭 한번 사모님을 찾아가겠습니다. 감사합니다."

편지사건

"사모님, 제가 전화상으로 긴 얘기를 해도 괜찮을까요?"
"장거리 전화인데 이야기를 얼마나 길게 할 수 있겠습니까?"
"사모님, 시간이 허락치 않으세요?"
"아니, 나는 상관없지만 전화비가 너무 많이 들지 않을까요?"
"사모님이 계신 곳으로 찾아가는 것보다는 전화비가 훨씬 적게 들어요. 그 점은 염려 마시고, 제 이야기가 좀 길어도 들어주시기만 한다면 참 감사하겠습니다."

어떤 사연인지 모르지만 나는 호기심을 가지고 귀를 기울였다.

"저는 삼 대째 내려오는 보수적인 기독교 집안에서 자랐어요. 그런데 제게 문제가 생겨 생각끝에 목사님께 말씀을 드렸더니, 목사님이 잘 가르쳐주셔서 문제가 거의 해결된 것으로 알았어요. 그런데 다시 그 문제가 불거지게 되었어요. 또 목사님께 말씀드리기가 민망스럽고 부끄럽기도 해서 사모님을 찾은 거예요. 사모님은 저를 잘 모르시겠지만 저는 사모님 집회에 여러 번 참석해서 사모님을 잘 알고 있거든요. 사모님! 귀찮으시더라도 제 사정을 좀 들어주시고 저를 도와주시면 정말 감사하겠어요."

"문제를 도와주시는 분은 오직 하나님뿐이십니다. 저는 부족하지만 여하튼 어떤 일인지 말씀해 보세요."

"저는 학생인데요, 칠 년 전에 이곳에 유학 왔어요. 물론 아무리 바빠도 교회에 빠짐 없이 나가서 예배드리는 습관을 지키면서 지금까지 지내 왔어요. 그런 저를 목사님과 사모님이 사랑해 주셨고, 교인들도 아주 많이 사랑해 주셨어요."

"그래야지요. 신앙을 지켜 온 사람이면 마땅히 그래야지요."

"그런데 대학에서 한국 유학생을 알게 되었어요. 그를 주님께로 인도하려고 애쓰다 보니 어느새 가까워져서 연애를 하게 되었어요. 물론 같이 교회에도 나갔고, 교인들 또한 우리 사이를 알고 있었어요. 그리고 집에도 편지를 써서 유학생을 만나게 되어, 그를 전도하고 또 가까운 사이가 되었다는 사실을 알려드렸구요.

그런데 한번은 그 사람이 비 오는 밤 꽤 늦은 시간에 저를 찾아왔어요. 외롭고, 보고 싶은 마음을 견딜 수 없어 왔다면서 문을 열어달라고 애원하는 거예요. 저는 가정교육을 엄히 받아왔기 때문에 비록 그를 좋아하고 사랑했지만, 오늘은 돌아가고 내일 만나자고 하면서 문을 열어주지 않았어요. 그런데 그가 돌아가지 않고 얼굴만 한 번 보고 갈 테니 문을 열어달라는 것이었어요. 비도 내리고 동네사람들에게 방해가 될까 두려워 하는 수 없이 열어주었어요. 그런데 그가 들어오자마자 저를 끌어안고 놓아주질 않는 거예요. 갑작스런 그의 행동에 저는 너무 놀라서 '이것봐요. 이런 일은 결혼 후에나 있을 일이잖아요. 지금 왜 이러는 거예요' 하고 힘껏 그를 밀쳐버렸어요. 그랬더니 그가 오히려 눈이 벌게 가지고 짐승같이 덤벼드는 것이었어요. 저는 마구 소리를 질렀어요. '난 이런 사람은 싫어요! 싫어!' 그랬더니 그가 화를 내면서 밖으로 나가버렸어요. 그 후론 저에게 전화도 하지 않고, 물론 교회에도 나오지 않고, 학교에서도 저를 만나러 오지 않았어요.

사실 저는 그 날 밤 그의 행동이 너무 무서워서 그에게 완강한 태도를 보였지만 시간이 갈수록 그 사람이 그리워지고 제 마음은 답답해져만 갔어요. 제가 잘못한 것은 아니지만 그를 화나게 한 것만은 분명하고 또 교회에 나오지 않는 것이 마음에 걸려 하는 수 없이 그에게 전화를 걸었어요. 그런데 그의 음성은 얼음장같이 차가웠고, 또 빈정거리듯 '예수 믿는 사람인데 물론 천사 같아야지. 그래, 내 행동이 동물 같다고?' 하면서 저를 비웃었어요. 그리고는 전화를 끊어버렸어요. 그 후에 그는 보란듯이 미국 여학생과 친해져서 희희낙락하는 모습을 제게 일부러 보여주는 것이었어요. 저는 그 꼴이 보기 싫어 언제나 모르는 척했지만 정말 기분이 상해서 견딜 수 없었어요.

목사님과 사모님이 이 모든 일을 아시고 저를 위로해 주시고, 또 힘이 되어주셨어요. '그런 나쁜 학생이 너를 버린 것은 참으로 다행한 일이니 오히려 하나님께 감사하라' 고요. 그리고 시간이 지나면 다 잊게 될 테니 이럴 때일수록 더 주님께 의지하고 공부에 열중하라고요. 그래서 열심히 노력했어요. 그러다가 교회에서 본래부터 잘 알고 지내던 청년과 가까워졌어요. 알고 보니 그는 신앙이 좋은 사람이었고, 주님의 종이 되고 싶어하는 사람이었어요. 그 후 제가 대학을 졸업하게 되어 그 사람과 약혼하고 결혼을 계획하고 있었답니다.

그런데 먼저 사귀었던 그 나쁜 사람이 저를 찾아왔어요. 그리고 제가 약혼한 것을 알고는 자기가 제게 무슨 권리나 있는 것처럼 행동하는 거예요. 저는 급히 일어나 뒷문으로 도망쳐 나왔어요. 그 후에 또 그가 저를 찾아왔어요. 그래서 제가 목사님 댁에서 숨어 살게 되었는데, 어느 날 제 이름으로 편지가 왔어요. 그 사람의 편지였어요. 뜯어보니 어처구니없게도 '너는 내 것이다. 그 증거가 있다. 피검사를 해보자'고 하면서 목사님을 위선자라느니 무식하다느니 하면서 마구 욕하는 것이었어요. 저는 너무 떨려 어떻게 해야 할지 몰랐어요. 그렇다고 그 편지를 목사님께 보여드릴 수도 없었어요. 목사님 욕을 그렇게 했으니 말이에요. 그런데 요사이 서울에 사는 제 친구가 보내준 사모님의 책을 읽으면서 사모님께 전화하고 싶은 마음이 들었어요."

"그 편지, 가지고 있어요?"

"네. 하지만 불태워버려야겠지요, 사모님?"

"아니, 그럴 필요없어요."

"왜요?"

"그 편지를 성전에 가지고 가서 확 펼쳐놓고 하나님께 기도하세요. 주님께 읽어보시라고 하면서 간절히 기도하세요. 악마들이 그렇게 주님의 자녀를 능욕하고 모해하고 망쳐놓으려고 갖은 악언과 허언을 하는 것이 예사니까요. 성경에도 히스기야 왕이 산헤립이라는 앗수르 왕에게 당한 일이 기록되어 있지요. 그 왕으로부터 협박과 능욕의 편지를 받게 된 히스기야 왕이 그 편지를 성전에 가지고 가서 주님 앞에 펼쳐놓고 도와달라고 하지 않았습니까?"

"네. 그랬어요."

"그랬을 때 주님이 히스기야 왕을 도와주셔서 도저히 이길 수 없는 앗수르 군대가 갑자기 자멸하게 되었고, 당황한 그 왕이 집으로 도망갔지만 아들에게 살해당했지요?"

"네. 그랬어요."

"그리고 히스기야 왕은 주님이 도와주신 것을 크게 감사하고 찬송했지

요."

"네. 그랬어요."

"나 역시 그런 체험을 했다구요."

"그래요 사모님? 언제요?"

"내가 감옥에 있을 때였어요. 나보고 신사참배하면 도와주겠다고 해도 내가 말을 듣지 않으니까 다음에는 신사참배하겠다고 약속하면 감옥에서 놓아준대요. '내가 하지 않을 일을 약속할 수 없다' 고 했더니, 그 다음엔 무슨 일이 일어났는지 아세요?"

"저는 「죽으면 죽으리라」는 책을 두 번이나 읽었는데도 금방 기억이 나질 않아요."

"일본 황제가 전국에 있는 도지사를 불러 소위 회의라는 걸 했는데, 그 회의에서 다가오는 신사참배 날에 전국에 사이렌을 울려 식민지국의 사람들이 일제히 신상 앞에서 절하도록 하라는 거였어요. 만약 거부하는 사람이 있으면 어떠한 고문을 해서라도 반드시 절하게 할 것이며, 일본은 그 신사 귀신들의 힘으로 전쟁을 이기겠다는 내용이었어요. 그러한 내용이 일본 신문에 난 것을 보고 나를 도와주던 일본 간수인 히가시 상이 알려주었어요. 그래서 나는 히스기야 왕이 한 것처럼 주님이 읽어보시라고 그 신문을 펼쳐놓고 기도했어요."

"네. 이제 기억나요. 사모님 기억이 나요."

"그래, 어떻게 되었지요?"

"돌아오던 도지사들이 빨리 오려고 비행기를 타고 바다를 건너다가 미국 전투기의 습격을 받아 바다에 떨어져 몰사했지요."

"그렇게 책 내용을 잘 기억하고 있는 것을 보니 자매님 공부 참 잘했겠어

요."

"사모님, 제가 그 부분을 읽을 때 얼마나 마음을 졸였는데요. 그리고 그 이야기를 하고 또 하고 몇 번이나 했는데요."

"아, 그랬군요! 고마워요. 주님의 자녀를 해하는 일은 참 위험한 일인데, 세상권세나 힘은 그것을 인정하지 않는 것 같아요. 또 우리 믿는 사람들이 자기 지혜나 힘만으로는 이 세상 힘에 대항할 수 없지 않겠어요? 그러니까 성경을 열심히 읽어 이것저것 훤하게 알아야지만 무슨 일이 있든지 대비할 수 있어요. 나는 성경에 기록된 일을 경험삼아 큰 시험이 올 때 견뎌냈고 마귀의 궤교에 빠지지 않는다는 것을 절실하게 체험하면서 살아왔어요. 자매님도 이번 기회를 통해 그렇게 살도록 한번 결단을 내려보세요. 굉장한 축복이랍니다."

"네. 잘 알았어요. 생각해 보니 사모님께 전화한 것이 주님의 인도하심인 것 같네요."

말을 보태고 늘려요

"여사님, 이상한 이야기 가지고 의논해도 될까요? 참 부끄러워서…."
"전화니까 얼굴도 볼 수 없고 또 우리는 서로 모르지 않습니까? 안심하고 이야기해 보세요."
"제 부모님은 제가 어렸을 때 이혼하셨어요. 그래서 저는 남들처럼 부모님의 사랑을 받지 못하고 자랐어요. 저 말고도 네 살 아래인 남동생이 하나 있는데요. 제가 결혼해서 이민 오는 바람에 그 애를 두고 온 것이 늘 마음에 걸려 작년에 미국으로 데려왔어요. 그런데 이 동생에게는 말을 제멋대로 보태고 늘리는 습관이 있어요. 그것 때문에 거짓말쟁이라는 말까지 듣는데도 고쳐지지 않아요. 아버지한테도 무척 많이 혼났지만 여전히 고칠 수가 없었어요. 그것 때문에 자기도 힘든가봐요. 동생은 마음씨도 착하고 인상도 좋아요. 손재주도 있어 눈으로 보는 것은 다 잘하고 누구와 싸우거나 미워하는 일도 별로 없어요. 수학이나 과학에는 뛰어나지 않지만 문학 계통이나 운동은 아주 자신 있어 보입니다. 그래서 책도 많이 읽고 운동도 잘 해요. 그런데 말을 그 모양으로 정직하게 하지 않으니 문제에요.
여사님! 그런 버릇이 생긴 것은 누가 자기를 인정해 주지 않는다고 생각하기 때문인 것 같아요. 그 애가 두 살 때 어머니가 집을 나가셨어요. 그 후로 우리는 계모의 눈치를 보며 살아 왔기 때문에 제가 이민 올 때 그 애를 혼자 두고 오는 것이 여간 가슴아픈 게 아니었어요. 그래서 그 애에게 그 고약한 말버릇을 고쳐야만 나 있는 곳에 와서 살게 해주겠다고 했더니 그 애가 정직하게 말하려고 노력할 테니 제발 데려가 달라고 애원하는 거예요. 그러나 미국에 와서도 그 버릇은 고칠 수가 없어요."

"아니 도대체 말을 어떻게 하는데 그래요?"

학교에서 늦게 들어오면 "좀 늦었습니다"하면 될 것을 "오는 길에 차가 굉장히 밀렸어요. 어떤 성질 급한 사람이 신호등을 무시하고 달리다가 그만 연쇄사고를 일으켰어요. 내 차도 박살날 뻔했지 뭐예요"하는 식으로 말을 해요. 사실은 사고가 난 것이 아니라 좀 붐빈 것을 가지고 말예요.

또 교회문이 열리지 않아 잠깐 기다릴 때면 목사님에게 "목사님! 많은 사람들이 한참 기다렸습니다"하는 거예요. 목사님이 의아해하며 "누가 와서 기다리고 있는데요?"라고 물으면, "삼사십 명이나 되는 사람을 제가 어떻게 알 수 있습니까?"하는 식이에요. 결국 교회에서는 제 동생을 거짓말쟁이로 여기고 심지어는 돌았다고까지 해요. 그렇지만 봉사도 잘 하고 성경공부도 열심히 하고 싸우거나 나쁜 짓은 하지 않으니까 목사님이나 전도사님은 이해를 하고 동생을 불쌍하게 생각하지만 교인들은 무시하고 피하기도 해요.

여사님! 제 동생은 정말 주님을 사랑하고 있어요. 정말이에요. 한번은 교회에서 어린아이들을 무척이나 가르치고 싶어하는 눈치여서 시켜보았더니 성경이야기까지도 과장해서 가르치는 거예요. 아니나 다를까 아이들까지도 엉뚱한 말을 하고 다니는 거예요. 그러니 주일학교에 오래 있을 수 있겠어요. 그런데 문제는 앞으로 신학교에 가서 목사가 되겠다고 하는 거예요. 여사님! 그런 버릇이 있는데 목사가 될 수 있을까요? 목사가 되면 좀 달라질까요? 여사님은 경험이 많으시고 또 많이 배운 분이시니까 잘 아시리라 믿어요. 어떻게 생각하세요?"

"목사라는 직분은 자기 뜻대로 결정하는 것이 아니라는 사실을 알고 계신가요?"

"그게 무슨 뜻이죠?"

"물론 자기가 하고 싶어서 또 목사가 되면 편리상 도움이 될까 해서 그리고 해야 할 일이 마땅치 않아서 목사가 되는 경우도 있지요. 그러나 그러한 이유로 목사님이 되신 분은 평생 고통을 당하거나 불행해질 수도 있어요. 함부로 목사가 될 수는 없지요. 오직 주님께서 선택하시고 인도하신 사람만이 될 수 있어요."

"목사가 되는 일이 결코 쉽지는 않겠지요!"

"생각을 해보세요. 목사란 하나님의 말씀을 전하고 가르쳐주는 사람이 아닙니까? 주님 말씀이 진리인 만큼 보태거나 늘려 전한다면 문제가 되겠지요. 또 신자들을 대할 때에도 진실하고 정직해야지 말을 보태고 늘린다면 어느 신자들이 목사님을 받들겠어요. 되려 업신여기고 멸시당한다면 어디 목사로서 설 수 있겠어요?"

"목사가 되면 그러한 버릇이 고쳐지지 않을까요? 하나님은 전능하신 분이잖아요. 하나님께서 그 종의 성격을 고쳐주지 않으실까요?"

"예수님 말씀 가운데 열매를 보고 나무를 알라고 하신 말씀 기억하지요?"

"네."

"우리는 열매를 보고 그 나무가 어떤 나무인지 알 수 있습니다. 사람도 마찬가지여서 운동을 잘 하면 운동선수로, 손재간이 비상하면 기술자로, 머리가 좋고 말에 능하면 변호사로, 자연을 좋아하며 초목과 재배에 관심이 많으면 농과 계통으로, 그리고 세상의 일보다는 영원을 추구하는 사람이면 훌륭한 목사감으로 생각하게 되지요."

"제 동생은 무엇이나 다 될 수 있는 가능성이 있군요. 하지만 어떻게 말해야 될까요?"

"동생 되시는 분이 누님의 말은 잘 듣나요?"

"말을 보태고 늘리는 것 외에는 잘 듣는 편이에요. 그 애는 나름대로 장래에 대한 고민을 많이 해요. 저 말고 누가 그 애를 도와주겠어요."

"물론 주님께서 하고자 하신다면 그런 사람도 훌륭한 목사가 될 수 있겠지요."

"그럼, 신학교에 가도 된다는 말씀인가요?"

"우리 친구 중에 그런 목사님 한 분이 있었어요. 어릴 때부터 같이 자랐다고도 할 수 있는 분인데요, 그분 역시 말을 보태는 습관이 있었어요. 그래서 곤란한 일도 여러 번 있었지요. 그분은 6·25 전쟁에 나가 사람들이 죽는 모습을 보고는 신앙을 갖게 되어 목사가 되었대요. 그런데 개척한 교회가 도무지 성장하지 않는 거예요. 죽을 힘을 다해 몇 사람 모아 놓으면 다른 교회로 가버리고 다시 애를 써 몇 사람 모아놓으면 또 흩어져버리는 거예요. 그는 20년간 안간힘을 쓰다 결국은 목사직을 떠나 회사로 들어갔지만 거기서도 얼마 있지 못하고 나와 버렸어요. 지금은 시골에 들어갔다고 하는데 무엇을 하며 지내는지 모르겠어요.

또 잘 아는 여자분이 한 사람 있었는데 그 사람은 변덕스러운 게 흠이었어요. 어딜 가나 석 달을 있지 못했으니까요. 그러던 여자가 갑작스레 세상을 바꾸어보겠다는 뜻을 품고 신학교에 들어가 공부했어요. 그러나 그 여자는 한 교회에 진득하니 있지 못하고 석 달이 멀다 하고 이 교회 저 교회로 옮겨다녔어요. 그러다가 먼 나라에 선교사로 가려고 했지만 후원자가 생기지 않자 자기 멋대로 어떤 선교지에 나가 버렸어요. 거기서도 일이 꼬이고, 그를 따르는 사람이 없었나봐요. 이러한 분들은 나이가 들수록 성격이 강해져서 자기만이 선하고 자기만이 주님을 위해서 희생한다고 하지요. 그러는 동안 세월은 흘러가고 점점 나이를 먹어 다른 일을 할 수 없는 처지가 되었으니 그분들의 말로가 어떻게 되겠어요? 사실 나 자신도 그들의 형편을 동정하고 안타까워하지만 진정한 친구가 되어주지 못하는 것은 그들을 믿을 수 없기 때문이지요."

"제 동생은 어떻게 해야 될까요?"

"동생에게 잘 말해서 일단 목사가 되는 것을 더 신중하게 생각하라고 설득시키고 그의 취미와 전공분야를 살려주는 게 어떨까요? 물론 하나님을 더욱 더 사랑하고 전심으로 봉사도 해야겠지요. 어쨌든 기도하면서 잘 인도해 줘야 할 거예요."

말은 참 고치기 힘든 습관이다. 하나님의 말씀을 전하는 사람들은 정확하고 진실하게 말해야 한다. 말에 훈련된 사람들이 목사 자격을 갖춘 사람들일 게다. 하나님의 뜻이 앞서야 함은 물론이지만 말이다. 이 일이 있은 후, 나는 그 청년의 혀를 위해 주님께 기도했다.

7. 사랑을 만듭시다

만남의 기적

88올림픽을 보기 위해 서울에 머물던 어느 날, 나는 우동이 먹고 싶어 호텔 뒷거리로 나갔다. 호텔 뒷골목에 일본식 우동을 맛있게 하는 집이 많은 것을 잘 알고 있었기 때문이다.

마침 깨끗해 보이는 조그마한 우동집이 있어 들어가보니 식사시간이 아니었던지 왼쪽 테이블에 점잖은 신사 한 분만이 우동을 기다리며 앉아 있었다. 그 신사의 옆 테이블에 자리를 정하고 앉았다. 나를 바라보는 그에게 나는 공손히 인사의 뜻을 보였다. 그가 나보다 더 공손하게 머리를 숙여 내 인사에 동조했다. 나는 기분이 좋았다. 그래서 그에게 이렇게 말했다.

"손님은 우리 둘 뿐인데 제가 가까이 가도 괜찮겠습니까?"

그는 약간 주저하는 태도를 보였으나 내가 그의 대답을 기다리고 있는 것을 눈치채고 즉시 미소를 지으면서 말했다.

"네! 그럼요. 저는 괜찮습니다."

얼마 되지 않아 그가 주문한 우동이 부글부글 끓는 소리를 내면서 맛있는 냄새와 함께 그의 앞에 놓여졌다. 종업원이 내게 주문을 받았다. 나는 그 우동을 보면서 말했다.

"나도 저것으로 주세요. 그런데 저것을 무슨 우동이라고 하나요?"

"장터 우동이에요. 그럼 장터 우동을 드시겠다는 말씀이죠?"

그녀가 주문을 받아가지고 갔다. 그런데 이 손님이 받아놓은 우동을 먹지 않고 있었다. 우동이 식었을 텐데도 먹을 생각을 하지 않고 있었다. 나는 어지간히 기다려보다가 그래도 그가 먹지 않기에 말했다.

"왜, 안 드시는 거죠? 다 식었을 텐데요."

"기다리겠습니다. 손님의 것이 나올 때까지요."

"어머나! 왜요? 국물이 식고 우동이 퍼지면 맛이 없을 텐데요!"

나는 그가 먼저 먹을 것을 권했다. 그래도 그는 먹지 않고 내 것이 나오기를 기다렸다. 미안하기 짝이 없었다.

"염려 마세요. 손님 것도 곧 나옵니다. 그 때 같이 먹도록 하겠습니다."

그렇게 말하는 그의 태도가 좋아보였다. 아닌 게 아니라 내 것이 곧 나왔다. 그래서 나는 그의 우동 그릇을 내 앞에 끌어오고 나중에 나온 내 우동을 그 앞에 놓으려 했다. 그가 재빨리 자기 우동 그릇을 잡아당기면서 내 것을 다시 내 앞에 가져다놓았다.

"세상에! 어쩌면 이렇게 좋은 분이 계시담! 너무 고마워요. 초면인데 이렇게 친절하시다니!"

나는 작은 소리로 이렇게 말한 후, 고개를 숙이고 식사기도를 드린 후 우동을 먹기 시작했다.

"저는 올림픽을 구경하려고 왔는데 참으로 자랑스러움을 느낍니다. 서울이 아름다워진 데도 놀라지만 사람들이 이렇게 친절하고 훌륭한 것에 대해서는 더 놀랄 수밖에 없어요. 참 아름답습니다."

"외국에서 오셨습니까?"

"네. 미국에서 왔습니다."

"그렇게 느껴졌습니다. 여하튼 이번 올림픽에서 우리 선수들이 잘 싸우는 것도 중요하지만 우리 민족이 친절한 민족인 것을 보여주어야 한다는 신념이 있어서 사실 오늘 손님을 보았을 때 외국에서 오신 분 같아 의식적으로 노력한 것뿐입니다."

"그렇다고 우동이 불 때까지 기다릴 필요가 있습니까?"

"글쎄올시다. 저도 그렇게까지는 안 할 생각이었는데 어쩌다 그리된 것이지요. 우동이 식을 때까지 기다리는 것이 친절이라고 생각하는 것은 아닙니다."

"어쨌든 참 고마워요."

"일이 이렇게 되었으니 사실을 말할 수밖에 없네요. 저는 충청도 시골 사람으로 어릴 때부터 유교 가정에서 엄격한 가도를 지키며 자랐습니다. 저희 집에서는 윗사람 앞에서 먼저 식사하는 것을 대단히 버릇 없는 것으로 여겨 왔어요. 손님과 인사드린 지는 얼마 되지 않았지만 손님이 제 어머님 또래로 보이셨고, 또 웬지 친밀감이 느껴져서 제 시골 집의 습관이 나타난 것입니다. 저는 서울에 와서 산 지 얼마 되지 않습니다."

나는 그 말을 듣고 더욱 감동을 받아 우동을 먹는 둥 마는 둥 뒤적이기만 하다가 내 소개를 했다.

"저는 미세스 김인데요."

"네. 저도 한국에서 제일 흔한 김씨 성을 가졌고, 이름은 '대상'이라고 합니다."

"김 대상! 좋은 이름이시군요. 만나서 이만저만 기쁜 게 아닙니다."

"이렇게 뵈니 저도 대단히 기쁩니다."

"미스터 김!"

"네."

"교회에 가보신 적이 있습니까?"

"아닙니다. 식사 전에 기도하시는 것을 보고 기독교 신자인 것을 알았습니다. 저는 유교 집안에서 자랐기 때문에 한 번도 교회에 가본 일이 없습니다."

"네. 그렇군요."

그리고 나서 그의 얼굴을 보니 뭔가 미안한 표정이 되어 있었다.

"오늘 이렇게 친절한 신사분을 뵈니 너무나 중요한 것을 말하고 싶네요. 좋은 친구를 만났다고 생각하니 더욱 그러고 싶어요."

"감사합니다. 말씀하시지요."

"김 친구!"

내가 웃으며 그렇게 말하자, 그도 '친구'라는 나의 호칭을 좋아하는 표정이었다. 나는 좀더 강한 악센트로 그를 똑바로 보면서 말했다.

"김 친구! 예수님을 믿고 하나님의 아들이 되라는 말을 들어보셨나요?"

"네. 제 아내가 크리스천이고 장모님도 교회 권사님이십니다."

"그래요. 그 것 참 기쁜 일이네요. 얼마나 좋은 일입니까! 그 얘기를 듣고 나니 안심이 됩니다."

"그런데 손님! 저는 교회에 안 가기로 굳게 결심을 했습니다."

"왜요?"

"손님한테는 웬지 얘기하고 싶어지는 게 정말 이상한 일입니다."

"좋아요. 제가 원하는 바에요. 그런데 교회는 절대로 안 가기로 결심하신 분이 내가 크리스천인 것을 아시면서도 나를 꺼려하지 않는 이유가 뭐죠?"

"손님! 긴 사연이 있습니다."

"말씀해 보세요. 듣고 싶으니까요."

"저는 크리스천이 유교 신자보다 언행이 더 저급하다고 평가를 했었습니다. 그런데 요즘에 와서는 크리스천도 두 종류가 있다고 느끼게 되었습니다."

"네."

"부끄러운 말씀이지만 제 아내나 장모님을 유교 신자인 제 어머니와 비교하면서 교회에 가지 않기로 마음을 굳힌 것입니다."

"무슨 말인지 알겠어요."

"그런데 최근에 저와 가장 친한 친구가 미국에서 공학박사 학위를 받고 국내의 공과대학에 취직을 했거든요. 그런데 우리 집보다 더 완고한 유교 가정에서 자란 이 친구가 열렬한 기독교 신자가 되었단 말입니다. 뿐만 아니라, 그 완고하던 그 친구 가족이 모두 교회에 나가게 되었다는 것 아닙니까?"

그는 인상을 쓰면서까지 열변을 토했다.

"그 친구는 절대로 그럴 친구가 아니었습니다. 더욱이 그 가족들이야말로 마을에서 유교 본장인 분들이었는데 말입니다. 제게는 도무지 믿어지지 않는 사실입니다."

"그분이 당신에게도 신자가 되어야 한다고 권면하시던가요?"

"물론이죠. 바쁜 사람이 밤늦게 저를 찾아와서 타이르는데, 제 맘에 큰 갈등이 생겨 그 친구를 멀리하려고 여간 애를 쓰지 않았습니다. 그런데…."

"계속하세요."

"그런데 제가 등산을 갔다가 미끄러져 그만 다리를 다치고 입원을 했었어요. 그 때 그 친구가 책을 두 권 갖다주면서 입원해 있는 동안에 그 책을 꼭 읽으라고 강권했어요."

"그래서요?"

"네, 그 책을 읽었어요. 나흘 동안에 숨가쁘게 두 권을 다 읽었지요."

"그런데요?"

"그 후에 그 친구가 와서 다시 권면하길래 제가 고의로 그것을 소설이라고 반박했어요. 그랬더니 그 친구가 그 책은 소설이 아니고 수기인데, 아직 그 저자분이 살아 있고, 그분 때문에 자기가 신자가 되었다고 말하는 거예요. 그래서 제가 그 친구에게 그 저자를 만나보고 나면 제가 신자가 될지 모른다고 했습니다. 그랬더니 그 친구 하는 말이 그 저자가 미국에 있지만 자주 한국에 와서 집회를 하니까 꼭 보게 될 거라고 하면서 두고보라고 했어요. 여하간 그 책을 읽고 나서부터 친구의 말이 귀에 들어오기 시작한 겁니다."

"그 책 이름을 기억하세요?"

"그럼요. 첫권은 「죽이려면 죽여보아라」이고, 후편은 「죽여도 살아날 거다」였던 것 같아요."

그 말에 나는 폭소를 터트렸다. 그가 이상하게 나를 보면서 내 웃음이 가당치 않다는 표정을 지었다.

"「죽으면 죽으리라」이지 「죽이려면 죽여보아라」입니까? 하하하."

"손님도 그 책을 아시는군요."

"내가 쓴 건데요."

"네? 뭐라구요? 아니! 이런 일이 있습니까? 어이쿠 이거 정말."

그는 벌떡 일어서더니 내게 경례를 하고 다시 앉아서 나를 보고 또 보고 했다. 더 가까워진 느낌이었다. 나는 더 이상의 말이 필요없다고 생각되었지만 그를 사랑스럽게 바라보면서 말했다.

"당신은 정말 좋은 친구를 두셨어요. 이제부터 그 공학박사 친구의 말을 잘 듣고 그가 하자는 대로 하시면 앞으로 놀라운 인생길을 걸으실 것입니다."

그 말에 그는 머리를 끄덕였다. 그리고 이렇게 말했다.

"세상이 이렇게 좁은 것에 놀랄 뿐입니다. 어떻게 이런 일이 있을 수 있겠어요."

"그것이 하나님이 하시는 일이랍니다. 저 높은 데서 모든 것을 보시고, 들으시고, 아시고, 우리 가운데 항상 계셔서 모든 일을 좋고 유익하도록 맞추어주는 분이신데 뭘 그리 놀라시는 겁니까? 더욱이 한국은 조그마한 땅덩어리가 아닙니까? 하나님이 무엇을 못 하시겠어요?"

그는 정말 믿을 수 없다는 듯 넋나간 표정을 지으며 감탄했다. 그는 내 우동값까지 대신 내면서 몹시 만족한 것 같았다.

나는 그와 대화를 하면서 더 설명이 필요없으리만치 구원에 대한 그의 지식이 풍성한 데 놀랐다. 그는 내가 해야 할 말을 자기가 다 했다.

"사실 믿는다는 것이 그렇게 쉬운 일은 아닙니다. 쉽게 되는 일이 아니니까요."

그는 아직도 유교사상에서 떠나는 일이 쉽지 않은 것 같았다. 더욱이 그 아내와 장모가 소위 신자라고 하면서도 삶 속에서 본이 되지 못한다고 하니 마음 한 켠이 쓸쓸해지는 것 같았다. 특히 그가 한 말 중에 이 말이 가장 기억에 남는다.

"믿지 않으면 천벌을 받아 영원히 지옥에 떨어진다는데, 하나님은 사람들을 지옥에 보내는 것을 좋아하는 분이실까요?"

"아니지요. 그럴 리가 없습니다. 여하튼 하나님이 좋으신 분이라는 것은 짐작이 가시지요?"

"네."

"좋은 분이라는 말은 좋은 일만 하신다는 뜻 아니겠어요? 악한 사람이라는 말은 악한 일을 잘 한다는 뜻인데, 하나님은 언제나 좋은 일에만 관심이 있으시고, 악하고 나쁜 일은 마귀가 주동이 되어 하는 것이죠. 학생이 낙제 점수를 받는 것은 학생 자신이 공부를 안 한 결과가 아니겠어요? 마찬가지로 지옥도 하나님이 보내시는 것이 아니고 지옥에 가는 길을 사람이 걸으니까 자동으로 지옥에 가는 것입니다. 콩 심은 데서 콩 나고, 도둑질을 하면 도둑놈이 되는 것과 같은 이치입니다. 지옥에 가든, 천국에 가든 자기가 심고 뿌린 대로 거두는 것입니다. 하나님은 좋은 분이신 고로 좋은 일만 관계하시며 모든 악과 나쁜 것은 마귀의 일이고, 마귀를 따라 사람들이 스스로 심고 만들고 그 속에 빠져들어가는 것입니다."

나는 열심히 귀를 기울이는 그를 향해 말을 이었다.

"하나님은 자신이 어떠한 분이신가를 알려주시기 위해 그 아들을 사람의 모습으로 보내주셨습니다. 우리는 그 아들 예수님을 보고, 또 그의 가르침과 삶을 보고 하나님이 어떠한 분이신지를 알게 되는 것입니다. 예수님은 죄 많은 인간들을 용서하시고 대속하시기 위해 죄인의 손에 죽기까지 하셨습니다. 사랑을 가르치시고 몸소 실천하신 것입니다. 십자가 형틀에 매달려 죽으심은 너무도 엄청난 희생이자 사랑입니다. 사람이 어떻게 그 처참한 희생적 사랑을 무시할 수 있겠습니까?

어떤 분이 나 때문에 따귀 한 대 맞아주었다고 해도 미안하고 고마운 마음 잊을 수 없을 텐데 말입니다. 내가 죽어 지옥에 안 가도록 마귀와 싸워 사형틀에 달려 죽기까지 하신 분을 어떻게 무시하고 살 수 있겠습니까? 그 사실을 인정하기만 하면 되는 거예요. 무슨 의심이나 변론이 필요하겠어요? 그저 고맙고, 송구스럽고, 너무 좋아 죽을 지경이 되는 거죠. 그래서 교회에 가는 것이 기쁘고, 성경을 읽고 기도하며 사랑하는 거지요. 이 기쁨 없이 세상을 어떻게 살아가겠어요."

그는 묵묵히 내 말에 취한 듯이 듣고만 있었다. 헤어질 무렵, 그가 내게 명함을 주면서 말했다.

"여사님! 이젠 제 친구의 말대로 예수님의 친구가 되려고 결심했습니다."
"고마워요. 그 친구와 같이 예수님의 친구가 되시기를 바랍니다."
"그래야지요."
식당을 나와 그와 뜨거운 악수를 나누고 헤어졌다.

정말 재미있는 이야기?

우리 집에서 차를 타고 십 분 정도만 가면 아주 큰 공원이 있다. 사방이 2 km 정도 되는 공원으로 골프장과 호수가 있는데, 호수에는 새들이 많이 날아와 헤엄치며 놀곤 했다. 그리고 곳곳에 간이 탁자와 긴 나무 의자가 놓여 있고, 조깅을 할 수 있는 길도 있었다. 공원 근처에 사는 사람들에게는 그곳이 큰 자랑거리였다.

나는 그곳으로 이사 온 후 남편과 함께 공원을 자주 찾았다. 그리고 자동차를 길가에 세워놓고 호수까지 걸어갔다. 호수에 앉아서 새들이 물 위에서 노는 모습을 바라보며 이런 저런 이야기를 나누곤 했다.

어느 날 나는 그곳을 지나다가 문득 그 때의 일들이 떠올라 차에서 내려 공원으로 들어갔다. 그리고 남편과 함께 갔던 호숫가로 가서 그 때 앉았던 의자에 앉아 하늘을 우러러보았다. 변함없이 새들이 물에서 놀고 있었다. 내 옆에 남편이 앉아 있는 것만 같았다. 남편 생각을 하니 갑자기 가슴이 두근거렸다. 나는 혼잣말로 중얼거렸다.

"왜 이렇게 가슴이 두근거리지?"

"몰라!"

"몰라?"

"알아!"

나는 고개를 들어 하늘을 보며 주님께 말했다.

"남편이 주님의 말씀을 잘 알기 때문에 그 말씀을 전하라고 보내신 것이지요? 감사합니다."

나는 의자에서 일어나 풀밭을 걷기 시작했다. 마음 속으로부터 찬송이 터져 나왔다. 풀밭을 거닐면서 부르는 찬송은 내 마음을 말끔히 씻어주는 것만 같았다.

> 나는 주의 종 택함받은 종이니
> 주의 뜻 이루려 이 땅에 남았노라
> 부르시는 그 날 그 시간까지
> 내게 부탁하신 그 일 다 이루어야 하리
> 언제 오라 하시든지 일은 마쳐야 해
> 맡은 일 이루게 나를 도와주소서.

갑자기 주님께 경배하고 싶은 마음이 생겼다. 그래서 풀밭에 엎드려 주님께 경배를 드렸다. 그리고 한참을 그대로 있었다.

나의 이런 모습이 이상했던지 어떤 사람이 내게 다가와 "여보세요. 여보세요" 하고 불렀다.

"네? 왜 그러시죠?"

"어디 아프신가요?"

"아니요! 아프지 않아요."

"그런데 왜 쓰러지셨어요?"

"쓰러진 것이 아니고 엎드려서 절했어요."

"절을 해요?"

내 말에 그가 깜짝 놀란 것 같았다.

"네!"

"누구에게 절을 하셨는데요?"

"내가 경배드리는 하나님께요."

"하나님께 엎드려서 절을 하셨다구요?"

"네. 그래요. 뭐가 잘못되었나요?"

"아니. 그런 것이 아니구요…."

그는 멋적은 듯 한쪽 머리를 긁적이며 나를 뚫어져라 쳐다보았다. "이 여자가 정신이 돌았구나!" 하는 표정이었다. 그래서 나는 풀밭에서 일어나 그를 똑바로 쳐다보며 말했다.

"그렇게 이상한 눈으로 보지 마세요. 정상이니까요. 그보다 저 의자에 좀 앉지 않겠어요? 앉아서 잠깐만 제 얘기를 들어주세요."

"이야기? 무슨 얘긴데요?"

"우스운 말 같지만 굉장히 중요한 얘긴데요."

"중요한 이야기라구요?"

"네. 나는 한국사람이에요. 당신은 백인인 것 같은데 영국계인가요?"

"아니에요. 저는 노르웨이종이지만, 영국 피도 섞이고 불란서 피도 섞이고 스페인 피도 섞였으니 잡종인 셈이지요."

"나는 순수한 한국종이에요."

나는 이렇게 말한 후, 크게 소리내어 웃었다. 그 백인 청년도 같이 웃었다. 그가 나를 쳐다보며 말했다.

"그런데 뭐가 중요한 이야기이지요?"

"바쁘신가요?"

"아니요. 괜찮아요. 길을 걷다가 당신이 쓰러진 것을 보고 놀라서 달려왔는데, 다행히 쓰러진 것이 아니라니 안심이 되네요."

"당신은 참 고마운 분이네요. 요즈음 미국인들은 남의 일에 간섭하면 곤란해진다고 해서, 어려운 일을 당하는 사람을 봐도 못 본 체하는데 당신은 그렇지 않군요. 내가 동양인인 것을 알아보았을 텐데 어떻게 이렇게 달려와 주셨지요?"

"글쎄요? 나도 모르게 그렇게 되었어요."

"혹시 당신은 크리스천이 아닌가요?"

"크리스천이고 말고요. 저는 예수 믿고 거듭난 사람이에요."

그의 말에 나는 너무도 기뻤다.

"어머나! 참 고맙고 반가워요."

"당신도 그럼 크리스천이세요?"

"왜 그렇게 보이지 않나요?"

그는 반갑게 웃으면서 내 손을 잡았다.

"그럼 그 중요한 말이란 게 예수님에 대한 얘기였군요."

"맞아요. 요즘 미국의 젊은이들 가운데는 불신자가 너무 많잖아요. 그래서 전도하려고 했어요."

"그런데 크리스천이 왜 풀밭에 엎드려서 절을 했죠? 한국 신자들은 주님께 경배드릴 때 그렇게 하나요?"

"아니에요. 우리 저 의자에 좀 앉아서 이야기할까요?"

"네. 그러죠."

우리는 가까이에 있는 나무의자에 앉았다. 그가 자기 소개를 했다.

"제 이름은 해리 웰칵수입니다. 안녕하세요?"

"저는 김 부인입니다. 에스더 안이라고도 하지요."

"에스더 안?"

그가 고개를 가우뚱거렸다.

"에스더 안이라는 이름이 한국인에게 흔한 이름인가요?"

"글쎄요. 그렇지 않을 겁니다. 왜 그러시죠? 이런 이름을 가지신 분을 알고 계세요?"

나는 이 청년이 혹시 미국 교회에서 내 간증을 듣지 않았을까 하는 생각이 들었다. 그러나 그것은 묻지 않고 그의 말만을 기다렸다.

"제가 최근에 책을 한 권 읽었는데 굉장한 책이었어요. 그 책을 쓰신 분이 에스더 안이었던 것 같아서요."

"아! 그래요. 그 책이 그렇게도 좋던가요?"

"네, 놀랐어요. 이 시대에 이런 분이 살아 있구나 싶어서요."

"살아 있는 줄은 어떻게 아세요? 죽었는지도 모르잖아요."

"아니요! 살아 계세요. 그분은 미국의 여러 교회에 다니며 간증하시는데, 얼마 전에 제 친구 교회에도 오셔서 간증집회를 했다고 들었어요."

"그 사람을 직접 보지는 못하셨군요."

"네. 우리 교회에서도 초청을 했는데 그분이 외국 여행중이셔서 교섭이 안 되었다고 하더군요."

"만약 당신이 그분을 만나면 어떤 기분일 것 같아요?"

"너무 기쁘고 반가울 것 같아요."

"정말?"

"그럼요."

그러면서 그는 이상하다는 듯 나를 유심히 바라보았다. 나는 그 눈빛에 아랑곳하지 않고 그를 똑바로 쳐다보며 시치미떼고 앉아 있다가 이렇게 말했다.

"내가 풀밭에 엎드려 절하는 행동을 누구한테 배웠는지 말해 드릴까요?"

"네. 말해 주세요. 그런데 당신은 참 재미있게 말씀을 하시는군요."

"그래요? 그럼 더 재미있게 말하지요. 그건 제 남편한테 배웠어요."

"남편 되시는 분이 하나님께 절을 하세요?"

"네."

그는 내 말에 어리둥절해하며 물었다.

"왜요? 그분은 뭐 하는 분이신데요?"

"그분은 목사에요."

"목사님이시라구요? 그럼 당신은 목사님 사모?"

"그렇지요. 남편은 침례교 목사이고, 저는 사모입니다."

"아! 저도 침례교인인데요."

"어머나! 그래요. 그것 참 반갑네요."

그가 내게 친근감을 느끼는 것 같았다.

"정말 반가워요. 그런데 침례교 목사님이 주님께 경배를 드리는데 절하라고 가르치신다는 말씀인가요?"

"그런 것이 아니구요. 그분은 하나님께 너무 감사해서 못 견딜 때면 양복을 차려입고 땅에 엎드려 하나님께 절을 하지요. 그래서 왜 그렇게 하느냐고 물었더니 주님의 은혜가 너무도 고맙고 감사해서 울음이 나왔는데, 우는 것만으론 충분치가 않아서 양복을 입고 넥타이를 맨 후에 정중한 자세로 하나님께 절을 한다더군요."

"아! 그분은 참으로 좋은 목사님이시군요."

"절을 한다고 해서요?"

"주님의 은혜가 너무 고맙고 감사하여 울음이 나오고 또 절까지 하신다니 그분의 인품이 어떤지 상상이 가네요."

그는 숙연해졌다. 우리는 한동안 말 없이 호수에 떠다니는 새들을 바라보았다. 나는 호수에 가 있던 시선을 거두고 그를 쳐다보며 조용히 말했다.

"그분은 지금 스탠포드 대학생들을 위해 세운 교회에 가 있어요. 그곳에서 학생들에게 설교하고 제자훈련을 하고 있어요. 또 유학생들과 교수들에게 전도도 하고 있지요. 그래서 지금은 함께 있을 수 없어요. 물론 저도 같이 가기도 하지만요."

"참 좋은 일을 하시는군요."

"LA에서 32년 동안 목회를 했는데, 3년간 남미에 오가면서 교회를 세웠어요. 물론 그 교회들이 잘 자랄 수 있도록 우리 교회에서 교회당도 지어주고 일꾼도 파송했지요. 지금은 그 교회들이 선교도 잘 하고 자립하여 교회도 여러 개로 늘어났어요. 그런데 남편이 작년에 갑자기 쓰러져서 교회에서 은퇴를 했죠. 그리고 얼마 전에 조그만 교회의 초청을 받아 기쁜 마음으로 간 거예요."

"병은 좀 어떠신가요? 쓰러지셨다니…."

"해리! 당신은 남 흉보는 것을 어떻게 생각하세요?"

"흉을 본다구요? 누구 흉인데요?"

"제 남편 흉이에요."

그는 소리내어 크게 웃었다. 내가 보기에 그는 무척 즐겁고 유쾌했다.

"믿는 사람이 남의 흉을 보아서는 안 되겠지요? 더군다나 목사 부인이 목사 흉을 보는 것은 더 나쁘지요?"

"네! 그런데 무슨 흉인지 듣고 싶은데요."

"놀라지 마세요. 아주 못된 흉이니까요."

"그래요? 무엇이지요?"

"그분은요, 돼지고기를 아주 좋아해요."

"돼지고기를요? 그게 뭐 나쁜가요?"

그가 또 한번 소리내어 웃었다. 그는 몹시 즐거워 보였다. 나는 정색을 하며 말했다.

"해리! 그것은 웃을 일이 아니에요. 당신은 구약을 믿으세요?"

"물론이지요. 구약이 모든 일의 시초이며 원칙인데요. 시초와 원칙이 없는 현재나 미래가 있을 수 있겠어요?"

"맞았어요. 그런데 구약에서 하나님이 이방인을 욕하면서 뭐라고 하셨는지 알아요?"

"뭐라고 하셨지요?"

"'저 돼지 고기 먹는 인종' 이라고 하셨어요."

"그런가요? 그런 말씀이 있는 줄은 몰랐는데요."

"또 돼지고기는 부정하니 먹지 말라고 하신 것은 기억하세요?"

"그것도 잘 모르겠는데요."

"부정하다는 뜻이 뭐지요? 더럽다는 것 아니겠어요? 해리!"

"부정하다, 더럽다. 그렇지요. 그래요."

"그러니까 쉽게 말하면, '더러운 돼지고기를 먹는 더러운 사람들아!' 그런 뜻 아니겠어요? 사람들이 우리보고 더럽다고 하면 용서하지 못할 만큼 분하고 억울하지요? 그런데 완전하시고 높으신 하나님께서 '야! 이 더러운 돼지고기 먹는 사람아! 더럽다' 고 하신다면 좋은 일이겠어요? 해리!"

"그렇군요."

"그럼 해리! 예수님이 돼지에 대해서 어떤 행동을 취하셨는지 아세요?"

"예수님과 돼지고기 이야기가 성경의 어느 부분에 있나요?"

"해리! 예수님이 이천 마리나 되는 돼지 떼를 죽여버리신 이야기를 몰라요?"

"예수님이 돼지를 죽이셨다구요?"

그는 어리둥절한 표정을 지으며 생각해 내려는 눈치였다.

"당신은 침례교인이면서 도대체 성경을 어떻게 배웠어요?"

"아! 알았어요. 거라사 사람에게 들린 귀신군대를 돼지한테 들어가게 해서 돼지들이 모두 바다에 빠져 죽게 하신 말씀이군요?"

"그래요. 예수님같이 인자하시고 좋은 일만 하시는 분이 왜 그랬을까요? 돼지 이천 마리면 무척 큰 재산이지요. 더욱이 작은 시골에 사는 사람들에게는 전 재산이었을 거예요. 그러니 그들은 모든 소망을 돼지한테 걸고 투자했겠죠. 또 얼마나 애를 쓰며 길렀겠어요. 그런데 그 귀신을 돼지들 속으로 몰아넣어 모두 죽게 했다는 것은 상식적으로 생각해 봐도 있을 수 없는 일이지요.

특히 그 주인은 돼지고기를 먹지 못하게 하는 율법 때문에 돼지를 불법적으로 기르고 있는 처지였으니 어디에 호소할 수도 없는 가련한 형편이었는데 말입니다. 소망이 삽시간에 무너진 것을 본 돼지 주인은 무섭고 떨린 마음에 예수님더러 그 지방에서 떠나 달라고 간구했지요. 인자하신 주님이 그런 일을 하신 것을 보면서 무엇을 느끼세요? 돼지고기가 사람을 해칠까 염려하는 주님의 마음을 느낄 수 있지 않아요?"

"참, 그렇네요. 이천 마리나 되는 돼지를 사람이 먹는다면 수천 명 아니 수만 명 정도는 먹을 양이니까요."

해리는 고개를 끄덕였다. 그는 뭔가 깨닫는 표정을 지으며 말했다.

"저는 햄과 베이컨을 좋아하는데…. 이것 참 큰일났네요. 다 끊어야 되겠는데요."

"해리! 제 남편 흉 하나 더 볼까요?"

"또 있어요? 이번에는 뭔가요?"

"그분은 돼지고기를 무척 좋아하셨어요. 그래서 뇌일혈로 쓰러지셨어요. 그리고 오랫동안 쉬고 나자 의사가 그분에게 돼지고기를 먹지 말라고 했어요. 그래서 그 때부터 돼지고기를 끊었어요. 그런데 그 다음에는 무엇을 잡수셨는지 아세요?"

"갈비에요."

"갈비? 갈비가 왜 흉이 되지요?"

"하나님은 사람을 지으신 후에 곧 사람이 먹어도 되는 것을 가르쳐 주셨지요?"

"그런가요?"

"창세기 1장에서 분명히 가르쳐 주셨어요. 우리가 먹을 수 있는 음식은 씨맺는 모든 곡식과 채소, 그리고 씨 가진 모든 과일이라고 말씀하시지 않았어요? 그 때 사람들이 800년, 900년 이상을 살았지만, 병이 나서 죽었다는 사람은 없지요? 고기를 먹기 시작한 것이 언제인지 아세요? 사람들의 죄가 세상에 만연해서 대홍수가 났어요. 그 홍수로 인해 땅 위에 있던 모든 것이 죽게 되었지요. 이 심판으로 먹을 것이 다 없어지게 되었지요? 그렇게 되자 노아 방주에 간직해 놓았던 깨끗한 동물, 곧 소나 양이나 염소를 먹게 하신 것 아니겠어요?"

"그렇지요."

"그런데 그 후에 주님은 고기도 함부로 먹는 것이 아니라는 것을 분명히 가르쳐 주셨어요. 소나 양이나 염소 고기를 먹을 때는 꼭 기름을 뜯어내고 불살라 하나님께 드리고 살만 먹으라고 했어요. 동물의 기름을 고기와 함께 먹으면 민족 가운데서 끊어진다고 하셨어요. 하나님이 기름을 먹지 못하게 하신 이유는 기름을 먹으면 병이 나기 때문이었어요. 하나님은 사람들에게 기름을 먹지 말라고 누누이 말씀하셨어요. 그런데 사람들은 고기에 기름이 섞여 있어야 고기맛이 난다고 하지 않아요?"

"그래요. 다 그렇게 말하지요."

"사이사이에 기름이 껴 있는 고기가 갈비 아니겠어요?"

"그렇지요."

"갈비 사이사이에 끼어 있는 기름은 굽거나 삶으면 고기 속에 다 들어가고 또 뜯어내기도 어렵게 고기 사이에 꽉 차 있지 않아요?"

"그렇지요."

"그것을 사람들이 구워 먹고 삶아 먹고 끓여 먹잖아요. 그러니 동물기름을 고기하고 섞어서 마구 먹는 게 아니겠어요?"

"그러믄요. 잘 알아요. 콜레스테롤 말씀이지요?"

"지금은 콜레스테롤을 조심하는 사람이 많지요. 그렇지만 제 남편은 갈비를 너무 좋아해서 흉이에요."

"아! 그게 흉이라구요?"

"그것보다 더 나쁜 흉이 또 어디 있겠어요. 해리! 하나님이 먹지 말라고 한 것을 맛있다고 먹는 것이 어찌 흉이 아니겠어요?"

"그러고 보니 또 그런 것 같네요."

"그래서 그분이 어떻게 되었는지 아세요?"

"또 흉이 있다는 건가요?"

"또 쓰러졌어요. 그는 운동에는 선수예요. 운동이라면 씨름만 제외하고는 모두 선수예요. 그런데 그의 삶의 철학이 뭔지 아세요?"

"뭔가요?"

"잘 먹고 잘 소화시키면 된다. 그러니 모든 것을 감사함으로 먹으면 된다는 거예요. 사도 바울도 그렇게 말했으니 진리래요."

"그렇던가요?"

"사도 바울은 이방인들의 제물로 쓰인 고기를 말하는 것인데 갈비를 좋아하는 그분은 갈비도 감사하게 먹으면 괜찮대요. 그래서 결국 쓰러졌어요."

"정말 그런가요?"

"해리! 당신은 지금 젊고 운동을 많이 하니까 괜찮을 것이라고 생각하겠지만 갈비를 좋아해서 많이 먹으면 쓰러져요."

"그럴지도 모르지요. 여하튼 갈비에는 콜레스테롤이 많이 들어 있으니까 조심해야지요."

"그럼, 정말 재미있는 이야기를 해보도록 하죠."

"정말 재미있는 이야기? 좋아요. 하지만 흉본 이야기도 재미있었는데요."

"그건 제 남편 흉이고요. 이번엔…."

"이번엔 김 부인의 흉이에요?"

그가 급하게 나의 말을 받았다. 그리고 내 얼굴을 똑바로 쳐다보고 있었다.

"내 흉은 너무 많아서 오늘 밤을 새워도 다 못할 테니 그만두고 당신이 좋아할 이야기를 하죠."

"네, 좋아요. 해주세요."

"당신, 내가 누군지 아시지요?"

"네? 제가 당신을 안다구요?"

"몰라요?"

"글쎄요."

"좀 아는 눈치였는데!"

"제가 당신을 아는 눈치였다구요?"

"그럼요. 정확하게는 몰라도 알듯 말듯한 표정을 내가 보았는데요."

"그럼 당신이 에스더 안이란 말이에요?"

"그렇다니까요."

"아! 정말?"

그가 의자에서 벌떡 일어나더니 내 손을 꽉 잡았다. 그리고 반가운 표현으로 나를 끌어안았다. 내 이마와 뺨에 키스를 하고는 황홀하다는 듯이 나를 쳐다보았다.

"왜 그렇게 흥분하죠? 나 같은 노인네 하나 만난 것 가지고. 별것도 아닌데!"

"감사합니다. 예수님! 감사합니다."

그는 자기 손을 모아 잡고 흔들면서 흥분된 어조로 주님께 감사를 드렸다. 나도 흥분이 되고 주님께 감사하기만 했다.

해리는 신용카드 회사에 다닌다고 했다. 그런데 동부에 있는 본사로 발령이 나서 이사를 가야 한다고 했다. 그는 이사를 가면 나를 만날 기회가 없을 것이라며 매우 아쉬워하는 어조로 말했다.

"김 부인! 말씀하시는 게 너무 재미있고 좋았어요. 잊지 못할 겁니다. 해가 지고 밤이 다 가도록 이야기하면 얼마나 좋을까요? 한국말은 더 잘하시 겠지요?"

"내가 어머니 젖을 먹으면서부터 일상 사용하는 말이 한국말인데, 여학교와 대학에서 배운 영어 같겠어요? 그런데 솔직히 말해서 나는 말재간이 없어요. 그래서 내 마음 속에 있는 것을 잘 표현하지 못해요. 그러니 한국말도 그리 잘하는 편은 아니지요. 하지만 일본어는 자신이 있어요."

"일본말도 하신다구요?"

"하다뿐인가요? 일본어로 책을 두 권이나 썼는데요."

"아! 그래요? 굉장하시군요."

"일본에서 대학과 연구과정까지 공부했고 일본어 선생도 했는 걸요. 자랑은 아니니까 오해하지 말아요."

"왜 자랑이 아니겠어요. 저는 이렇게 키도 크고 몸집도 김 부인보다 크죠. 게다가 젊고 야심이 많은데도 영어밖에는 못해요. 다른 언어는 한 마디도 모르는데요."

"그것은 아무 문제도 되지 않아요. 제일 중요한 것은 내가 하나님과 어떠한 관계를 유지하며 살고 있는가 하는 것이에요. 그것이 제일 큰 문제가 아니겠어요?"

"그렇구 말구요. 인간에게는 그 이상 중대한 일이 있을 수 없지요."

우리는 함께 의자에 앉아 말 없이 하늘을 보았다. 해가 기울고 붉게 물든 구름이 서녘하늘을 수놓았다. 우리는 다시 한 번 굳은 악수와 포옹을 한 후에 헤어졌다. 지금까지 흥을 본 남편이 그리워졌다. 나는 차를 타고 밤새도록 운전하여 그가 있는 곳으로 가고 싶었지만 방향을 돌려 아무도 없는 텅 빈 집으로 왔다. 그러나 주님의 임재는 나를 한 번도 외롭게 하지 않으신다.

미스 캐롤

텍사스 주에 있는 큰 교회의 초청을 받아 갔을 때의 일이다. 강사들 가운데 내가 다닌 신학교의 교수들도 있어서 나는 많은 관심을 갖고 있었다. 공항에 마중 나온 몇 분의 책임자들이 나를 진심으로 환영해 주었다.

그들의 안내를 받아 지은 지 얼마 되지 않은 호텔에 들어섰다. 깨끗하고 아늑한 느낌을 갖게 하는 분위기가 상큼하게 느껴졌다.

호텔 등록을 하기 위해 프론트로 갔을 때, 안내하는 젊은 아가씨가 반갑게 인사를 했다.

"하이, 김 부인! 어서 오세요. 오시기를 고대했어요."

나는 이곳이 처음인데 어떻게 이 아가씨가 나를 알아보고 반겨주나 하고 의아해했다. 그러나 나도 기분이 좋아 반갑게 웃었다.

"어떻게 나를 아시죠?"

"이 책을 읽었거든요. 그 주인공이 오시는데 왜 모르겠어요. 많이 기다렸어요."

그녀는 내 책 영어판을 번쩍 들어 보여주었다. 그러고 보니 그녀가 서 있는 왼쪽 테이블 위에는 내 책이 수십 권이나 쌓여 있었다.

"어떻게 제 책이 호텔에 이렇게 쌓여 있지요?"

"저희 회장님께서 이 책에 감동을 받아 고객들에게 전도용으로 선물을 하십니다. 그래서 저도 이 책을 읽었지요. 밤새도록 읽었는데 깊은 감명을 받았어요. 사모님께서 우리 호텔에 오신다는 소식을 듣고 얼마나 설렜는지 몰라요."

"어머나! 고마워요."

"회장님께서 특별히 지시하셔서 조용하고 전망이 좋은 방을 준비해 놓았어요."

"정말 고마워요."

나는 또 한 번 주님께 감사를 드렸다. 마음이 뜨거워졌다. 등록을 마친 후, 나를 마중 나온 분들과 부인회의 안내를 받아 방으로 갔다. 방은 아늑하고 좋았다. 무엇보다 과일 바구니와 환영의 꽃다발이 더욱 고마웠다.

"어머, 제가 너무 과분한 대접을 받네요."

"김 부인이 과일과 아름다운 꽃을 좋아하신다는 것을 알고 준비한 것입니다. 사실 우리는 과일만 준비했고, 꽃은 이 호텔에서 준비했어요."

그들은 여독을 풀라며 인사를 한 후 모두 돌아갔다. 나는 아름다운 꽃과 향기로운 과일을 보며 여장을 풀었다. 즐거운 마음으로 주님께 감사기도를 올렸다. 저녁 때가 되어 예약된 식당에 갔다. 이곳에서도 일하는 사람들이 인사를 하며 반겨주었다. 처음 내게 반갑게 인사한 젊은 아가씨가 특별히 친절하게 대해 주었다. 그래서 나는 그녀에게로 가까이 갔다.

"이름이 뭐예요?"

"캐롤이라고 해요."

"당신은 이번에 나를 초대한 교회의 성도인가 보죠?"

"아뇨."

"그럼 다른 교회에 다니시는군요."

"아뇨."

"교회를 안 다녀요?"

"네!"

"그럼 당신은 신자가 아니라는 말씀인가요?"

"천만에요. 저는 예수님 없이는 못 살아요."

"아니, 예수님을 믿고 사랑하는 사람이 어떻게 교회를 나가지 않지요?"

그녀가 입을 열지 못했다.

"김 부인, 저는 교회 나가는 게 싫어요. 그래서 저 혼자 조용히 예배를 드리고 기도하고 그래요."

그 말에 나는 말문이 막혔다. 한참 동안 생각하다가 또다시 질문을 했다.

"캐롤, 무슨 특별한 이유가 있어서에요? 너무 꼬치꼬치 묻는 것 같아 죄송해요."

그녀는 서슴지 않고 대답했다.

"교회에 가면 위선자들만 우글거리니까 다니기 싫어요."

나는 미소를 지은 뒤 캐롤에게 가까이 다가오라고 말했다.

"캐롤, 내가 당신에게 하는 말은 모두 진심어린 사랑에서 하는 말이니 받아줄 수 있지요?"

"그럼요."

나는 그녀의 말에 안심을 했다. 그리고 그녀의 기분이 상하지 않도록 유의하며 말했다.

"캐롤은 자신을 완전하다고 생각해 본 일이 있어요?"

"아뇨. 완전하다니요? 저는 완전하지 못해요. 또 그렇게 생각해 본 일도 없고요."

"완전하지 못하다면 위선자도 된다는 뜻인가요?"

긴장된 그녀의 얼굴이 붉어지며 시선을 떨구었다.

"사람은 누구나 다 불완전해요. 성경에 '의인은 없나니 하나도 없다' 고 기록되어 있어요. 이 말은 곧 사람은 죄인이고 그래서 위선자라는 말이지요."

그녀가 내 말을 신중하게 들었다.

"캐롤, 우리의 가정을 보아도 알 수 있어요. 신자의 가정이라고 해서 언제나 행복하고 화목하던가요? 가족끼리도 위선과 죄를 지으며 살고 있지 않나요?"

그녀는 고개를 끄덕이면서 내 말에 수긍했다.

"더구나 교회는 서로 알지도 보지도 못한 사람들이 모여 움직이는 곳이기 때문에 위선이 더욱 잘 보일 수 있습니다. 그렇지만 죄인들이 모여 죄를 짓지 않으려고 노력하는 장소라고나 할까요? 교회에 나온다는 것은 곧 자기 자신이 죄인임을 고백하는 것이지요. 교회 안에서 의인을 찾을 수 있겠어요? 교회 밖에 있는 사람은 누구나 의인이고 죄와는 상관없는 자들이지요. 그들은 죄를 생각지도 않고, 죄인임을 자각하지도 않아요. 의인들만 사는 교회 밖에서 무엇을 배우고 누구에게 배울 수 있겠어요? 더욱이 불완전한 내가 어떻게 혼자 자랄 수 있느냐 말입니다. 반면, 교회는 여럿이 모여 움직이면서 배우고 노력하고, 어떻게 살아야 하는지를 말씀으로 깨우침받고 자신을 돌아보며 점점 하나님 형상을 닮아갈 수 있는 곳이지요."

나는 좀더 자세히 이해가 되도록 설명을 했다. 캐롤의 눈가에 눈물이 글썽해졌다.

"잘 알았어요. 일찍 깨달았어야 했는데… 참으로 잘 일러주셨어요. 고맙습니다."

　캐롤은 젊은 만큼 감정도 예민하고 다감했다. 그녀는 아침마다 여러 종류의 주스를 가지고 왔다. 그녀는 또 내가 강연하는 교회에 출석하고 열심히 봉사하겠다고 약속도 했다.

　나는 전체 교인 앞에서 캐롤의 이야기를 했다.

　"나는 여러분 교회에 좋은 새 신자를 소개합니다. 그 아가씨가 등록하길 원합니다."

　성도들의 표정이 밝아졌다. 특히 목사님이 기뻐했다. 그날 밤 캐롤이 맨 앞에 앉아 있는 것을 나는 강대상에서 보았다. 캐롤은 열심히 참석하여 은혜를 많이 받았다. 나 또한 하나님께 감사와 영광을 돌렸다.

　지금까지 밝고 명랑한 캐롤의 얼굴을 잊을 수가 없다.

요단 사역정신

"그러므로 너희는 가서 모든 민족을 제자로 삼아 아버지와 아들과 성령의 이름으로
침(세)례를 베풀고 내가 너희에게 분부한 모든 것을 가르쳐 지키게 하라
볼지어다 내가 세상 끝날까지 너희와 항상 함께 있으리라 하시니라"

1. For God and Church
   하나님의 영광과 그의 몸 된 교회의 영적 성장과 성숙을 위한 도서를 엄선하여 출판한다.

2. Prayer-focused Ministry
   기획 · 편집 · 제작 · 보급의 전 과정을 기도 가운데 진행한다.

3. Path to Church Growth
   건강한 교회를 세우는 축복의 통로로 섬긴다.

4. Good Stewardship and Professionalism
   선한 청지기와 프로정신으로 문서 사역에 임한다.

5. Creating a Culture of Christianity by Developing Contents
   각종 문화 컨텐츠를 개발함으로 기독교 문화 창달에 기여한다.